이시이 시로 _ 일본 731부대의 생체실험 책임자

731부대의 생체실험은 방대하고 다양했다.
산 사람을 마취도 하지 않고 해부하여
위·장·간·폐 등을 꺼내거나 제거하여 생존 상태를 관찰하는
해부 실험이 자행되었고, 피부를 벗겨서 피부 표본을 얻기도 했다.
각종 세균을 주입하고 관찰하는 실험도 이루어졌다.
각종 생체실험 희생자는 3천 명이 넘는다고 한다.

이디 아민 _잔혹함과 탐욕을 끝을 보여준 '검은 히틀러'

'검은 히틀러'라는 별칭으로 전 세계 신문에 오르내리던 이디 아민은
악독하고 악랄하고 잔인하기로 손꼽히는 독재자이자 학살자였다.
그에게는 법이나 법률이 존재하지 않으며, 오직 자기 생각과 판단에
따라 제멋대로 행동하는 독재자였다. 8년 동안 우간다를 지배하면서
그는 무려 30만~50만 명을 살해한 것으로 추정된다.
가히 특기가 '사람 죽이기'라고 할 만하다.

인판트 동 엔히크 _흑인 노예무역의 개척자

처음으로 아프리카에서 흑인 노예를 유럽에 들여온 인물.
아무런 죄의식도 없이 흑인 노예를 인신매매했다.
더욱이 교황청이 인간을 상품으로 팔고 사는 비인간적이며
더없이 파렴치한 행위에 정당성을 부여했다.
그 때문에 흑인 노예교역은 크게 활성화되어
결국에는 아메리카 대륙에 수천만 명이 넘는 흑인 노예가
강제로 끌려가는 비극의 역사가 이어졌다.

노예무역선 _악마에게 끌려가는 죽음의 항해

유네스코의 자료에 따르면, 아프리카에서 아메리카 대륙으로 끌려간
흑인 노예는 약 1,100만 명이다. 그러나 학자들은 1,500만 명에서
2,200만 명까지 저마다 다르게 제시한다. 통계에 잡히지 않은
숫자까지 합치면 4,000만 명 이상이라는 견해도 만만치 않다.
유네스코 자료는 아메리카 대륙으로 운송 중에 사망한 흑인 노예는
약 180만 명으로 밝히고 있다.

알아두면 잘난 척하기 딱 좋은

악인의 세계사

알아두면 잘난 척하기 딱 좋은 악인의 세계사

초판 1쇄 발행 · 2023년 7월 7일

지은이 · 이상화
펴낸이 · 이춘원
펴낸곳 · 노마드
기 획 · 강영길
편 집 · 온현정
디자인 · 블루
마케팅 · 강영길

주 소 · 경기도 고양시 일산동구 무궁화로120번길 40-14(정발산동)
전 화 · (031) 911-8017
팩 스 · (031) 911-8018
이메일 · bookvillagekr@hanmail.net
등록일 · 2005년 4월 20일
등록번호 · 제2014-000023호

ISBN 979-11-86288-65-8 (03900)

알아두면 잘난 척하기 딱 좋은

악인의 세계사

The World History of The Wicked

A Perfect Book For Humblebrag

이상화 지음

nomad 노마드

책머리에

인간의 마음과 행동은 선(善)에 의한 것일까 아니면 악(惡)에 의한 것일까. 인간 본성에 관한 성선설과 성악설은 항상 팽팽하게 맞서고 있다. 의도적이든 결과적이든 악과 악행은 언제 어디서나 버젓이 자행되고 있으며, 악과 악행이 일상화·보편화된 듯하다. 그러나 모든 사람이 당연하게 여기고 평범하게 행하는 일이 악이 될 수 있다는 '악의 평범성'을 이야기하는 학자도 있다. 유대인 학살과 같은 악행이 광신자나 반사회적 인격장애자가 아니라 국가에 순응하며 자신의 행동을 보통이라고 여기는 평범한 사람들에 의해 행해졌다는 것이다.

악인(惡人)은 두말할 나위 없이 다른 사람이나 사회에 악행을 자행하는 '나쁜 사람'이다. 잔인하고 가혹하고, 포악하고 악랄하고, 악마와 같고 너무나 비인간적이다. 그는 피도 눈물도 없이 다른 사람을 인간으로 대하지 않고 짐승처럼 취급하며 서슴없이 잔인하게 목숨을 빼앗는다.

국가와 사회를 뒤흔들고 역사를 바꿔놓은 악인도 헤아릴 수 없이 많다. 그 가운데서 세계적·역사적으로 악명 높은 악인들을 간추려 극악무도하고 참혹하고 충격적인 가공할 만한 악행들을 되짚어보면 악과 악행의 종말은 결국 악인 자신의 파멸뿐만 아니라 역사와 사회에 커다란 폐해를 남긴다는 평범한 진리를 다시 한번 깨닫게 된다.

동서양에는 유명한 악인이 너무나 많다. 그들을 모두 살펴볼 수는 없다. 따라서 악인을 간추리는 작업이 무척 어려웠다. 악인에 대한 평가가 시대에 따라 변하기도 하고, 때로는 사실에 근거하기보다 편견이나 사회적 의도에 따라 왜곡되고 부풀려지기도 하기 때문이다. 그러나 대체로 대량학살의 주동자, 역사적으로 손꼽히는 동서양의 악녀들, 악랄한 폭군과 독재자, 엽기적인 살인자 등을 중심으로 악인을 간추렸다.

5천여 년의 인류 역사에서 전쟁이 없었던 날은 모두 다 합쳐봐야 300일이 안 될 정도다. 그렇지만 전쟁이라는 역사적 사건을 둘러싼 다양한 원인과 결과는 실로 방대하고 복합적이라 끔찍한 전쟁을 일으킨 원흉과 근래의 각종 무장테러의 주동자 등은 제외했다. 그리고 너무 잘 알려진 히틀러, 스탈린, 마오쩌둥 등과 우리나라의 악인을 제외했다. 여전히 진행 중이며 논란의 여지가 있기 때문이다.

악인의 악행이 왜, 어떻게 자행되었는가를 살펴보는 것은 매우 흥미롭다. 아울러 그러한 악행의 배후가 되는 시대적 환경이나 역사적 사실을 살펴보는 것은 흥미를 더해준다. 독자들이 쉽고 재미있게 읽을 수 있고 많은 인문지식을 얻을 수 있도록 최선을 다했다. 좋은 기획으로 출판의 기회를 주신 출판사 여러분에게 감사드린다.

2023년 3월

이상화

차례

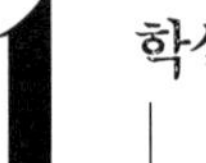

학살자들

악녀들

3 폭군과 독재자들

4 흑인 노예

5 연쇄살인마들

6 엽기적 악인들

학살자들

프란시스코 피사로

Francisco Pizarro

잉카제국을 멸망시킨 에스파냐 원정대장

현재의 멕시코·페루 등을 비롯한 중앙아메리카와 남아메리카에는 기원전부터 찬란한 고대 문명이 꽃피었다. 마야 문명, 아스테카 문명, 잉카 문명 등이 그것이다. 거대한 신전과 피라미드, 마추픽추 등 위대하고 불가사의한 유적을 남긴 이 문명들은 그곳 원주민이 이룩한 것이다. 그러나 이러한 문명들은 16세기에 이르러 아메리카 대륙을 침략한 유럽 강대국에 의해 파괴되고 숱한 유물과 보물을 약탈당했을 뿐만 아니라 결국에는 멸망하여 유럽 강대국의 지배를 받는 식민지가 되고 말았다.

가장 먼저 남아메리카 대륙을 침략한 포르투갈은 대서양 연안의 광활한 영토(현재의 브라질과 우루과이 지역)를 차지했으며, 곧바로 뒤따른 에스파냐는 중앙아메리카와 남아메리카 대부분을 정복하고 식민지화했다. 거의 같은 시기에 영국과 프랑스는 북아메리카 대부분을 차지했다. 오늘날에도 브라질은 포르투갈어, 그 밖의 중남미 국가 대부분은 스페인어가

공용어인 것을 보면 유럽 강대국의 지배력과 식민지화 정책이 얼마나 지독했는지를 짐작할 수 있다.

그 무엇보다 안타까운 것은 오늘날의 페루를 중심으로 중남미 일대에 대제국을 건설하고 찬란한 문명을 꽃피웠던 잉카제국이 불과 160여 명으로 구성된 에스파냐 원정대에 의해 멸망한 것이다. 그때 에스파냐 원정대를 이끈 대장이 바로 프란시스코 피사로였다.

사실 그와 함께 멕시코의 아스테카제국을 무너뜨리고 아스테카 문명을 가차 없이 파괴한 에르난 코르테스(Hernán Cortés)를 빼놓을 수 없다. 역

에스파냐의 정복자 에르난 코르테스. 그는 프란시스코 피사로보다 10여 년 먼저 아스테카제국을 멸망시켰다. 친척인 코르테스와 피사로에 의해 중앙아메리카와 남아메리카의 원주민 문화는 궤멸되었다.

시 에스파냐의 정복자였던 코르테스는 피사로보다 10여 년 앞서 아스테카제국을 멸망시켰다. 에스파냐에서는 국력을 크게 신장시키고 중남미 식민지화에 결정적으로 기여한 피사로와 코르테스를 가장 뛰어난 정복자로 추켜세운다. 말하자면 이들은 정복의 쌍두마차였던 셈이다.

그러나 잉카제국은 아메리카 대륙에서 가장 눈부신 문명을 지녔을 뿐만 아니라 광활한 영토를 지닌 최고의 강대국이었다. 따라서 이 막강한 제국을 단숨에 무너뜨린 피사로를 최고의 악질로 손꼽지 않을 수 없다. 공교롭게도 코르테스와 피사로는 같은 시대를 살았으며 서로 외가 쪽으로 친척이었다.

중세 유럽의 선진국들은 국력 과시와 경제력 강화를 위해 새로운 영토 확보에 앞다투어 발 벗고 나섰다. 대표적인 국가가 포르투갈과 에스파냐였다. 새로운 영토를 확보하기 위해 그들은 유럽 밖으로 눈을 돌렸고, 수많은 탐험대와 원정대를 가까운 아프리카 일대로 보냈다.

그런데 뜻밖의 인물이 나타났다. 이탈리아인이었지만 에스파냐에서 활동하던 크리스토퍼 콜럼버스(Christopher Columbus)였다. 그는 에스파냐의 이사벨 여왕에게 새로운 항로를 개척하고 황금의 땅으로 알려진 인도(India)를 찾겠다며 지원을 요청해서 허락을 받았다. 그리하여 콜럼버스는 1492년 8월 3일 120명의 선원을 실은 세 척의 선박을 이끌고 에스파냐의 항구를 출발했다. 선원 가운데는 이사벨 여왕이 파견한 기록원과 의사 등도 있었지만 대부분은 범죄자였다. 감옥에서 복역하는 대신 위험한 모험을 택한 이들이었다.

콜럼버스는 인도로 가기 위해 계속 대서양을 가로질러 항해했다. 70여 일의 힘들고 위험한 항해 끝에 10월 12일, 그는 마침내 지금의 바하마제도에 속한 한 섬에 도착했다. 바하마제도는 미국 플로리다반도 남동쪽에서 쿠바 북쪽의 카리브해에 있는 700여 개 섬으로 이루어진 곳이다. 콜럼버스는 그곳을 인도의 서쪽에 있는 섬으로 여겨 서인도제도라는 이름이 생겨났으며, 주민을 '인도 사람' 즉 인디언(Indian)이라고 불렀다.

그곳이 제대로 밝혀진 것은 얼마 뒤 콜럼버스와 같은 이탈리아인으로 포르투갈의 지원을 받은 아메리고 베스푸치(Amerigo Vespucci)의 탐사에 의해서였다. 그는 남아메리카 북부(현재의 가이아나)에 상륙해서 아마존 일대를 여러 번 탐사한 끝에 그곳이 인도가 아닌 새로운 대륙임을 확인했다. 그리하여 1507년 독일의 지도 제작자 마르틴 발트제뮐러(Martin Waldseemüller)가 제작한 세계지도에서는 그곳을 베스푸치의 이름을 따서 아메리카라고 명명했다.

이후 유럽 강대국의 영토와 자원을 확보하기 위한 경쟁은 더욱 치열해졌다. 선두주자는 당연히 에스파냐와 포르투갈이었다. 포르투갈은 아메리고 베스푸치의 항해로를 따라 브라질을 차지했으며 에스파냐는 그 밖의 중남미 해안을 차지하고 계속해서 내륙으로 진출함으로써 브라질을 제외한 대부분을 장악했다.

중남미에 진출한 에스파냐는 우여곡절 끝에 1521년 에르난 코르테스가 지금의 멕시코 지역에 있던 아스테카제국을 무너뜨리고 식민지화에 성공하자 더욱 자신감을 가지고 적극적으로 중앙아메리카와 남아메리카를 공략했다. 이에 원주민들은 활이나 창 등으로 맞서 싸웠지만, 대포와 화승총 그리고 생전 처음 보는 기마병들에게 맥없이 학살당하면서 마침내 항복하고 말았다. 그들은 귀중한 문화재와 황금을 약탈당했을 뿐만 아니라 에스파냐 군대의 사령관 코르테스에게 20여 명의 젊은 여인을 공물로 바쳐야 했다.

에스파냐 왕은 아메리카 대륙을 공략하여 식민지로 만든 정복자들에게 현지의 많은 토지와 노예 등을 보상으로 주었다. 하지만 그 때문에 공적과 재산 분배를 놓고 에스파냐의 권력자들과 군인들 사이에 끊임없는 갈등과 내분이 생겼다. 코르테스도 자신의 부하가 이끄는 군대와 전투를 벌여야 했다. 그는 많은 재산을 포기하고 자신을 추종하는 부하들을 잃고 도망쳐 겨우 목숨을 구하기도 했다.

비슷한 시기에 프란시스코 피사로는 코르테스와 그리 멀리 않은 곳에 있었다. 에스파냐에서 변변한 지위조차 없었던 그는 새로운 식민지가 된 카리브해의 히스파니올라(지금의 아이티와 도미니카공화국)에 부임하는 총독을 따라나섰다. 별 볼일 없는 자리여서 어렵지 않게 기회를 얻을 수 있었다.

총독부의 평범한 관리로 일하던 피사로는 1510년 남아메리카 원정대에 들어가 공을 세웠다. 그 덕에 에스파냐의 식민지 파나마의 고위직이 된 그는 1519년부터 1523년까지 총독을 보좌했다. 친척인 코르테스가 아스테카제국을 무너뜨리고 위세를 떨칠 무렵이다. 피사로는 코르테스가 더없이 부러웠다. 그 못지않게 부와 명예를 거머쥐고 싶었다.

그렇게 야욕을 더욱 불태우며 남아메리카 원정대를 이끌 기회를 노리던 피사로는 원주민으로부터 뜻밖에 좋은 정보를 얻었다. 코르테스가 정복한 지역에서 좀 더 남쪽으로 가면 엄청난 황금을 보유하고 있는 부유한 나라가 있다는 소문을 들은 것이다. 바로 잉카제국이었다. 피사로는 곧바로 파나마 총독에게 잉카제국을 침략하겠으니 지원군을 달라고 간청했다.

프란시스코 피사로. 에스파냐에서 변변한 지위조차 없었던 그에게 남아메리카 대륙은 부와 명예를 가져다준 엘도라도였다.

그러나 당시 남아메리카는 그야말로 미지의 땅이었다. 에스파냐의 남아메리카 원정은 정보 부족, 식량 부족, 적대적인 원주민 등과 같은 이유로 계속 실패했다. 새로 부임한 파나마 총독 역시 에스파냐 군대에 많은 인명 피해가 발생할 것을 우려해서 피사로의 요청을 거절하고 돌아올 것을 지시했다.

그러자 자신의 야욕을 성취할 수 있는 절호의 기회를 거절당한 피사로는 크게 분노했다. 그는 부하들 앞에서 칼을 뽑아 들고 땅에 선을 긋고는 "부와 명예를 얻고 싶은 사람은 이 선을 넘어와서 나를 따르라" 명령했다. 부하 중 13명이 피사로를 따르겠다며 선을 넘었다.

피사로는 총독의 지시를 무시하고 그들과 함께 점점 남쪽으로 원정을 계속했다. 그러다가 잉카제국에서 만든 물품들을 얻게 되고 더 많은 정보를 수집할 수 있었다. 그러나 잉카제국은 그의 예상보다 훨씬 강력하고 막강한 대제국이었다. 피사로는 13명의 인원으로는 정복이 도저히 불가능하다고 판단했다.

피사로는 신임 파나마 총독이 자신의 원정 계획을 포기하도록 종용하고 있으므로 에스파냐 왕 카를루스 1세에게 직접 적극적인 지원을 요청하고자 마음먹었다. 그는 원정을 중단하고 에스파냐의 세비야로 향하는 선박에 몸을 실었다. 공교롭게도 그때 코르테스도 아스테카제국을 정복한 상황 등을 보고하기 위해 카를루스 1세의 궁에 머물고 있었다.

이렇게 코르테스와 만나게 된 피사로는 그에게 잉카제국을 정복하려는 계획을 설명하고 도와달라고 설득했다. 친척 사이이기도 한 코르테스는 피사로의 야심 찬 잉카 정복 계획에 완전히 동의하고 에스파냐 왕에게 피사로의 공적과 능력을 긍정적으로 과대 포장해서 보고했다.

에스파냐 왕은 피사로의 원정 계획에 기뻐하며 그에게 기사 작위를 수여하고 갑옷을 주면서 잉카제국을 정복하면 그곳의 총독으로 삼을 것이며 국왕 다음의 부왕(副王) 지위까지 행사할 수 있도록 엄청난 권한을 부여했다. 피사로는 의기양양해서 식민지 파나마로 돌아왔다. 그는 남아메리카 최대 부국이자 강국인 잉카제국을 정복하기 위해 좀 더 많은 정보와 자료를 수집하고 철저히 준비했다.

잉카제국은 12세기경 안데스산맥의 고지대에 있는 쿠스코를 수도로 삼아 잉카족이 세운 나라였다. 잉카제국은 씨족 중심으로 자급자족하며 토지를 공동으로 소유하고 집단경작해서 분배하는 사회로 주민이 안정되고 여유로운 생활을 하고 있었다.

잉카제국은 태양신 인티(Inti)를 비롯해 여러 신을 숭배했으며, 황제를 태양신의 화신이자 대리자로 여기는 등 그를 중심으로 일치단결하고 결속력이 매우 강했다. 또 건축술을 비롯한 과학과 기술이 뛰어나 수많은 기념비적인 건축물을 세웠는데, 거대한 암석이나 반쯤 깎은 거친 암석들을 틈 하나 없이 맞추어서 벽을 쌓아 올렸으며 특히 황금이 풍부해 신전이나 궁전의 외벽을 황금으로 장식할 정도였다. 문자는 없었지만, '키푸(Quipu)'라는 초보적인 매듭문자로 숫자를 표시했다. 그리고 역사를 구술(口術)로 계승하는 공식적 직책의 전문 암송자들이 있었다.

잉카제국의 전성기는 15세기 초였다. 그때 잉카제국은 지금의 페루뿐만 아니라 에콰도르, 콜롬비아, 볼리비아, 칠레, 아르헨티나 등 남아메리카의 거의 모든 지역을 장악하고 통치했다. 영토 안에 무려 50여 개의 다른 언어를 쓰는 종족들이 있을 만큼 거대한 제국이었고, 병력도 8만 명 이상으로 당할 세력이 없었다.

더욱이 잉카제국은 뛰어난 기술로 쿠스코를 중심으로 영토 곳곳에 잘 정비된 도로를 건설했을 뿐만 아니라 안데스의 험준한 산맥에도 길을 만들고 관리했다. 하지만 놀랍도록 잘 만들어진 이러한 도로망이 역설적으로 에스파냐 등 유럽 강대국의 침략에 효과적으로 사용되기도 했다.

잉카제국은 전성기를 지나면서 왕위 다툼으로 내분이 끊이지 않았다. 황제 자리를 놓고 형제들 사이에 갈등이 심각해서 아타우알파(Atahualpa) 황제는 강력한 도전자였던 동생을 처형하는 등 좀처럼 내분이 가라앉지 않았다. 이로 인해 잉카제국은 본격적인 멸망의 길로 접어들었다.

그즈음 마침내 1년여의 준비 기간을 마치고 1531년, 잉카제국을 정복할 에스파냐 원정대가 조직되었다. 선박 1척, 원정대 180명, 말 37필로 구성된 원정대에는 피사로의 형제들과 성직자도 있었다. 그들은 파나마에서 서해안을 따라 남하할 계획이었다. 중간에 선박 2척이 더 합류한 원정대는 잉카제국의 북쪽 해안에 다다랐다. 그러나 현지의 원주민과 소규모 전투를 벌였을 뿐 잉카제국 원정에는 별다른 진척이 없었다.

1532년 피사로는 안데스산맥을 넘어 카하마르카(Cajamarca) 부근에 다다랐다. 그때 잉카제국의 아타우알파 황제는 형제와의 내전에서 승리한 직후 수만 명에 이르는 대군을 이끌고 수도 쿠스코로 행군하다가 온천지인 카하마르카에 머물고 있었다. 1532년 11월, 피사로는 먼저 황제를 만나고 싶다는 전갈을 보냈다. 이에 아타우알파 황제는 특사를 파견해 에스파냐 원정대를 살펴보게 했다. 원정대의 규모가 대단치 않다는 특사의 보고를 받은 황제는 그들을 얕잡아보고 면담을 수락했다.

아타우알파 황제는 단지 가벼운 무기를 갖춘 5천여 명 군사의 호위를 받으며 피사로 원정대를 만나러 갔다. 그러자 기다렸다는 듯이 피사로와 180여 명의 원정대가 그의 앞으로 나섰다. 피사로에게는 악랄한 흉계가 있었다. 먼저 아타우알파 황제 앞에 성직자를 내세워 에스파냐의 왕과 정복자에게 복종할 것을 요구하는 문서와 성경을 내밀게 했다. 그리고 피사로가 "가톨릭 신앙으로 개종하시오"라고 강요하듯 말했다.

그러나 태양신을 숭배하고 그 황제는 '태양의 아들'인 잉카제국에 가톨릭 신앙으로 개종하라고 요구하니, 아타우알파 황제는 화를 내며 성경을 내던져버렸다. 그러자 피사로는 에스파냐 군대에 잉카의 황제를 체포하도록 명령했다. 잉카의 호위병과 군대가 가만있을 리 없었다. 즉시 에스파냐 군대를 공격하려고 했다. 하지만 이미 예상했다는 듯이 에스파냐 군대는 그들을 향해 화승총과 대포를 쏘아댔다. 이런 사태를 전혀 예상하지 못한 잉카의 군인들은 제대로 저항도 하지 못하고 추풍낙엽처럼 쓰러졌다. 이때 무려 4천 명 이상의 잉카인이 학살당했다고 한다.

이처럼 잉카의 군대는 속수무책이었다. 에스파냐 군대의 말을 탄 수십 명의 기병과 세 문의 대포 그리고 화승총에 너무 놀란 것이다. 모두 그들로서는 처음 보는 것이었다. 말도 처음 보았고, 화약 무기도 처음 본 것이었다. 더구나 그들에게는 하얀 얼굴에 흰 수염의 인물들이 지금까지 못 보던 동물(말)과 함께 나타나 백성을 구제할 것이라는 전설이 있었다. 완전히 공포에 사로잡힌 잉카의 군대는 그 전설을 떠올리고 항복할 수밖에 없었다.

포로가 된 아타우알파 황제는 피사로에게 자신을 풀어주면 갇혀 있는 방의 부피만큼 되는 황금을 주겠다고 제안했다. 대략 5톤이 넘는 어마어마한 양의 황금이었다. 악랄하고 악질적인 피사로는 그 엄청난 황금을 손에 넣었다. 그렇다고 아타우알파 황제를 석방한 것은 아니었다. 후환을 없애기 위해 그를 처형하기로 했다. 에스파냐는 아타우알파 황제를 억지로 가톨릭으로 개종시킨 뒤 근친상간(잉카 황제는 순수 혈통을 위해 여형제와 결혼했다), 일부다처(후궁이 있었다), 우상숭배 등의 죄목으로 교살한 후 시신을 불태웠다. 그리고 잉카의 수도 쿠스코까지 점령하고 허수아비 황제를 앉혔다. 1533년의 일이었다.

에스파냐 군대의 만행이 펼쳐졌다. 잉카인을 닥치는 대로 학살하고 재물을 약탈하고 여성을 겁탈하는가 하면, 신전과 궁전을 비롯한 기념비

처형당하는 잉카제국의 마지막 황제 아타우알파

적인 축조물과 문화재를 파괴하고 온갖 보물을 약탈했다. 남아메리카 최대 강국이었던 잉카제국은 그렇게 맥없이 무너졌다.

특히 피사로의 동생들인 후안과 곤살로는 더없이 교만했다. 그들은 허수아비 황제마저 업신여기고 조롱했을 뿐만 아니라 그를 쥐어짜 막대한 양의 황금을 빼앗는 등 횡포를 자행했으며, 황후까지 강제로 빼앗으려고 했다. 또 각 지역의 추장들을 붙잡아 황금을 내놓으면 풀어주겠다고 했다가 황금을 받으면 곧바로 처형했다. 문화재의 파괴와 보물의 약탈은 날이 갈수록 더욱더 심해졌다.

급기야는 참다못한 잉카인들이 죽음을 무릅쓰고 반란을 일으켰다. 세력도 점점 커져 약 20만 명에 이르렀다. 그들은 에스파냐 군대와 치열하게 전투를 벌였지만, 잉카 군대에 전염병이 창궐하고 막강한 화력을 지닌 무기에 대적할 수 없어 패배하고 말았다.

이렇게 패배한 잉카인들은 깊은 산속으로 피해야만 했다. 1539년 그들은 경사가 심하고 후미져서 접근하기 어려운 험준한 고산지대에 자리한 빌카밤바(Vilcabamba)를 수도로 정하고 잉카제국을 이어갔다. 이 시기를 신잉카국이라고 한다. 하지만 신잉카국은 30년 넘게 명맥을 유지하다가 1572년에 멸망했다. 잉카제국이 완전히 사라진 것이다.

남아메리카에서 피사로는 제왕이나 다름없었다. 오만방자하고 포악하고 악랄했다. 하지만 그에게도 위기가 닥쳤다. 그의 친구이자 잉카제국을 침략한 에스파냐 원정대에 함께 참가했던 알마그로(Diego De Almagro)가 피사로의 독재에 불만을 품은 것이다. 이 사실을 눈치챈 피사로는 그를 칠레 총독으로 보냈다. 어느 자료에는 에스파냐의 카를루스 1세가 칠레를 정복할 원정대장으로 파견했다고도 한다. 어찌 되었든 칠레로 간 알마그로는 너무나도 열악한 상황에서 수많은 난관으로 큰 고통을 겪었다.

그 무렵 잉카에서는 대규모 반란이 일어났다. 피사로는 당시 잉카의 수도 쿠스코에 있지 않았다. 쿠스코가 고산지대에 있었기 때문에 새로운 수도를 건설하려고 멀리 떨어진 리마(Lima)에 있었다. 태평양 연안에 있는 리마는 결과적으로 피사로가 처음 건설한 곳이다.

알마그로는 급히 쿠스코로 돌아와 에스파냐 군대를 이끌고 잉카의 반란세력을 물리쳤다. 그가 이끄는 에스파냐 군대에 피사로의 두 형제도 있었는데, 알마그로는 그들을 명령 불복종으로 체포한 상태였다.

그 사실을 알게 된 피사로가 격분해서 알마그로가 이끄는 군대와 전투를 벌였다. 에스파냐 군대 사이에 전투가 벌어진 것이다. 결국에 알마그로 군대가 패배했고 피사로는 가차 없이 그를 처형했다. 졸지에 패잔병이 된 알마그로 군대에 그의 아들이 있었다. 그는 살아남은 패잔병들을 이끌고 피사로를 공격해서 살해했다. 후작이라는 높은 지위, 막대한 재산 그리고 페루의 지배자라는 신분 등 모든 것을 이룬 듯한 피사로는 이렇게 최후를 맞았다. 이것은 에스파냐 식민지 역사에도 기록된 큰 사건이었다.

저명한 생리학자 재레드 다이아몬드가 쓴 『총, 균, 쇠』는 세계적으로 유명한 책이다. 다이아몬드는 이 책에서 결론적으로는 총과 세균과 쇠가 세계의 역사를 바꾸는 데 결정적인 역할을 했다고 말한다. 아메리카 대륙이 그렇고 잉카제국이 그렇다. 무려 8만이 넘는 잉카의 군대는 180여 명에 불과한 에스파냐 군대의 총 앞에서 속수무책으로 무너졌다. 그 총을 만든 것은 쇠다. 또한 세균(천연두)에 의해 인구의 90퍼센트가 사라졌다. 유럽의 전염병에 전혀 면역력이 없었던 잉카인에게 천연두는 대재앙이었다.

물론 그 찬란한 문명과 함께 대부분의 잉카인이 비슷한 시기에 사라진 것에 관해서는 여러 가지 가설이 있다. 첫째는 무엇보다 에스파냐 군대의 무자비한 대규모 학살이며, 그 과정에서 수많은 주민이 자살했다는 것이다. 그들이 자살한 중요한 이유 중 하나는 기독교로의 개종 강요였다. 또 잉카의 원주민은 에스파냐인의 욕망을 충족시키기 위해 가혹한 노동에 시달리다가 목숨을 잃었다.

그러나 잉카인이 갑자기 사라진 가장 주된 이유는 전염병이라는 것이 공통적인 견해다. 잉카인은 에스파냐인에게서 전염된 천연두에 전혀 면역력이 없어서 속수무책으로 당했다. 알다시피 천연두는 바이러스에 감염되어 발생하는 급성전염병으로 그 당시에는 '전염병의 제왕'이라는 별칭을 가진 최악의 질병이었다. 에스파냐인은 천연두뿐만 아니라 페스트, 인플루엔자(독감) 등을 잉카인에게 전염시켰다. 오랫동안 고립된 생활을 한 잉카인에게 이러한 질병에 대한 면역력이 있을 리 없었다. 불과 10년

천연두로 죽어간 아메리카 원주민.
유럽에서 건너온 천연두는 잉카인에게는 총보다 더 무서운 재앙이었다.

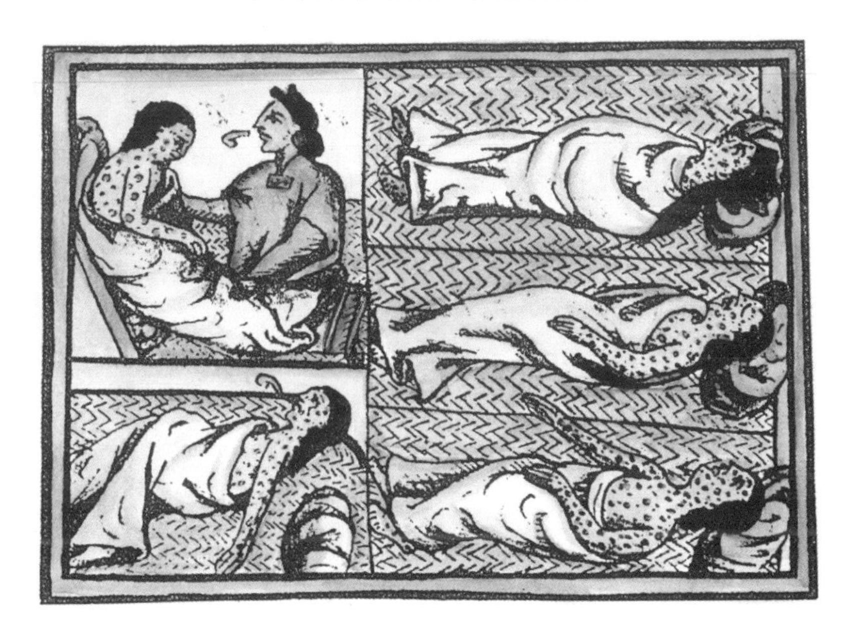

사이에 인구가 10분의 1로 줄었다고 하니까 갑자기 사라졌다고 해도 과언이 아니다.

여기서 한 가지 덧붙일 것은 세계적 유적지로 잘 알려진 마추픽추(Machu Picchu)다. 해발 2,430미터 고산지대에 있는 도시 마추픽추는 여전히 어떻게 깊고 험준한 산속에 그런 대규모의 거대한 축조물을 세울 수 있었는지 수수께끼에 싸여 있다. 일설에 의하면, 무려 200여 개 축조물로 이루어진 마추픽추는 약 1,200명이 거주하던 잉카인의 제례의식 중심지였다고 한다. 그런데 마추픽추는 높고 깊은 산속 울창한 숲속에 있었기 때문에 웅장한 규모에도 불구하고 20세기 초에야 발견되었다.

잉카제국에는 황금이 풍부했다고 한다. 하지만 황제들이 에스파냐의 지독한 고문에도 끝내 황금이 있는 장소를 말하지 않고 죽었기 때문에 특히 아메리카 대륙으로 진출한 유럽인은 큰 관심을 가지고 일확천금의 꿈을 키웠다. 그들은 황금과 보물을 찾아내려고 앞다투어 지금의 페루로 몰려들었다.

그들의 탐사 지역은 당연히 잉카제국의 수도였던 쿠스코와 그 인근이었으며, 좀 더 구체적으로 잉카 최후의 수도이자 항전지인 빌카밤바에 집중되었다. 하지만 헛수고였다. 그 누구도 수백 년 동안 황금을 찾아내지 못했다. 그러다가 1911년 미국 예일 대학의 교수 하이럼 빙엄(Hiram Bingham)이 마추픽추를 발견했다. 황금은 아니지만, 그 이상의 엄청난 가치를 지닌 찬란한 인류의 유산을 찾아낸 것이다.

마쓰이 이와네

松井石根

난징대학살의 일본군 사령관

일찍이 서구 문명을 받아들여 아시아에서 가장 먼저 근대화를 이룩한 일본은 지나친 자만감에 빠졌다. 다시 말해서 일본은 조선과 중국은 물론이고 아시아 전역이 서구처럼 발전하고 번영해야 한다는 '대동아공영(大東亞公榮)'이라는 논리를 내세우는 동시에 일본이 아시아 전체의 번영을 이끌어야 한다는 과대망상에 사로잡혔다.

헛된 야욕에 눈먼 일본은 19세기 말에 조선과 중국을 침략하며 자신의 야심을 본격적으로 실행에 옮기기 시작했다. 그런 불안한 상황에서 조선은 매우 나약했다. 서구 열강은 인천 앞바다까지 다가와 문호를 개방하라고 요구했으며, 일본과 청 그리고 러시아는 조선에서 패권을 잡으려고 치열하게 경쟁하며 조선을 압박했다. 그에 따라 조선은 쇄국과 개방의 혼란에 휩싸여 있었다.

그런 와중에 1894년 동학혁명이 일어나자 이를 구실로 일본과 청은 조선에 군대를 진주시켰다. 그리고 두 나라가 서로 우위를 다투다가 청일전쟁이 일어났으며, 전쟁해서 승리한 일본은 많은 이권을 챙겼다. 조선에서의 독점적 권리 행사는 물론이고 만주의 랴오둥반도 영유권까지 확정하면서 중국 침략의 발판을 마련한 것이다.

이에 극동 지역에 진출하려고 만주와 조선에 손을 뻗치고 있던 러시아가 가만있을 리 없었다. 만주에 진출한 일본과 러시아의 충돌을 피할 수 없었다. 급기야 1905년 러일전쟁이 일어났고 역시 전쟁에서 승리한 일본이 만주를 완전히 장악하기에 이르렀다.

나아가 일본은 1905년 대한제국으로 국호를 바꾼 조선과 강압적으로 을사늑약을 맺어 외교권을 박탈했으며, 결국에는 1910년 강제 병탄 조약으로 조선을 완전히 식민지화했다. 일본의 앞을 가로막는 것이 아무것도 없는 듯했다. 이제 일본의 목표는 중국 정벌이었다.

일본은 만주 침략을 노골화했다. 1931년 9월 18일, 펑텐(선양) 북쪽 류탸오후(柳條湖)에서 남만주 철도가 폭파되는 사건이 발생했다. 침략의 꼬투리를 마련하려는 일본 관동군의 자작극이었다. 그러나 일본 관동군은 중국군의 도발적인 소행이라며 펑텐을 공격·점령하며 '만주사변'을 일으켰다. 이미 치밀하게 전쟁 준비를 하고 있었고 막강한 병력을 지닌 일본 관동군은 손쉽게 만주 대부분을 점령했다. 중화민국 국민정부는 이러한 사태를 국제연맹의 힘을 빌려 해결하고자 하는 동시에 중국 공산당과 싸우는 데 열중했다. 그 후 국제연맹은 일본의 일방적인 만주 점령을 비난하며 철수를 요구하였다. 그러나 1933년 일본은 오히려 국제연맹의 권고를 무시하고 탈퇴했다.

한편 일본은 1932년 3월 청의 마지막 황제로 푸이를 앞세워 괴뢰정부

1931년 9월 19일 새벽, 펑톈을 장악하고 환호하는 일본 관동군.
만주사변은 1931년 9월 18일 일본 관동군이 조작한 류탸오후 사건을 계기로 시작되었다.

인 만주국을 수립하는 등 중국 동북에 대한 지배의 고삐를 늦추지 않았다. 그리고 중국이 내전에 휩싸여 있는 사이 일본 관동군은 더욱 강력해지며 호시탐탐 중국 내륙으로 침략할 기회를 노렸다. 그러나 좀처럼 기회가 생기지 않자 일본 관동군은 스스로 침략의 기회를 만들었다.

베이징 교외의 루거우차오(盧溝橋)에서 일본과 중국군 사이에 작은 사건이 일어난 것이다. 루거우차오는 서부 지역과 베이징을 잇는 전략적으로 중요한 다리로 서쪽은 일본 관동군이, 동쪽은 중국군이 관할하며 서로 대치하고 있었다. 그런데 1937년 7월 7일 야간훈련을 하던 일본군 중대에서 몇 발의 총성이 들리더니 일본군 한 명이 행방불명되었다. 사라진 병사는 행방불명이 아니라 화장실에 다녀와 곧바로 복귀했으나, 일본군은 중국군의 사격을 받았다는 구실로 온 부대를 출동시켜 다음 날 새벽 기습적으로 다리를 점령했다.

하지만 다행히 며칠 뒤 양측 군대는 현지 협정을 맺어 사건은 일단락된 듯했다. 그러나 중국 내륙으로 침략하려는 욕심을 가진 일본은 가만있지 않았다. 일본 군부가 적극적으로 나섰고 육군대신 스기야마 하지메(杉山元)가 앞장섰다. 침략의 명분을 찾고 있던 일본은 중국의 계획적인 무력 사용이라며 파병하겠다는 성명을 발표하는 동시에 즉각적으로 본토의 3개 사단을 추가로 파병해 관동군의 병력을 크게 증강시켰다.

일본은 7월 28일 일방적으로 베이징과 톈진에 대해 총공격을 감행하고 점령하면서 전쟁을 확대했다. 이렇게 양국의 전면전이 벌어져 드디어 중일전쟁이 시작되었다. 중국은 위기에 몰리며 다급해졌다. 끈질기게 맞서던 국민군과 공산군은 대결을 멈추고 서로 힘을 합쳐 일본군에 대항하기로 합의했다. '국공합작(國共合作)'이다.

속전속결로 전쟁을 끝내겠다는 목표를 세운 일본군은 베이징과 톈진을 거쳐 8월에 상하이 공격을 개시했다. 베이징과 톈진을 쉽게 점령하면서 중국군을 얕잡아보고 상하이도 며칠 안에 함락시킬 것으로 예상했지만 중국의 저항은 필사적이었다. 밀고 밀리는 일진일퇴가 거듭되었고 양쪽 모두에서 수많은 사상자가 발생했다. 일본군이 크게 고전하고 있을 때 일본은 마쓰이 이와네(松井石根)를 총사령관으로 파견했다.

일본육군사관학교와 육군대학교를 나온 마쓰이 이와네는 육군대학교 재학 시절 러일전쟁에 참전했던 경력이 있으며 일본에 유학했던 중국의 장제스와도 친분이 있었다. 하얼빈 특무기관장, 일본군 중지나방면군(中支那方面軍) 사령관 등 육군의 고위직을 두루 거친 그는 중일전쟁 이전에는 예비역 신분이었다. 그러나 상하이 전투가 예기치 않게 치열해지자 일본은 능력이 탁월하고 군기가 엄격한 장군이었던 그를 상하이 파견군 사령관으로 임명한 것이다. 그는 중국의 정예군과 대치하며 계속되는 고

1937년 12월 17일, 난징 시내에서
일본군을 사열하고 있는 마쓰이 이와네 일본 육군대장

전과 소모전 끝에 그해 11월 간신히 상하이를 점령할 수 있었다.

마쓰이 이와네의 권한은 상하이로 한정되어 있었지만, 그는 이를 무시하고 12월 10일 난징 공격에 뛰어들었다. 육군대장이자 총사령관인 그의 지휘에도 불구하고 격전이 계속되었고, 중국군과 일본군은 말할 수 없이 큰 피해를 입었을 뿐만 아니라 엄청난 전사자가 발생했다. 전혀 결과를 짐작할 수 없는 처절한 공방전이 계속되었다. 하지만 난징을 포위하고 결사적으로 공격하는 일본군의 막강한 병력에 차츰 전세가 기울기 시작했다. 중국은 전세가 불리해지자 난징을 포기하고 멀리 떨어진 서남쪽의 대도시 충칭으로 급히 옮겼다.

12월 13일, 마침내 난징 대혈투가 끝났다. 중국군의 방어망은 무너지고 지도부를 비롯해 군인들은 저마다 뿔뿔이 흩어져 도주하기에 바빴다. 난징을 점령한 약 5만 명의 일본군은 한마디로 악에 받쳐 있었다. 그들은 인간이 아니었다. 성난 맹수, 피에 굶주린 악마와 같았다. 중국군 포로와 민간인, 남녀노소를 가리지 않고 무차별로 무자비하게 학살하기 시작했다.

백기를 들고 항복하는 중국군 패잔병들까지 그 자리에서 사살하는 악랄한 만행이 여기저기서 자행되었다. 중국군 포로들을 마치 총검술 훈련하듯 난도질하여 죽이거나 총알을 아끼겠다며 큰 구덩이를 파고 산 채로 묻거나 휘발유를 뿌려서 불태워 죽었다. 어린아이도 닥치는 대로 칼로 찔러 죽였다. 잔혹한 일본군은 누가 더 많이 죽이나 상품을 내걸고 경쟁까지 벌였다. 두 명의 일본군 소위가 누가 먼저 일본도로 100명의 목을 자르는지를 겨루기도 했다.

더욱 비참한 것은 여성이었다. 성인 여성과 소녀는 물론이고 늙은 여

난징을 흐르는 친화이허(秦淮河) 둔치. 대학살 희생자 시신 옆에 일본 병사가 서 있다.

東京日日新聞 昭和十二年十二月十三日（月曜日）

百人斬り"超記錄"
向井106－105野田
兩少尉さらに延長戰

【紫金山麓にて十二日淺海、鈴木兩特派員發】南京入りまで"百人斬り競爭"といふ珍競爭をはじめた例の片桐部隊の勇士向井敏明、野田巖兩少尉は十日の紫金山攻略戰のどさくさに百六對百五といふレコードを作つて十日正午兩少尉はさすがに刃こぼれした日本刀を片手に對面した

野田「おいおれは百五だが貴樣は？」向井「おれは百六だ！」……兩少尉は"アハハハ"結局いつまでにいづれが先きに百人斬つたかこ

"百人斬り競爭"の兩將校 (右)野田巖少尉 (左)向井敏明少尉

두 명의 일본 장교가 누가 먼저 100명의 목을 베는지 시합했다고 보도한 《도쿄니치니치신문(東京日日新聞)》(1937년 12월 13일) 기사

성마저 눈에 보이기만 하면 어디서나 강간했다. 집집마다 휘발유를 뿌려 불태우고 집 밖으로 뛰어나오는 사람들에게 기관총을 난사했다. 그들 가운데 여성은 끌고 가 강간하고 살해했다. 수녀나 비구니 등의 여성 성직자도 예외가 아니었다. 그녀들도 강간당하고 살해되었다. 일본군의 약탈 행위는 말할 것도 없었다. 중국의 문화재나 보물은 물론이고 민간인의 패물이나 값진 물건을 모조리 약탈했다. 몇몇 중국인 남녀는 생체실험의 도구로 동물처럼 끌려갔다.

이러한 역사상 유례를 찾기 힘든 대학살의 만행을 일본의 언론들은 재미있는 예능·오락 프로그램처럼 신바람 나게 보도했다. 난징에서 자행된 일본군의 대학살은 6주간 계속되다가 전 세계가 큰 충격에 빠져 일본을 맹렬히 비난하자 이듬해 2월에야 멈췄다. 일본은 강압적으로 중국인으로 구성된 난징자치위원회를 만들어 상황을 통제하고 친일 괴뢰정부를 세웠다.

일본이 쉽게 끝날 것으로 예상했던 중일전쟁은 무려 8년 동안이나 계속되었다. 결국에는 1945년 일본이 패망하면서 멈춘 것이다. 일본은 패전이 분명해지자 난징의 모든 기록을 불태우고 증거가 될 만한 시설은 모조리 파괴하고 철수했다. 하지만 1946년에 열린 극동국제군사재판에서 난징 대학살과 관련된 각종 증거물이 쏟아졌다. 특히 당시 난징에 거주하던 외국인들이 몰래 촬영한 각종 증거사진과 영상자료를 내놓았다.

증언과 증거 자료가 수없이 존재하는 대학살이 확실한데도 전후의 일본은 전쟁 중에 발생한 불가피한 민간인 피해이며 일본 정부의 공식명령이 아니었기 때문에 국가 차원에서 책임이 없다고 주장하고 있다. 명칭도

'난징대학살'이 아니라 그냥 '난징사건'이라고 표현한다. 각급 학교의 교과서에 그렇게 표기하는가 하면 아예 사건 자체를 다루지 않는다. 하지만 중국에서는 '난징대도살(南京大屠殺)'이라고 하고, 서양에서는 '아시아의 홀로코스트'라고도 한다.

극동국제군사재판에서는 난징대학살의 피해자 규모를 15만 명 정도로 추산했다. 비전투원 약 1만 2천 명, 중국군 패잔병 2만 명, 포로 3만여 명이 난징 시내에서 학살당하고, 근교에 피난 가 있던 민간인 5만 7천여 명 등이다. 그러나 난징대학살 당시 국제적십자사·세계홍만자회(世界紅卍字會)·숭선당(崇善堂) 등 8개 구호단체에서 수습·매장했다고 보고한 시신의 숫자만 19만 8천여 구에 이른다. 이것은 어디까지나 기록일 뿐, 실제로는 30만 명 이상이 학살당했다는 것이 일반적인 견해다.

중국에서는 관련 자료들을 모으고 정리해 대규모 기념관을 건립하고, 난징대학살이 시작된 12월 13일을 추모일로 정해 해마다 각종 행사를 열고 있다. 또 일본의 반대에도 불구하고 2015년 난징대학살 관련 기록 16건을 유네스코에 제출해서 세계기록유산으로 등재했다.

일본 관동군 총사령관이었던 마쓰이 이와네는 학살을 직접 명령하지는 않았다고 하더라도 묵인하고 방치한 것은 부인하기 어렵다. 그는 극동국제군사재판에서 난징대학살의 책임자로 사형선고를 받고 처형되었다. 그리고 당시 난징에 주둔했던 일본군 제6사단 사단장 다니 히사오(谷壽夫), 당시 육군 대위로 민간인 300명을 참수한 다나카 군기치(田中軍吉) 등도 사형되었다. 마쓰이 이와네의 위패는 다른 전범들과 함께 일본 야스쿠니 신사에 한 자리를 차지하고 있다.

이시이 시로
石井四郎

일본 731부대의 생체실험 책임자

제2차 세계대전 당시 잔혹한 생체실험으로 악명을 떨친 일본 731부대의 이름은 널리 알려져 있다. 그에 관한 다큐멘터리, 영화, 소설 등도 수없이 많다. 특히 산 사람을 마취도 없이 생체실험한 이른바 '마루타'에 대한 차마 입으로 설명할 수 없는 참혹한 실태도 잘 알려져 있다. 하지만 731부대를 창설하고 끝까지 이끈 악마 같은 인물 이시이 시로(石井四郎)를 아는 사람은 그리 많지 않다. 그는 역사상 가장 잔인한 의사라고 일컬어진다. 그러나 놀랍게도 그는 일본이 패망한 이후 전범재판소에서 아무런 처벌도 받지 않았다.

일본 도쿄에서 멀지 않은 지바현에서 태어난 이시이 시로는 4형제 중 막내였다. 첫째 형은 러일전쟁에 참전했다가 전사했으며, 둘째 형은 731부대에서 생체실험 대상자들인 마루타를 가둬놓은 감옥의 간수였고, 셋째 형은 731부대에서 생체실험으로 희생된 마루타들의 시신을 해부하고

이시이 시로. 그는 전쟁에서 가장 효과적으로 승리할 수 있는 전략은 세균무기 개발이라고 확신하고 있었다.

인유(人油)를 제조하는 부서의 책임자였다고 한다. 그의 형제 중 세 명이 731부대와 깊이 관련된 악인들이다.

어려서부터 수재로 소문났던 이시이 시로는 교토제국대학 의학부(병리학과)를 수석으로 졸업하고, 1921년 4월 육군 군의(軍醫)가 되었다. 그는 1924년부터는 육군병원과 육군군의학교에서 군의로 근무하면서 교토제국대학 의학부 대학원 과정으로 세균학, 혈청학, 예방의학 등을 연구했다. 워낙 실력이 뛰어나 유명해진 그는 교토대학 총장을 집요하게 설득하여 그의 딸과 결혼했다.

그 무렵 일본에서는 원인을 알 수 없는 전염병이 크게 유행하면서 사망자가 속출했는데, 이시이 시로는 지도교수에게 교토대학 의학부 전체가 공동으로 그 전염병을 연구하자고 제안했다. 그 제안이 받아들여졌고, 이시이 시로는 책임자로 현장을 지휘하며 동물실험 등을 통해 마침내 그 전염병이 '기면성 뇌염'이며 병원체가 바이러스라는 사실을 밝혀냈다.

그로 말미암아 이시이 시로는 더욱 유명해졌으며, 의학 연구에서 좋은 경력을 쌓게 되었다. 그리고 1927년에는 의학박사 학위까지 획득했다. 1928년 이시이 시로에게 해외 시찰의 특전이 주어졌다. 그는 독일에서 세균학, 특히 세균·화학무기를 깊이 있게 연구했다. 2년간의 유학을 마치고 귀국한 그는 소좌(한국군의 소령에 해당)로 진급했으며 육군군의학교 교관이 되었다.

이시이 시로는 전염병 연구에서 얻은 경험을 바탕으로 전쟁에서 가장 효과적으로 승리할 수 있는 전략은 세균무기 개발이라고 확신하게 되었다. 아울러 세균 배양 캔(can)까지 개발해서 특허를 받은 그는 주저하지 않고 세균부대 창설을 육군에 제안했다.

일본군 고위층에서도 가장 적은 비용으로 최대의 살상 효과를 거둘 수 있는 세균전의 필요성을 인지하고 이시이 시로를 만주로 보냈다. 중국의 변방이자 비교적 외진 곳인 만주를 세균병기 실험의 최적 장소로 판단한 것이다. 1932년 이시이 시로는 하얼빈 외곽에 '세균병기방위연구소' 설립에 착수했다. 이것이 731부대의 전신이라고 할 수 있다. 그는 기밀을 유지하기 위해 '도고(東鄕)부대'라는 암호를 사용했다. 이렇게 처음 몇 년 동안 소규모의 생체실험 등을 통해 세균무기 개발의 가능성을 타진한 이시이 시로는 생체실험이 큰 효과가 있다는 사실을 확인했으며, 만주에서 생체실험 대상자를 충분히 확보할 수 있다는 확신을 얻었다. 항일운동을 하는 조선인과 중국인을 생포해 외부에 드러나지 않고 비밀리에 실험의 대상자로 이용할 수 있었기 때문이다.

이후 1936년 일본 왕의 칙령으로 731부대가 설립되었다 그 부대의 공식 명칭은 '관동군방역급수부본부(関東軍防疫給水部本部)'였다. 이시이 시로가 처음 사령관으로 부임한 1930년대 후반까지만 해도 731부대는 전염병

731부대 시설이 완공된 직후의 공중 사진. 맨 앞 굴뚝 세 개가 서 있는 건물은 보일러실이다. 중앙의 거대한 ㅁ자형 건물이 두드러진다. 약 13만 평 부지에 본관, 실험동, 포로수감동 등 여러 건물을 세웠다. 그 규모로 미루어 일본의 대형 회사가 건설한 것으로 생각되지만 어느 회사의 사사(社史)에도 731부대 건설은 나오지 않는다. 부대의 성격상 완전 비밀이었을 것이다.

을 예방하고(방역) 물을 공급(급수)하는 전문 부대였다. 그러다가 1941년 이후 민간인을 대상으로 한 생체실험을 자행하는 부대가 되었다.

생체실험을 통해 조직적으로 세균을 연구하는 731부대의 규모는 1만여 명에 달했다. 그와 함께 베이징, 난징, 광둥, 싱가포르 등지에 설립된 지대(자매부대)에도 각각 500명에서 1,500명 정도의 인원이 있었다. 731부대 구성원의 약 85퍼센트는 의사와 연구원이었고, 총괄 지휘관은 이시이 시로였다. 그는 1941년에 소장으로 진급했고, 1942년에는 군의관 최고위 계급인 중장으로 진급했다.

생체실험은 말 그대로 산 사람을 대상으로 세균성 질환과 각종 질병을 실험하는 것이다. 실험의 실질적 효과를 위해 마취도 하지 않고 실험하는 더없이 잔인하고 충격적인 만행이다. 731부대에서는 생체실험 대상자를 '마루타(丸太)'라고 불렀다. 마루타는 일본어로 '껍질을 벗긴 통나무'라는 뜻이다. 731부대에서 실험대상인 산 사람이 짐승이나 가축보다도 못한 생명이 없는 물품으로 취급되었음을 보여주는 말이다. 731부대에서 생체실험으로 희생된 사람들은 전쟁포로가 대부분이었는데, 조선인과 중국인을 비롯해 몽골인, 러시아인, 연합군 포로 등이었다. 또 여성과 어린이, 임산부도 서슴없이 납치했다고 한다.

알려진 바에 따르면, 731부대의 생체실험은 방대하고 다양했다. 산 사람을 마취도 하지 않고 해부하여 위·장·간·폐 등을 꺼내거나 제거하여 생존 상태를 관찰하는 해부 실험이 자행되었고, 피부를 벗겨서 피부 표본을 얻기도 했다. 이같이 끔찍하고 야만적인 행위를 고스란히 감당할 수밖에 없었던 희생자들의 고통을 어찌 표현할 수 있겠는가.

영하 20~30도의 혹한에 산 사람의 팔에 찬물을 잔뜩 뿌리고 얼마 후

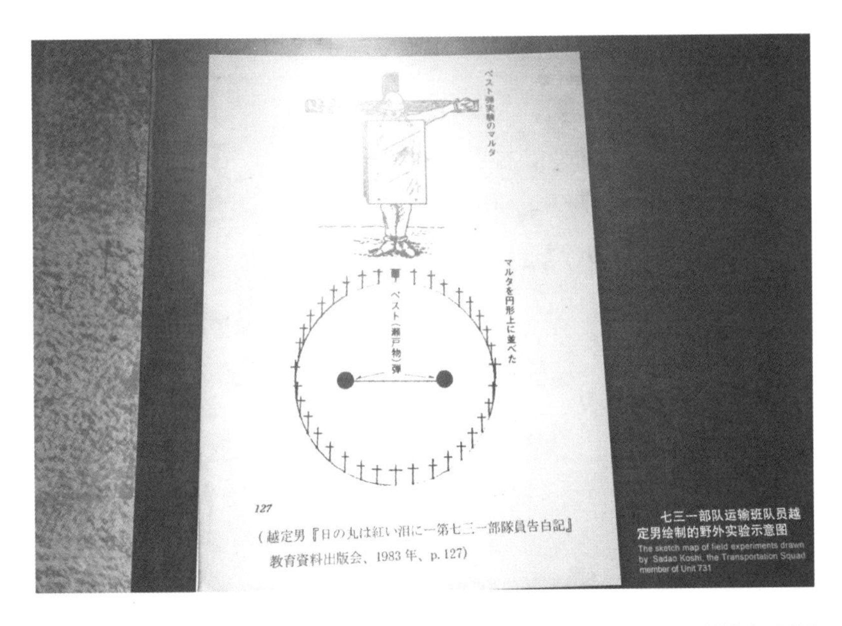

중국 하얼빈 '731부대 죄증진열관(罪証陳列館)'에 전시된 생체실험 재현 모형.

다시 뜨거운 물을 퍼붓는 동상 실험 또는 냉동 실험, 작고 밀폐된 공간에 어머니와 아이를 집어넣은 후 공기(산소)를 빼내 압력을 낮추거나 높여가면서 그들이 각자 얼마나 사는지를 실험하기도 했다.

그런가 하면 사람 몸에 가스를 주입하거나 페스트균·콜레라균 등을 주입해서 어떤 현상이 일어나는지 그리고 얼마나 버티는지를 실험했다. 또 남녀에게 매독균을 주입한 후 진행 경과를 지켜보거나, 산 사람에게 총을 쏘거나 칼을 찌르며 죽어가는 과정을 관찰했다. 이런 악독한 실험 과정에서 죽은 희생자는 모두 불태워버렸다. 그뿐만 아니라 페스트균을 배양해서 만주 일대에 일부러 퍼뜨려 감염 경과와 증세를 관찰하는 세균 실험으로 수많은 현지 주민이 희생되기도 했다.

일본 패망 이후 1947년 미국 육군조사관이 작성한 보고서에 따르면, 1936년부터 1943년까지 731부대에서 만든 인체 표본만 하더라도 페스트 246개, 콜레라 136개, 유행성출혈열 101개나 된다고 한다. 731부대에서는 1940년부터 해마다 600여 명에게 생체실험을 감행해서 전체 희생자는 3천 명이 넘는다고 한다. 모든 생체실험의 총지휘자는 물론 이시이 시로였다.

1945년 8월 15일 일본이 항복 선언을 하기 직전, 전황이 급격하게 전개되었다. 1945년 8월 9일, 소련이 일본에 대한 공격을 선언하며 태평양전쟁에 참전하자 만주 일대에서 일본군의 패색이 짙어졌다. 일본은 731부대의 실체가 드러나고 소련군에게 생체실험 자료를 빼앗길 것을 우려했다. 일본은 731부대의 모든 시설을 파괴하고 철수할 것을 지시했다. 이시이 시로는 천인공노할 731부대의 만행을 흔적조차 지워버리기 위해 공병부대를 동원하여 4일간 주요 시설을 모조리 폭파했다. 그리고 그때까지 살아 있던 수백 명의 실험대상자도 모조리 불태워 죽였다.

태평양전쟁에서 승리한 미국은 전범재판소를 설치하고 일본 전범들에 대한 철저한 수사와 재판을 진행했다. 만주에서 귀국한 이시이 시로와 731부대원들도 당연히 확실한 전범이었다. 731부대의 최고 책임자였던 이시이 시로는 사형을 피할 수 없었다. 그러나 이시이 시로를 비롯한 731부대의 그 누구도 기소되지 않았다. 어떻게 그런 일이 벌어졌을까? 어떻게 인류 역사상 가장 악랄하고 잔혹한 전쟁범죄자들이 무죄가 되고 처벌을 피할 수 있었을까?

소련의 참전으로 일본의 패망을 직감한 이시이 시로는 약삭빠르게 731부대 모든 시설의 파괴와 각종 자료를 폐기하도록 지시하고 다른 대원들보다 먼저 귀국해서 중병을 핑계로 병원에 입원했다. 그리고 마치 병사(病死)한 것처럼 거짓 장례까지 치렀다. 하지만 전범재판소의 수사관들에게 들통나고 말았다.

미군 전범재판소에서는 731부대에 대한 광범위한 수사를 시작했다. 731부대에 근무했던 이시이 시로의 형들도 조사를 받았다. 특히 생체실험으로 희생된 마루타들의 시체 해부와 인유(人油) 제조를 담당하는 부서의 책임자였던 셋째 형의 자백은 너무나 충격적이었다. 그는 희생자들의 시신에서 추출한 인유(기름)를 일본으로 보내 기계 윤활유로 사용했으며, 일부는 인유인지 모르는 중국인들에게 식용유로 제공했다는 사실을 밝혀 심문관들을 놀라게 했다.

731부대 총사령관이자 생체실험의 총지휘자였던 이시이 시로는 오히려 큰소리쳤다. 자신은 오직 당시 일본 총리로 전쟁을 주도한 최고의 전범 도조 히데키(東條英機)의 지시로 연구 활동을 했으며, 생체실험 자료는 인류의 소중한 재산이며 과학적 연구의 결과라는 궤변을 늘어놓았다. 또 자신이 연구 자료 필름 8천 통을 보관하고 있으며, 불태워버린 자료의 내용도 모두 정확하게 기억하고 있다고 주장했다. 그는 이러한 주장을 근거로 전범에서 제외되는 대가를 얻어내려 했다.

그 무렵 전범재판이 열리고 있는 도쿄에 온 '미 육군 생물학전 연구소(포트 데트릭 기지에 소재)'의 세균전 전문가는 트루먼 대통령에게 이시이 시

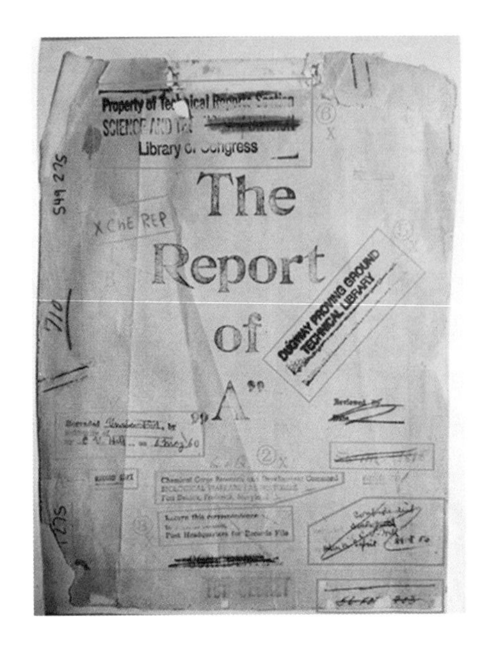

731부대의 탄저균 인체 실험 보고서 표지에는 '포트 데트릭'이라는 글자가 있다. 이 보고서도 이시이 시로가 미국에 제공했을 것이다. 731부대의 다양한 종류의 인체 실험 보고서 원판은 현재 미국 의회도서관 과학기술부 서류보관실에 보관되어 있다.

로의 처벌을 보류해달라고 요청했다. 이시이 시로와 731부대가 보유하고 있는 귀중한 생체실험 자료를 확보하기 위해서였다. 당시 세균 연구와 실험에서 일본에 크게 뒤처져 있을 뿐만 아니라 생체실험을 할 수 없었던 미국에게 이시이 시로가 갖고 있다는 자료들은 큰 가치가 있었다. 연구비 한 푼 안 들이고 획기적으로 귀중한 자료들을 손에 넣을 수 있다고 여겼다. 트루먼은 곧바로 미군 총사령관 맥아더에게 전화를 걸어 이시이 시로를 살려주라고 지시했다.

그 이전에 소련의 외무장관 몰로토프도 스탈린을 만나 이시이 시로와

731부대의 가치와 중요성을 설명했지만, 스탈린은 단호했다. 세균전·화학전을 끝내는 것이 더 중요하다고 판단한 스탈린은 이시이 시로를 처형하도록 지시했다. 그러나 한발 늦어 큰 성과가 없었다. 다만 소련과 가까운 지부에 있던 731부대원 12명을 붙잡았다. 그들은 2년에서 25년의 노동형을 선고받고 교정노동수용소에서 복역했지만, 오래지 않아 대부분 풀려나 일본으로 돌아갔다.

마침내 이시이 시로는 생체실험의 모든 자료를 미국에 넘겨주는 조건으로 무죄로 풀려났다. 총책임자가 무죄니까 나머지 731부대 관련자들은 볼 것도 없었다. 모두 무죄였다. 수많은 국민이 마루타로 참혹하게 희생된 우리나라와 중국으로서는 분노하지 않을 수 없는 일이었다. 하지만 인권과 인명 살상을 외면한 강대국의 이해타산 앞에 제대로 항의할 방법조차 없었다. 어쩌면 그것은 약소국의 숙명이었다.

무죄로 풀려난 이시이 시로는 군복을 벗고 버젓이 도쿄 신주쿠에서 여관을 경영했다. 그뿐만 아니라 당당하게 각종 매스컴에 출연해서 세균 연구에 관한 지식과 경험을 과시했고 저서를 발간하기도 했다. 그는 1959년 67세에 후두암으로 사망했다.

일본은 생체실험의 만행을 저지른 731부대의 실상을 밝히는 데 항상 소극적이다. 확인된 자료가 없다거나 아직 조사 중이라는 핑계로 모든 사실을 외면하고 있다. 하지만 일본의 양식 있는 학자와 작가들이 다큐멘터리 등으로 실상을 숨김없이 공개하고 있는가 하면, 여러 시민단체가 731부대 근무자들의 증언을 통해 생체실험의 끔찍한 만행을 꾸준히 폭로하고 있다.

폴 포트
Pol Pot

킬링필드의 주도자

많은 사람이 캄보디아의 독재자이자 학살자 폴 포트(Pol Pot)를 근현대사에서 최악의 학살자로 꼽을지도 모르겠다. 그는 집권 3년 6개월 동안 최소 130만여 명에 이르는 캄보디아 국민을 가장 잔인하고 악랄하게 학살했다.

베트남, 캄보디아, 라오스, 태국, 말레이시아, 미얀마 등이 위치한 인도차이나반도는 태국을 제외하고 모두 프랑스와 영국의 지배를 받았다. 20세기 중엽에 이르러 식민지에서 벗어나려는 독립운동이 펼쳐졌지만 대부분 지역이 큰 혼란에 빠졌다. 특히 베트남, 캄보디아, 라오스 등이 그러했다. 그 당시 민도가 낮았을 뿐만 아니라 종족이 다양하고 경제적으로 낙후된 국가들이었기 때문이다. 거기다가 독립운동과 함께 자본주의와 공산주의의 이념 갈등이 심각해서 혼란이 더욱 가중되었다.

앙코르와트 등 세계적인 문화유산을 지닌 캄보디아(Kingdom of Cambodia)는 1863년부터 1953년까지 프랑스의 보호령이었지만 명목상 시아누크 왕이 국가원수인 나라였다. 시아누크는 낙후된 경제를 발전시키려면 외국에서 앞선 기술을 배워 와야 한다는 판단 아래 많은 국비유학생을 유럽의 선진국으로 유학 보냈다. 폴 포트도 그중 하나였다. 1949년 스물네 살의 청년 폴 포트는 국비유학생으로 선발되어 파리에 있는 프랑스무선공학학교(École Française de Radioélectricité)에 입학했다. 하지만 그는 학과 공부가 아니라 크메르학생회에 가입하는 등 정치적 활동에 더 많은 시간을 보냈다. 그러다가 1951년 프랑스 공산당에 가입하여 본격적으로 공산주의 이념을 공부하고 공산당 활동을 시작했다.

폴 포트

1953년 귀국한 폴 포트는 캄보디아의 독립운동과 공산주의 혁명을 위해 시아누크 왕정에 반대하는 지하공산당 조직에 주저 없이 가입했다. 그리고 열혈 공산주의자가 된 그의 활약은 대단했다. 그는 입당한 지 2년도 되지 않아 당 총서기로 선출되었다. 아직 새파란 청년이었지만 해외유학파 엘리트인 그는 전략과 전술, 조직력, 장악력 등에서 모두 뛰어난 능력을 발휘하며 캄보디아 공산당의 지도자 위치에 오르며 단숨에 유명해졌다.

그러자 시아누크 정부는 폴 포트 체포령을 내렸다. 그 사실을 알고 산악지대로 도망친 그는 그곳에서 게릴라전을 지휘하며 정부군에 맞섰다. 시아누크 왕은 폴 포트와 공산주의자들을 '머릿속이 빨간 패거리'라고 표현하며 비난했다. 국가 발전에 기여하라고 국비로 유학을 보낸 엘리트가 오히려 적극적인 반정부주의자로 변신해 무력까지 동원해서 정부를 공격하다니, 시아누크가 보기에 그는 분명히 위험분자였다. 시아누크 정부는 폴 포트와 공산주의자들을 더욱더 노골적으로 탄압했다.

1960년대 중·후반 베트남 전쟁 와중에 폴 포트는 크메르 루주(Khmers Rouges, '붉은 크메르'라는 뜻)라는 무장 조직을 만드는 데 참여했으며, 나아가 북베트남과 중국의 지원 아래 무력으로 캄보디아 왕정에 맞섰다. 특히 중국의 마오쩌둥에게 무기를 비롯한 각종 물자를 지원받으며 더욱 세력을 키워나갔다. 이렇게 막강한 세력으로 성장한 크메르 루주는 점차로 사명감이 약하고 조직이 허술한 정부군을 능가하게 되었다.

게다가 미군이 캄보디아의 공산 게릴라와 라오스와 캄보디아를 지나가는 호치민 루트(북베트남이 베트콩을 지원하는 물자 운송로)를 마구잡이 폭격하여 캄보디아 국경 지역에서 많은 사망자가 발생하면서 그곳에 살던 주민들이 분노하여 크메르 루주에 들어갔다. 그리고 미군의 공격으로부터 조국을 구하자고 주장하는 크메르 루주는 민중의 지지까지 얻었다.

1973년 3월 미국은 여러 해 동안 치열하게 벌인 베트남 전쟁에서 기대했던 성과를 거두지 못하고 베트남에서 완전히 철수했으며, 폴 포트가 이끄는 크메르 루주는 한층 더 자신감이 상승하여 캄보디아 전역에서 정부군과 적극적으로 전투를 전개했다. 이렇게 캄보디아 정부군과 공산 게릴라 사이의 확대된 피 말리는 전쟁을 '캄보디아 내전'이라고 한다.

무려 5년 동안이나 계속된 이 내전에서 100만 명 이상이 희생되었다고 한다. 정부군이 약 50만 명, 크메르 루주에서 약 60만 명이 희생되었다는 것이 설득력 있는 통설이다. 약소국가인 캄보디아로서는 엄청난 비극이었다. 그러나 비극은 여기서 끝나지 않았다.

1975년 4월 마침내 크메르 루주는 캄보디아의 수도 프놈펜을 점령했으며, 그들을 이끄는 최고의 지도자 폴 포트는 프놈펜에 입성하자마자 공산혁명을 실행하기 시작했다.

먼저 공산주의 이념에 대한 신념에 따라 캄보디아 국민을 두 종류로 구분했다. 하나는 교육을 못 받은 농민이나 노동자인 '기본 인민'이었고, 다른 하나는 도시와 문명의 혜택을 받은 '신인민'이었다. 도시를 자본주의의 온상이자 공산주의를 방해하는 원흉이라고 보았던 크메르 루주는 도시민을 인간 개조가 필요한 '신인민'이라고 구분한 것이다. 그리고 크메르 루주는 공포의 명령을 내렸다. '신인민' 즉 농민과 노동자를 제외한 도시의 신인민은 24시간 이내에 무조건 도시를 떠나라는 것이었다.

프놈펜을 포함한 모든 도시의 신인민을 농촌으로 강제로 이주시켜 공산주의 사상을 다시 배우게 하는 작전을 계획했던 폴 포트는 도시인을

농촌의 집단농장에서 생활하며 관개시설을 건설하고 있는 캄보디아인들(1976년)

농촌으로 내쫓으며 "도시 주민의 양식은 도시 주민 스스로 경작해야 한다"라고 명령했다. 그와 함께 도시에 거주하던 주민, 자본가, 지식인, 과학자 등 자본주의에 물들었다고 판단한 신인민의 재산과 신분을 박탈하고 항거하거나 반란의 소지가 있는 인물들은 아무런 재판도 없이 모조리 처형했다.

심지어 크메르 루주 간부 가운데서 불만이 있거나 반란을 주도할 만한 인물들도 가차 없이 처형했다. 아울러 조국의 급격한 변화에 반응하며 귀국한 자본가나 유학생도 모두 살해했다. 사방에 시신이 즐비한 캄보디아는 공포의 도가니였다.

프놈펜에서만 무려 250만여 명이 아무런 대책도 없이 집과 직장을 버리고 농촌으로 떠나야 했다. 24시간 이내에 떠나야 했으니 갑자기 화재가 발생한 집에서 급히 뛰쳐나오는 것이나 다름없었다. 떨어져 살던 가족은 만날 겨를도 없었고 무엇 하나 제대로 챙길 수도 없었다. 프놈펜이 큰 혼란에 빠지고 주민들이 우왕좌왕하며 머뭇거리자 크메르 루주는 주민을 내쫓는 구실로 유언비어를 퍼뜨렸다. 곧 미군의 대규모 공습이 있을 것이라는 유언비어를 날조한 것이다. 크메르 루주가 집집마다 들이닥쳐 사람들에게 총을 들이대고 협박하면서 그들을 내쫓았다. 항의하거나 떠나지 않겠다고 버티는 주민은 그 자리에서 총살했다. 공포, 그 자체였다.

예외가 없었다. 노인, 어린이, 임산부, 환자도 예외가 아니었다. 졸지에 프놈펜에서 쫓겨난 사람들은 아무것도 챙기지 못하고 떼를 지어 특정한 목적지도 없이 크메르 루주의 감시 아래 무작정 걸어야 했다. 프놈펜은 하루아침에 텅 빈 유령의 도시로 변했다. 폴 포트의 크메르 루주는 자본주의를 가르친다는 구실로 각급 학교를 즉시 폐쇄했다. 하기는 교사와 교직원들이 모두 쫓겨났으니 어차피 수업을 할 수도 없는 상황이었다.

강압적으로 쫓겨난 신인민은 농촌의 집단농장으로 강제로 이주당했다. 말이 집단농장이지 집단 강제수용소나 다름없었다. 1976년 1월부로 캄보디아 국민은 한 명도 빠짐없이 집단농장에서 살아가게 되었다. 하루아침에 집과 터전을 잃고 집단농장에서 살게 된 모든 국민은 하루 10시간에 달하는 강제노동에 동원되었는데, 특히 신인민은 오후 7시부터 밤 10시까지 추가적인 야간 노동을 해야 해서 총 13시간 동안 가장 열악한 환경에서 고된 노동을 해야만 했다.

집단농장에서는 가족이 해체되고 어른과 어린이가 분리되었다. 성인은 노동에 동원되었고 어린이는 사상 교육과 군사 훈련을 받아야 했다. 그에 따라 크메르 루주에는 열 살 미만의 소년병들이 생겨났다. 폴 포트는 이상적인 공산주의 국가를 건설하겠다며 어린이에게 철저한 공산주의 사상을 교육시키는가 하면 군사 교육으로 소년병을 양성해서 중노동에 시달리는 부모와 어른을 감시하게 한 것이다. 노동 태만으로 소년병에게 고발당한 어른은 즉시 처형되었다.

농사 등의 노동에 강제투입된 많은 주민이 집단농장의 가혹한 강제노역에 쓰러졌다. 그러나 폴 포트는 농업일꾼이 크게 늘었다면서 쌀의 세 배 증산을 선언했다. 그러나 집단농장의 쌀 생산량은 늘지 않았다. 목표량에 미달하면 가혹한 처벌을 받았다. 그러자 감독관과 간부들은 처벌에 두려움을 느끼고 생산량이 증가했다고 거짓 보고했다.

그뿐 아니라 집단농장의 간부들은 앞다투어 쌀을 빼돌렸다. 그 때문에 집단농장에서는 굶어 죽는 사람이 속출했으며 많은 사람이 지독한 영양실조에 시달렸다. 또 가혹한 중노동으로 과로와 질병에 추풍낙엽처럼 쓰러졌다. 1975년 한 해 동안 농촌으로 강제이주한 신인민의 무려 3분의 1이 사망했다고 한다.

폴 포트는 누군가 좋은 것을 소유하면 평등하지 않다며 사유재산과 시장 경제를 부정했으며 이전의 화폐 제도를 폐지하고 프놈펜 중앙은행을 폭파했다. 그리하여 모든 화폐와 거래 장부는 불태워졌으며, 상점 운영이 금지되어 모든 물건을 물물교환과 배급으로 얻는 원시적인 경제구조로 돌아갔으며, 모든 영토는 국가와 집단농장이 소유하게 되었다.

집단농장에서 캄보디아 국민은 모두 완전히 무급으로 일하고 배급을 받았다. 그나마 쌀을 가지고 있는 농민은 쌀과 필요한 것을 물물교환했다. 그리고 농촌으로 강제이주해 온 도시인은 굶어 죽지 않기 위해 몰래 지니고 있던 패물을 헐값으로 쌀과 바꿨다.

폴 포트는 '초(超)대약진운동'을 펼치겠다고 선언했다. 1960~1961년 중국의 마오쩌둥이 주도했던 '제2차 5개년계획'인 '대약진운동'을 캄보디아에서 실행에 옮기겠다는 선언이었다. 약진운동의 핵심은 농촌에서 혁명을 주도한다는 것이었다. 농민이 공장을 비롯한 산업시설을 건설하고 중공업이나 경공업 가릴 것 없이 산업을 주도해서 비약적인 경제 발전을 성취하겠다는 계획이었다. 이것은 공산주의 국가에서 얼핏 이상적인 계획으로 보였지만 결과는 참혹했다. 대약진운동으로 중국 경제는 크게 후퇴했으며 약 4,300만 명이 굶어 죽었다. 그야말로 대참사였다. 그런데 폴 포트는 이것을 능가하는 초대약진운동을 펼치겠다는 망상을 실행에 옮겼다.

그 첫 단계로 대량학살을 자행했다. 순수한 농민을 제외하고 모두 죽이려고 했다. 농민을 제외하면 모두 자본주의에 물들었다고 판단했다. 우선적인 대상이 자본주의 교육을 했다는 교사 그리고 공무원, 시아누크 왕이 통치할 때 경찰과 군인 등으로 국가에서 급여를 받은 사람들이었다. 신분이 밝혀지면 모두 죽였다.

겁에 질린 지식인들은 자신의 과거를 숨기려고 했다. 크메르 루주는 교육받은 지식인을 찾아내기 어려워지자 자기들 나름으로 판단기준을 세웠다. 이를테면 피부가 희고 고운 사람, 글자를 읽을 수 있는 사람 등을 비롯해 안경을 썼으면 무조건 지식인으로 판단하고 사살했다. 또 신분을 감추기 어려운 배우·가수·화가 등 예술인과 스포츠 선수는 색출하는 즉시 그 자리에서 사살했으며, 학자·작가·전문가 등도 모조리 학살했다. 캄보디아 전역이 살육의 도살장, 킬링필드였다. 그곳은 아비규환, 생지옥 그 자체였다.

그뿐만 아니라 겉으로는 공산주의자라도 반혁명을 일으킬 만한 사람, 스파이로 의심되는 사람 등도 닥치는 대로 잡아들여 자백하도록 모진 고문을 하고 살해했다. 어떤 판별기준도 없었다. 폴 포트의 선택이 기준이었다. 각급 학교와 박물관 등은 수용소나 고문 장소가 되었다. 그곳에 끌려온 사람들은 24시간 앉을 수도 없었다. 꼼짝도 하지 못하고 서 있다가 끌려가 심한 고문을 당하고 살해되었다. 캄보디아 전역에 그런 고문 장소가 12여 곳 있었고, 거기서 살해한 사람을 암매장한 곳도 무려 2만여 군데에 이른다고 한다. 어느 매장지에서는 1만여 구의 유골이 발견되기도 했다.

모두 1975년부터 1979년까지 약 3년 6개월에 걸쳐 벌어진 학살의 참상이다. 이 짧은 기간 동안 캄보디아 인구의 약 4분의 1이 학살당했다. 폴 포트는 국민을 인간으로 보지 않았다. 그의 광기에 학살당한 캄보디아 국민은 200만 명에서 300만 명 정도에 이른다고 한다.

크메르 루주는 캄보디아 영토 안에 거주하는 중국인이나 태국인 등 외국인도 무차별적으로 살해했다. 특히 국경을 맞대고 있어서 충돌이 잦았고 캄보디아를 공격하기도 했던 베트남인에게는 적대감이 있었다. 베트남인들이 집단거주하고 있었던 '바첵'이라는 마을에서는 남녀노소를 가리지 않고 모조리 학살당했다.

이 사실이 밝혀지자 베트남은 크게 분노했다. 그리하여 1978년 12월 캄보디아를 침공했다. 미국과의 전쟁으로 단련된 베트남군은 1979년 1월

1975년부터 1979년까지 약 3년 6개월간 캄보디아 인구의 약 4분의 1이 학살당했다.

삽시간에 프놈펜을 점령하고 자신이 지원하는 새로운 정부를 수립했다. 그때 정권을 빼앗긴 폴 포트는 태국과의 국경 부근까지 도주해 산악지대에서 새로 수립된 프놈펜 정부와 베트남을 상대로 게릴라전을 펼쳤다. 그런데 이때 미국은 베트남을 막고자 크메르 루주를 지원했다. 이렇게 캄보디아는 또다시 내전에 휩싸였다.

베트남이 폴 포트 정권의 킬링필드 실상을 전 세계에 알리면서 폴 포트와 그 세력에 대한 비난은 전 세계적으로 확산되었다. 이후 폴 포트를 지원한다는 이유로 비난받던 미국과 중국이 캄보디아 내전에서 손을 떼기 시작했고, 결국 유엔이 나서 크메르 루주의 무장해제를 요구했지만 폴 포트가 거부했다.

그러자 1993년 유엔이 캄보디아 내전에 적극적으로 개입해서 크메르 루주를 제외하고 총선을 실시, 입헌군주제를 부활시켰다. 그리고 시아누크가 다시 왕으로 복귀했다. 폴 포트는 이를 인정하지 않고 내전을 계속했지만, 궁지에 몰린 크메르 루주에 내분이 일어나 투항하는 이탈자가 늘어났다.

1997년 폴 포트는 자신과 함께 산악지대에서 게릴라전을 벌이고 있던 부하에게 체포되었다. 그리고 인민재판에서 종신형을 받고 가택 연금되었다. 그러다가 1년 뒤인 1998년 4월 15일 심장마비로 급사했다. 그의 나이 72세였다. 그의 시신은 쓰레기더미와 함께 불태워졌다. 악마는 그렇게 처참한 최후를 맞았다. 이후 크메르 루주도 해체되었다. 하지만 캄보디아 전역에는 그들이 저지른 만행의 흔적이 남아 있으며 해마다 5월 20일, 킬링필드 추모의 날 행사를 열고 있다.

슬로보단 밀로셰비치

Slobodan Milošević

인종 청소를 자행한 발칸의 도살자

유럽의 남부, 지중해의 동쪽 연안에 있는 발칸반도는 지정학적으로 매우 복잡한 지역이다. 대부분 산악지대로 이루어져 있으며, 다양한 민족과 종교가 혼재하는 지역으로 여러 나라가 서로 대립하고 충돌하면서 오랜 기간 치열한 전쟁과 분쟁이 이어진 지역이다. 또 발칸반도는 동부 유럽과 중남부 유럽, 중동과 아시아를 잇는 관문 역할을 하는 곳으로, 여러 세력이 맞붙는 '유럽의 화약고'라는 별칭까지 가지고 있다. 제1차 세계대전이 발발한 곳도 바로 발칸반도다.

역사적으로 민족분쟁과 종교분쟁 등으로 갈등과 충돌이 이어져 온 발칸반도에는 현재 슬로베니아, 크로아티아, 세르비아, 보스니아 헤르체고비나, 몬테네그로, 코소보, 알바니아, 마케도니아, 루마니아, 불가리아 등이 복잡하게 자리 잡고 있으며, 북쪽으로는 헝가리와 오스트리아, 남쪽으로는 그리스와 튀르키예가 있다. 당연히 국제적 역학관계가 첨예하게 대립했던 지역이며 남쪽으로는 이슬람권 국가들이어서 종교적 충돌을 피하기 어려웠다.

게르만계 민족과 슬라브계 민족이 대부분이었던 발칸반도는 여러 개의 작은 공국(公國)이 이합집산을 거듭하면서 강력한 국가를 형성하지 못했는데, 십자군전쟁 시기에 본격적으로 여러 국가의 각축장이 되었다. 그러나 오스만제국이 1366년 불가리아를 점령하고 1389년 세르비아를 정복한 이후 15세기에 이르면 몬테네그로를 제외한 발칸반도 전역이 오스만제국의 지배를 받게 되었다. 발칸반도의 주민은 대부분 동방정교를 믿었으나, 오스만제국이 지배하게 되면서 그곳 주민의 이슬람화가 진행되었다. 특히 오스만제국은 세르비아에서 기독교도를 추방하고 알바니아계 이슬람교도를 정착시켰다.

문제는 15세기경부터 아프리카로 앞다퉈 진출하며 식민지 확보에 혈안이었던 유럽의 강대국들이었다. 프랑스와 영국 등은 어느 정도 목적을 달성했지만, 뒤늦게 식민지 쟁탈전에 뛰어든 독일이나 오스트리아 등은 그렇지 못했다. 아프리카에서 식민지 획득에 실패한 유럽의 국가가 눈 돌린 지역이 바로 발칸반도였다. 더욱이 18세기 말에 이르러 발칸반도를 지배하던 오스만제국이 쇠락하면서 세르비아를 비롯한 여러 세력이 적극적으로 독립운동을 펼치기 시작했다.

유럽의 강대국들이 그 기회를 놓치지 않고 세력 확대에 나섰다. 저마다 발칸의 여러 세력과 손잡고 지원하면서 갖가지 동맹을 맺는 등 복잡한 연합종횡이 이루어졌다. 그 배경에는 발칸반도 국가들의 오스만제국 치하 독립운동, 오스트리아·헝가리제국의 보스니아 병합, 러시아제국의 발칸반도에서의 영향력 증대 계획 등이 복잡하게 얽혀 있었다. 그리고 이

발칸반도(1815년)

것은 유럽 강대국들이 더욱 첨예하게 대립하는 결과를 가져왔다.

19세기까지 오스만제국의 지배를 받다가 독립한 발칸반도의 각국은 영토 전쟁을 치열하게 벌이는 가운데 발칸반도의 슬라브족을 선동하여 지중해 진출을 노리던 러시아와 이를 견제하려는 오스트리아·헝가리제국 사이에 갈등이 일어났다. 그 과정에서 가장 큰 불만을 품은 나라는 세르비아였다. 오스트리아·헝가리제국이 보스니아를 합병하고 러시아가 독일의 압력으로 굴복하자(1908년) 세르비아는 오스트리아·헝가리제국에 극렬한 적대감을 품게 되었다. 세르비아의 적대감은 사라예보 사건으로 마침내 절정에 다다랐다.

1914년 6월 28일 오스트리아의 황태자 부부가 보스니아의 사라예보를 방문했다. 그날은 세르비아에서 민족행사가 있는 날이었다. 그런 뜻깊은 기념일에 오스트리아 황태자가 보스니아를 방문한 사실이 세르비아인들을 자극했다. 그러한 분위기에서 세르비아 민족주의자인 대학생이 황태자를 총으로 쏴 암살했다.

오스트리아·헝가리제국은 발칵 뒤집혔다. 세르비아인이 황태자를 암살한 것을 빌미로 세르비아에 전쟁을 선포했다. 그에 따라 유럽의 여러 나라는 이해타산을 따진 끝에 이쪽저쪽으로 편이 나뉘었다. 결과적으로

이탈리아의 신문 《라 도메니카 델 코리에레(La Domenica del Corriere)》(1914년 7월 12일)에 실린 사라예보 사건을 묘사한 삽화

유럽 전체가 전쟁터가 되는 제1차 세계대전이 일어나고 말았다.

독일은 오스트리아·헝가리제국을 지원하고 러시아는 보스니아를 지원했다. 모두 군대를 파견했으니 전쟁이 확대된 것이다. 독일이 나서자 이를 막기 위해 영국과 프랑스가 군대를 파견해 독일과 맞섰다. 벨기에와 이탈리아도 참전해서 영국군과 프랑스군과 합류했다. 그러자 오스만제국이 독일 편에 가담했다. 러시아의 팽창과 남하 정책을 막기 위해서였다. 드디어는 미국까지 참전해서 영국·프랑스 편에 섰다. 발칸반도에서의 전쟁이 세계대전으로 확대된 것이다. 오스트리아·헝가리제국과 세르비아의 전쟁이 아니라 영국·프랑스·미국·러시아 등의 연합군과 독일의 대결이 된 것이다.

제1차 세계대전은 5년 동안 계속된 끝에 1919년 연합국의 승리로 끝이 났다. 패전국 독일은 엄청난 피해는 물론이고 식민지와 영토의 일부를 잃고 감당하기 어려운 배상금까지 물어야 했다. 역시 패전한 오스트리아·헝가리제국은 해체되었고 헝가리와 체코슬로바키아가 독립했으며 영토가 10분의 1로 줄었다. 이어서 1922년 오스만제국이 해체되었고 1923년 튀르키예공화국이 탄생했다.

한편 제1차 세계대전 이후 발칸반도 슬라브족의 작은 국가들인 세르비아·크로아티아·슬로베니아·몬테네그로는 슬로베니아 왕국으로 통합되었다가 1929년 국명을 유고슬라비아 왕국으로 바꾸었다.

제2차 세계대전 이후 발칸반도 대부분은 유고슬라비아 사회주의 연방공화국의 영토가 되었다. 세르비아 사회주의 공화국, 슬로베니아 사회주의 공화국, 몬테네그로 사회주의 공화국, 크로아티아 사회주의 공화국, 마케도니아 사회주의 공화국, 보스니아 헤르체고비나 사회주의 공화국으로 구성되어 여러 민족과 인종이 얽히고설킨 유고슬라비아연방은 탁월한 지도자 요시프 브로즈 티토(Josip Broz Tito)의 통치로 안정적으로 유지되었다.

그러다 발칸반도가 다시 소용돌이치게 된 것은 티토가 사망한 1980년 이후였다. 티토가 사망하자 유고슬라비아연방은 6개 공화국의 대표들로 구성된 집단지도체제로 전환되었는데, 세르비아 사회주의 공화국 대통령이던 슬로보단 밀로셰비치(Slobodan Milošević)가 연방의 실권을 잡았다. 또 그 무렵부터 인종과 종교 그리고 지역 간 빈부격차 등 여러 갈등이 드러나기 시작했으며, 그 과정에서 연방이 무너지고 '냉전 종식 이후 유럽에서 가장 지저분한 전쟁'이라고 일컬어지는 학살, 강간 등과 같은 온갖 전쟁범죄가 발생했다.

1941년에 태어난 밀로셰비치는 불우한 가정 환경에서 성장했다. 세르비아 정교회 성직자였던 아버지와 열렬한 공산주의자이자 교사였던 어머니도 자살했으며, 유고슬라비아 육군 장군이었던 삼촌도 자살했다. 어쩌면 이러한 가족 배경이 그의 성격에 영향을 미쳤을지도 모르겠다.

밀로셰비치는 베오그라드 대학에서 법학을 전공하고, 지방의 공산당 산하 기관인 경제연구소에서 일하며 공산주의자로 입지를 다졌으며, 1984년 세르비아 공산당 제1서기장이 되어 지도자 반열에 올랐다. 1987년 4월 유고슬라비아연방의 가장 작은 공화국인 코소보에서 소수인 세르비아계 주민과 다수를 차지하는 알바니아계 주민 사이에 충돌과 마찰이 발생하고 세르비아계 주민이 궁지에 몰리자 밀로셰비치는 알바니아계 주민을 강력하게 진압하라는 명령을 내렸다.

슬로보단 밀로셰비치

밀로셰비치는 그 일로 세르비아의 거물 정치인이 되었으며 세르비아인의 열렬한 지지를 받아 세르비아 공산당 당수에 올랐다. 그야말로 비약적인 출세였다. 더구나 1989년에는 압도적인 지지로 세르비아 사회주의 공화국의 제7대 대통령으로 선출되었다.

이제 밀로셰비치에게는 거칠 것이 없었다. 그는 세르비아 민족주의를 내세워 "세르비아인의 유고슬라비아를 만들자"라고 외쳤다. 사회주의와 민족주의를 결부시켜 좌파민족주의를 표방한 것이다. 그는 세르비아인 사이에서 발흥하던 민족주의와 경제난을 이용해 세르비아계가 많이 사는 지역을 중심으로 대규모 시위를 조직해서 보이보디나, 코소보, 몬테네그로 등의 공산당 서기장을 세르비아계 인물로 교체했다. 이렇게 그는 유고슬라비아연방 안의 8개 행정구역 중 4곳을 장악하면서 절대적인 지위의 지도자가 되었다. 그는 세르비아 민족주의의 강화를 위해 자치권을 가지고 있던 코소보의 자치권까지 사실상 박탈했다. 당연히 다른 민족들의 불만이 높아질 수밖에 없었다.

그럴 즈음 국제정세에 엄청난 변화를 가져오는 놀라운 일이 일어났다. 러시아가 개혁과 개방을 추구하며 소비에트연방을 해체한 것이다. 그에 따라 1989년 동유럽의 공산정권들이 잇따라 붕괴하는 소용돌이에 휩싸였다. 사회주의국가였던 유고슬라비아연방은 6개 공화국 가운데 1991년에 크로아티아와 슬로베니아가 독립하고, 1992년에 보스니아 헤르체고비나가 독립하면서 사실상 해체되었다. 같은 해에 세르비아와 몬테네그로가 신(新)유고슬라비아연방공화국을 수립하며 세르비아공화국의 밀로셰비치가 초대 대통령으로 선출되었다. 세르비아 민족주의를 내세운 그가 더욱 철권통치를 하며 악명 높은 독재자가 될 기반이 마련된 것이다.

이해 1992년, 전 세계의 관심을 발칸반도에 집중시킨 충격적인 사태가 발생했다. 바로 '보스니아 전쟁'이다. 밀로셰비치에 앞서 대학살을 자행한 라도반 카라지치(Radovan Karadžić)가 악명을 떨친 것도 이 전쟁이다.

보스니아 전쟁의 배경과 원인을 파악하려면 조금 거슬러 올라가야 한다. 앞서 설명한 대로 제1차 세계대전이 끝난 뒤인 1929년 세르비아·크로아티아·슬로베니아가 합병되어 슬로베니아 왕국이 탄생했다. 세르비아인 국왕 알렉산드로는 헌법을 개정해서 국명을 유고슬라비아 왕국으로 바꾸고 주요 직책을 모두 세르비아인으로 채웠다. 다른 민족들이 불만을 가질 것은 불을 보듯이 뻔했다.

발칸반도는 여러 민족이 뒤섞여 있을 뿐만 아니라 세르비아 정교회와 이슬람의 종교적 갈등도 뿌리가 깊은 곳이다. 따라서 세르비아인을 제외하면 대부분이 큰 불만을 품었지만 표면화하지 못한 채 제2차 세계대전이 끝날 때까지 그대로 유지되었다.

앞서 밝힌 대로 문제는 1980년 티토가 사망하고 유고슬라비아연방이 집단지도체제로 전환한 이후부터 불거졌다. 그동안 억눌리고 잠잠했던 민족 갈등과 종교 갈등이 곳곳에서 튀어나오기 시작했다. 더욱이 1989년 소비에트연방이 해체되고 동유럽 공산국가들이 붕괴하면서 한층 더 불길이 거세졌다.

1991~1992년에 유고슬라비아연방의 여섯 공화국 가운데 크로아티아, 슬로베니아, 보스니아 헤르체고비나 등 네 공화국이 독립하고, 세르비아와 몬테네그로가 합쳐 신유고슬라비아연방공화국을 수립했다. 그런데 보스니아 헤르체고비나가 독립하는 과정에서 갈등이 폭발한 것이다.

크로아티아인과 이슬람교도가 대다수였던 보스니아 헤르체고비나가 독립을 추진하자 그곳의 세르비아인이 반발하며 불만을 터뜨렸다. 그러나 총선을 통해 대다수의 찬성으로 독립을 선포하게 되자 급기야 독립을 반대하는 세르비아인이 결집해서 스릅스카공화국을 세웠다. 초대 대통령으로 선출된 인물이 바로 카라지치였다.

이미 독립을 선포한 보스니아 헤르체고비나와의 충돌은 너무나 당연했다. 드디어 보스니아의 수도인 사라예보에서 대규모 폭동이 일어났다. 그때 세르비아공화국의 대통령이었던 밀로셰비치는 세르비아인을 보호한다는 구실로 세르비아 군대를 파견했다. 그리고 카라지치가 보스니아의 이슬람교도를 학살함으로써 유혈사태는 더욱 확산하여 전쟁으로 비화되었다. 이것이 보스니아 전쟁이며 이른바 인종 청소의 시발점이었다.

1992년에서 1995년까지 계속된 보스니아 전쟁에서 10만 명 이상이 사망했으며 약 220만 명의 난민이 발생했다. 또 같은 기간 동안 수만 명의 여성이 세르비아군에게 강간당했는데 대부분 보스니아의 이슬람교도였다. 말 그대로 인종 청소였으며 제2차 세계대전 이래 최대의 비극적인 참사였다.

보스니아에서 참상이 계속되자 1995년 5월 유엔은 세르비아군의 철수를 의결했다. 하지만 세르비아군이 이를 무시하고 학살을 멈추지 않자 나토군이 공습을 감행해서 겨우 참상을 진정시켰다. 또 미국의 중재로 권력을 배분해서 평화를 가져오려 했지만, 세르비아는 이 약속을 지키지 않았다.

보스니아 전쟁이 계속되던 1995년 7월 초 그곳에서 또 다른 끔찍한 참상이 발생했다. 유럽 역사상 가장 잔인한 사건의 하나로 손꼽히는 '스레브레니차 학살'이었다. 인구 4만 명도 안 되는 보스니아 헤르체고비나의 소도시 스레브레니차는 유엔이 보스니아 전쟁으로 발생한 수많은 난민에게 안전지역으로 선포한 곳이었다. 유엔이 통제하며 네덜란드군 400여 명이 유엔 평화유지군으로 지키고 있는 지역으로 난민은 대부분 보스니아의 이슬람교도였다.

그런데 카라지치는 그곳에 중무장한 수천 명의 세르비아군을 투입하면서 3만여 명에 이르는 이슬람교도를 모조리 학살하라는 작전명령을 내렸다. 세르비아공화국의 밀로셰비치도 세르비아의 영토 확장과 이슬람교도 말살에 동조했다.

카라지치의 세르비아군은 기습적으로 스레브레니차에 진입해서 네덜란드 유엔 평화유지군도 무차별 공격하고 유엔의 시설들을 파괴했다. 평

스레브레니차 학살 1년여 뒤인 1996년 9월 18일
국제전범재판소 관계자들이 학살 희생자가 집단 매장된 묘지를 발굴하고 있다.

화유지군 400명으로서는 세르비아군의 대규모 병력을 당해낼 수 없었다. 많은 사상자를 내고 후퇴하고 흩어졌다.

세르비아군의 목표는 이슬람교도였다. 세르비아군은 남녀노소를 가리지 않고 눈에 보이는 대로 사살했다. 어린이들은 총검으로 찔러 죽이고 코와 귀를 자르기도 했다. 성인 남성들은 강제로 끌어내 학교나 창고로 끌고 가서 저항하지 못하게 안대를 씌우고 손을 묶고 신발을 벗긴 뒤 호젓한 처형장소로 끌고 가 줄지어 세워놓고 집단처형했다. 혹시 죽지 않은 사람이 있을까 봐 확인사살까지 했다.

불과 며칠 사이에 7,000~8,000명의 이슬람교도가 순식간에 학살당했다. 유엔이 즉시 개입했고 나토군이 투입돼서 참혹한 만행을 진정시켰다. 그와 함께 보스니아 전쟁과 스레브레니차 대학살의 주동자 카라지치를 전쟁범죄자로 국제형사재판소에 기소했다. 국제형사재판소는 그를 체포하기 위해 지명수배했다.

악마 같은 인간 카라지치도 들끓는 국제여론의 압력과 유엔을 당해낼 수는 없었다. 그는 재빨리 도망쳐 숨어버렸다. 그를 체포하는 데 무려 10여 년이나 걸렸다. 러시아로 도망쳤다는 소문도 있었지만 뜻밖에 가까운 곳에 있었다. 자신을 옹호하고 지지하는 세르비아인이 많은 세르비아의 수도 베오그라드에 숨은 것이었다. 신분을 감추고 용모를 바꾸고 가명을 쓰면서 사설 개인병원까지 운영하고 있었다. 그는 대량학살, 인권침해 등 무려 11가지 혐의로 40년형을 언도받았다.

발칸의 도살자 밀로셰비치는 카라지치에 이어서 이슬람교도 탄압과 대량학살, 인종 청소를 자행했다. 그는 세르비아공화국 초대 대통령을 거쳐 1997년 신유고슬라비아연방공화국의 제3대 대통령으로 취임하자 세르비아의 민족주의를 내세우며, 제3세계의 지도자로 명성을 떨치고 싶은 패권주의에 야욕을 불태웠다.

이처럼 밀로셰비치는 세르비아인의 뿌리인 슬라브족의 통일로 자신의 영도력을 높이려는 야심을 품고 있었다. 그는 주저 없이 야심을 실행에 옮기기 시작했다. 그러한 그의 첫 대상은 코소보였다. 그는 코소보는 '세르비아인의 성지'라고 대외적으로 소리 높여 외쳤다. 코소보가 긴장할 수밖에 없었다.

동북쪽의 세르비아, 서남쪽의 알바니아, 동남쪽의 북마케도니아, 서북쪽의 몬테네그로 등에 둘러싸여 있는 코소보는 발칸반도에서 가장 작은 공화국이다. 면적이 겨우 1만 제곱킬로미터가 조금 넘고 인구도 200만 명이 채 안 되는 작은 나라로 유고슬라비아연방에 속해 있었다. 국민은 알바니아인과 세르비아인이 대다수를 차지하고, 알바니아인의 90퍼센트가 이슬람교도다.

그런데 신유고슬라비아연방의 초대 대통령이 된 밀로셰비치는 곧바로 코소보의 자치권을 박탈하고 신유고슬라비아에 편입시켜버렸다. 그런 상황에서 알바니아계 주민의 불만이 포화상태에 이르렀는데, 밀로셰비치가 코소보가 세르비아인의 성지라고 외치자 불만이 터져 노골적으로 표출되었다. 알바니아계 주민은 세르비아에 대항해서 분리독립을 구체적으로 추진하면서, 1996년 코소보 해방군(KLA)까지 결성했다.

어쩌면 밀로셰비치는 그런 상황을 기대하고 있었는지도 모른다. 1998년 밀로셰비치의 명령에 따라 세르비아군이 코소보 공격을 감행했다. 그것이 '코소보 사태'의 시작이었으며, 밀로셰비치가 자행한 참혹한 인종 청소의 서막이었다. 밀로셰비치가 내세운 명분은 '발칸반도에서 세르비아 중심의 슬라브족 통일'이었다. 코소보에 쳐들어간 세르비아군의 만행은 지난날 카라지치의 만행을 훨씬 능가했다.

코소보에서 움직이는 사람은 누구든 마치 짐승 사냥하듯 총으로 쏘아 죽였다. 남녀노소를 가리지 않았다. 건물이나 가옥에 불을 지르고 밖으로 뛰쳐나오는 사람은 사살했다. 여성은 나이를 불문하고 아무 곳에서나 강간했다. 여성에게 모욕감을 주고 이슬람에 대한 종교적 신념을 없애기 위해서였다. 서둘러 코소보를 빠져나간 난민만도 100만 명이 넘었다.

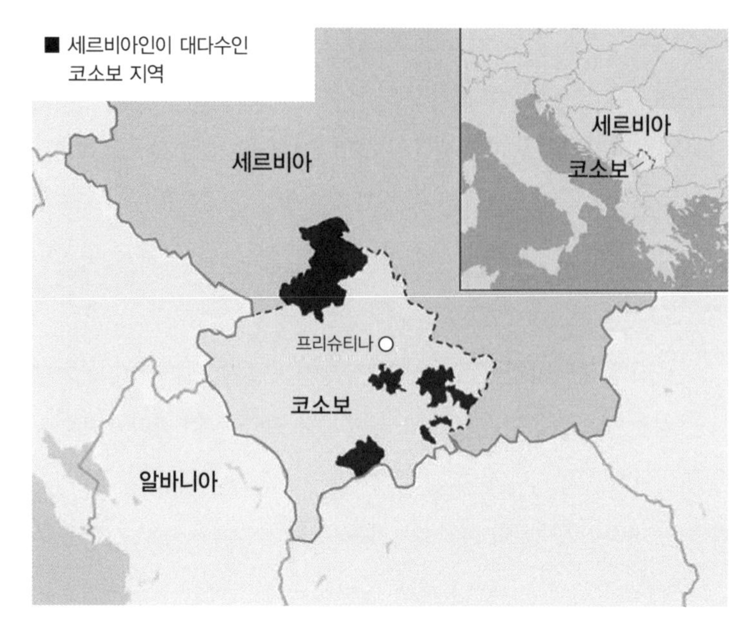

코소보 내 세르비아인 밀집 지역.
많은 세르비아인은 코소보를 자신들의 본고장으로 여긴다.
그러나 코소보에 사는 180만 인구 중 92%가 알바니아인이고, 세르비아인은 6%다.

코소보 해방군이거나 의심되는 남성에게는 더욱 가혹했다. 그들을 생포해서 수용소로 끌고 가 그 이상 가혹할 수 없는 고문을 가했다. 손톱을 뽑고, 두 눈알을 뽑고, 시체에서 잘라낸 인육(人肉)과 오물 등의 이물질을 강제로 먹였다. 대부분 잔혹한 고문을 견디지 못하고 죽었지만, 행여 목숨이 붙어 있으면 총과 칼 등으로 살해했다. 백정이 짐승을 도살하는 것과 같았다.

밀로셰비치의 코소보 집단학살, 인종 청소로 정확히 얼마나 많은 사람이 죽었는지 알 수 없다. 수만 명이 죽었다고도 한다. 참혹한 비극에 대해 국제사회의 비난이 쏟아지자 미국과 유엔이 나서서 세르비아군의 학살 중지와 철수를 촉구했다. 그러나 밀로셰비치는 미국의 패권주의라며 철수를 거부했다.

결국 나토가 무력 사용을 결의하고, 1999년 3월 세르비아공화국을 공습했다. 그 틈을 이용해서 세르비아와 함께 신유고슬라비아연방공화국을 이루었던 몬테네그로가 중립을 선언했다. 밀로셰비치가 이끄는 세르비아의 저항이 강력해서 나토는 추가로 병력을 투입해야만 했다. 결국 세르비아는 그 이상 버티지 못하고 국제사회의 중재 회담을 받아들였다.

유엔은 1999년 5월 27일 밀로셰비치를 인종 학살 등의 전쟁범죄로 기소했다. 또 미국·프랑스·러시아를 비롯한 8개국이 제시한 평화계획을 승인하고 나토와의 군사회담을 수락했다. 이어서 6월 9일에는 유엔의 평화결의안에 세르비아가 서명하면서 6월 25일 공식적으로 코소보 사태가 끝이 났다.

밀로셰비치의 집단학살에 의한 인종 청소는 어느 정도 목적을 달성했지만, 세르비아는 패전한 것이나 다름없었다. 몬테네그로의 중립선언으로 신유고슬라비아연방은 해체되었으며 코소보에 대한 통제권을 잃어 코소보도 독립했다. 그로 말미암아 세르비아는 국력이 크게 약해졌고 국제사회의 엄청난 비난을 받아 위신이 크게 추락했다. 아울러 여러 차례의 전쟁으로 경제가 완전히 파탄 나서 국민의 삶은 더없이 피폐해졌다. 거기다가 밀로셰비치가 부정축재로 무려 10억 달러를 횡령한 사실까지 밝혀져 세르비아 국민마저 등을 돌리게 되었다.

하지만 유엔에 의해 전쟁범죄자로 기소된 상태에서도 권력에 여전히 집착해서 코소보 사태가 끝난 다음 해인 2000년 대통령 선거에 출마했다. 결과는 패배였지만 득표를 조작해서 결선 투표까지 치렀다. 그리고 군소정당들과 연합했다. 그러나 득표 조작을 알게 된 세르비아 국민이 즉각 반발했다. 30만 명이 넘는 국민이 몰려나와 밀로셰비치의 퇴진을 외치며 시위를 벌였다. 반정부 시위대는 중장비를 동원해서 국영방송, 국회, 정부청사 등을 점령했다. 그것을 '불도저 혁명'이라고 한다.

결국 밀로셰비치는 2000년 10월 5일, 13년 동안의 권좌에서 물러나지 않을 수 없었다. 그는 퇴진하고서도 복귀를 위해 온갖 수단을 동원했지만, 2001년 권력 남용, 부정부패 등의 혐의로 체포되었다. 그에 따라 국제형사재판소가 문을 열었다. 먼저 국내에서 재판을 받은 밀로셰비치는 네덜란드 헤이그의 전범재판소로 인도되어 전쟁범죄자로 법정에 섰다.

전 세계가 지켜보는 앞에서도 전쟁범죄자 밀로셰비치는 뻔뻔하고 당당했다. 법정에서는 재판부가 입장할 때는 모두 기립하는 것이 관례인데 그는 기립조차 하지 않았다. 그는 승리자의 일방적인 재판이라고 불만을 터뜨리며 "나는 조국과 국민을 보호하기 위해 했던 일들이 자랑스럽다"라고 큰소리쳤다.

그러나 전범재판소는 발칸반도에서 벌어진 66건의 전쟁, 반인륜적 범죄행위, 이슬람교도 대학살 등의 혐의로 그에 대한 재판을 4년 동안이나 이어나갔다. 그러던 2006년 3월 11일, 그는 헤이그의 감옥에서 숨진 채 발견되었다. 네덜란드 법의학연구소에서 부검하며 독극물 검사를 했지만, 심장질환과 고혈압 등으로 자연사한 것으로 최종적으로 확정했다. 발칸의 도살자, 인종 청소를 자행한 인간 악마의 허망한 최후였다.

600만 유대인 학살의 주범들

학살의 설계자, 선동자, 실행자

인류가 선사시대를 벗어나 역사시대에 들어선 것은 6,000~7,000년 전이다. 그때부터의 역사를 한마디로 요약하면, 투쟁과 쟁취의 역사라고 해도 과언이 아니다. 그 가운데 역사가 뚜렷하게 기록된 약 5,000년 동안에 전쟁이 없었던 날은 다 합쳐도 300일이 안 된다는 놀라운 통계가 있다. 그 긴 시간 동안 거의 하루도 빠지지 않고 인류는 어디에선가 전쟁을 벌였다는 말이다.

인류 역사에서 가장 길고 참혹했던 전쟁은 제2차 세계대전이다. 1939년 9월 1일부터 1945년 9월 2일까지 6년 동안 계속된 이 전쟁은 30개국 이상에서 1억 명 넘는 군인이 참전했으며, 민간인을 포함해 7,000만에서 8,500만 명 정도가 사망했다. 재산 피해는 정확한 통계조차 불가능하다. 앞으로 핵전쟁이나 공포의 전염병이 전 세계를 휩쓸지 않는 한 이런 피해는 일어날 수 없을 것이다. 이처럼 제2차 세계대전은 전무후무한 인류 최악의 전

제2차 세계대전의 특징 중 하나는 민간인 대량 살상이다. 무차별 공습 등으로 수많은 민간인이 희생되었다. 제1차 세계대전에서는 전체 사망자 중 군인과 민간인 비율은 대략 95:5였다. 그러나 제2차 세계대전에서는 그 비율이 33:67이었다. 제2차 세계대전은 전무후무한 인류 최악의 전쟁이었다.

쟁이었다.

더욱이 기억해야 할 것은 제2차 세계대전 당시 유대인 약 600만 명이 학살당했다는 사실이다. 인류의 한 종족을 말살하려는 이 끔찍하고 참혹한 학살을 주도한 인물은 독일의 아돌프 히틀러다. 히틀러에 대해서는 별도의 지면이 필요할 정도여서 여기에서는 서술하지 않겠다. 학살을 설계하고, 선동하고, 집행한 사람들을 살펴보고자 한다.

요제프 멩겔레Josef Mengele

멩겔레는 제2차 세계대전 유대인 수용소에서 자행한 잔학한 인체 실험으로 악명을 떨친 나치 독일의 내과 의사이자 친위대 대위다. 뮌헨 대학에서 의학과 인류학을 전공한 멩겔레는 인종 형태학 연구로 인류학 박사학위를 받았으며(1935년), 프랑크푸르트 대학의 유전생물학 및 인종 위생학 연구소에서 의학 박사학위를 받았다(1938년). 그의 학위 논문에는 나치 우생학에 대한 믿음이 어느 정도 드러나 있었다. 그는 1938년에 나치 친위대에 입대했다.

히틀러는 비뚤어진 인종주의 이데올로기를 주장했다. 사람의 성격, 태도, 능력, 행동 양식 등은 인종(민족)에 따라 다르게 발현되는데, 인종의 본질은 불변하는 것으로 세대에서 세대로 유전되는 유전 형질에 의해 결정된다는 사상이었다. 물론 이러한 유전적 특성이 외형이나 신체적 특성뿐만 아니라 정신적 내면, 사고방식, 창조성과 조직 능력, 지적 능력, 문화에 대한 취향과 인식, 육체적 강인성, 군사적 용맹성까지 지배한다고 보았다.

더 나아가 히틀러는 모든 인종은 동등하지 않고 각 인종 간에는 질적인 서열이 존재한다고 주장했다. 독일인은 우수한 인종인 '아리아' 인종이었다. 다른 인종과는 달리 우수한 특성을 타고난 독일 '아리아인'은 생물학적 속성상 동부 유럽 전체를 아우르는 광대한 제국을 건설해야 할 운명이라고 역설했다.

히틀러에 의하면 인종적 순수성 유지는 매우 중요했다. 다른 인종과의 혼혈은 인종을 야만적 퇴보로 이끄는 길이며 인종 고유의 특수성을

왼쪽에서부터 리하르트 베어(아우슈비츠 강제수용소 소장), 요제프 멩겔레(아우슈비츠 수용소 의무관), 루돌프 회스(전 아우슈비츠 강제수용소 소장). 아우슈비츠 수용소 근처에 있는 나치 친위대 휴양소에서

흐리는 일이기 때문이다. 히틀러는 독일 아리아 인종이 멸종 위기에 있다고 경고했다. 바로 아리아 혈통의 독일인과 유전적으로 열등한 인종 간의 결혼이 그 이유였다. 유전적으로 열등한 인종이란 유대인, 아프리카인, 슬라브인, 아시아인 등이었다.

인종적 차이점에 대한 논문으로 박사학위까지 취득한 멩겔레는 이러한 나치의 인종주의적 우생학에 빠져들었다. 그는 우월한 아리아 인종과 열등한 유대인에 대한 우생학적 근거를 찾아서 히틀러의 주장을 뒷받침하기 위한 작업에 들어갔다. 1943년 5월 24일 아우슈비츠와 비르케나우 강제수용소의 의무관으로 임명된 멩겔레는 21개월 동안 강제수용소에서 온갖 끔찍한 생체실험을 자행한 것이다.

1939년 독일이 폴란드를 침공하면서 마침내 제2차 세계대전이 일어났다. 독일은 국내적으로 국민을 단합시키기 위해 본격적으로 유대인 말살 정책을 실행했다. 유대인은 아무런 이유도 없이 체포되어 강제수용소로 끌려갔다. 나치 친위대의 장교이기도 했던 멩겔레는 수용소에 끌려온 유대인 가운데 누구를 죽이고 누구를 강제노동에 동원할 것인가를 결정하는 일을 했다. 노인·여성·어린이는 무조건 학살 대상이었고, 젊은 남성들은 강제노동에 투입되었다.

그것은 인종의 우생학을 연구하는 멩겔레에게는 좋은 기회이기도 했다. 유대인을 인간이 아니라 짐승이나 물건 취급한 냉혹한 그는 유대인을 대상으로 생체실험까지 할 수 있었다. 유대인은 자신의 생사여탈권을 쥐고 있는 악독한 의사인 그를 '죽음의 천사'라고 부르며 증오하고 저주했다.

멩겔레는 특히 쌍둥이 실험에 몰두했는데, 20여 개월 동안 1,600여 쌍의 쌍둥이에게 별의별 실험을 자행했다고 한다. 눈동자 색깔이 화학물질로 인해 변형되는가를 알아보기 위해 쌍둥이의 눈에 화학물질을 주입하거나, 파란 눈동자를 만들기 위해 파란 물감을 눈에 주사하기도 했다. 또 마취 없이 치아를 뽑거나 늑골을 적출하는 잔인한 실험도 자행되었다.

쌍둥이 한 쌍씩 모든 부분의 크기를 재고 기록한 후 한 아이에게 온갖 종류의 독약, 세균, 화학물질 가운데 하나를 골라서 주입한 후 결과가 나타나면 멀쩡한 다른 아이와 비교·분석했다. 또 쌍둥이의 내장이 서로 같은 모양인지 확인하기 위해 몇 쌍의 쌍둥이를 약물을 주입해 즉사

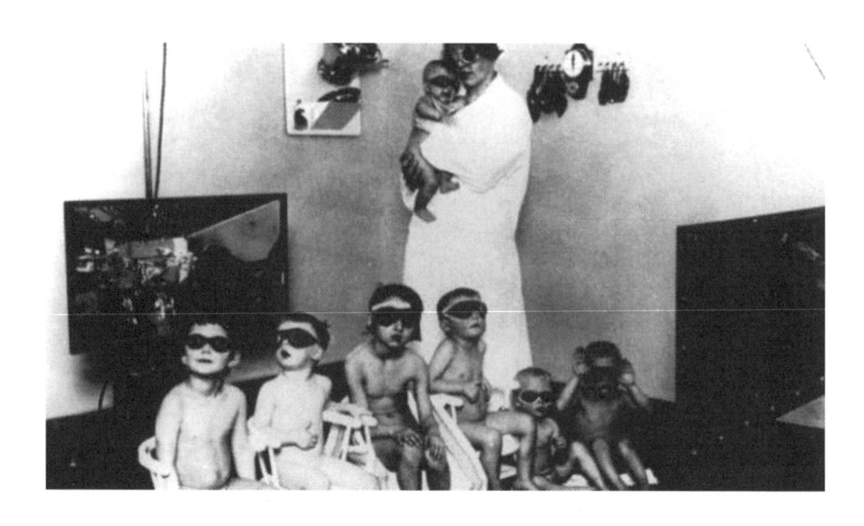

멩겔레는 특히 쌍둥이 연구에 관심이 많았다.
1,600쌍 이상의 쌍둥이를 실험 대상으로 삼았다고 한다.

시킨 뒤 해부했다. 특히 멩겔레는 샴쌍둥이에 대한 집착을 보여서 평범한 쌍둥이들의 신체 일부를 자르고 꿰매어 인공 샴쌍둥이처럼 만들어 얼마나 살아남는지 관찰하기도 했다.

어린아이를 대상으로 묘사하기조차 힘든 이런 잔혹한 실험만 자행된 것이 아니었다. 멩겔레는 사람이 견딜 수 있는 압력을 실험하기 위해 유대인을 고압실과 저압실에 넣고 얼마나 견디는지를 측정했다. 바닷물 주사 실험도 했다. 어떻게 하면 바닷물을 먹을 수 있도록 만들까를 연구하기 위해 멩겔레는 유대인을 며칠 굶긴 후 여러 방법으로 화학 처리된 바닷물을 마시게 했다. 그 외에도 차가운 얼음물 속에다가 사람을 넣어둔

후 온도가 몸에 미치는 영향, 그러고서는 다시 따뜻하게 만들어서 신체가 제대로 작동하는가를 실험했다.

온갖 실험에 동원된 대부분은 생명을 잃었고, 겨우 살아남았다 하더라고 실험으로 인한 후유증에 평생 시달려야만 했다. 이러한 실험으로 사망한 사람은 40만여 명에 이른다고 한다. 쌍둥이 실험에서 살아남은 쌍둥이는 200쌍 정도였고 그나마도 온갖 후유증으로 인해서 1980년대에 이르러서는 오직 100쌍만이 살아남았다.

제2차 세계대전이 독일의 완전한 패배로 끝나자 자신의 악행을 스스로 잘 알고 있는 멩겔레는 재빨리 도주했다. 급한 대로 독일 내에서 가명을 쓰고 숨어지냈지만 붙잡힐 위기가 다가오자 남아메리카의 아르헨티나로 도주했다. 하지만 아르헨티나는 많은 나치 전범이 도주해 온 곳이어서 전범 추적자에게 붙잡힐 위험성이 있었다. 멩겔레는 다시 브라질로 도주했다. 그러나 1979년 그곳에서 뜻하지 않은 사고로 물에 빠져 죽는 바람에 전범 추적자들을 허탈하게 했다.

파울 괴벨스 Paul Goebbels

히틀러의 나치당이 권력을 장악하고 독일 국민을 단결시키기 위해 민족주의를 내세우면서 그에 대한 대대적인 선전과 선동이 절실해졌다. 그를 위해 발탁된 인물이 파울 괴벨스(Paul Goebbels)였다. 그는 주도면밀한 대중연설 능력으로 독일 국민에게 극단적인 반유대주의를 설파하며 유대인 학살 등 나치의 여러 악행에 앞장섰다.

1897년에 태어난 괴벨스는 노동계층 출신으로 독일 사회에서 성공하는 데 필수적인 군대 경력도 없었고 어렸을 때 앓았던 병으로 한쪽 다리를 몹시 저는 장애인이었다. 또 그가 막 사회생활을 시작하던 시기는 제1차 세계대전에서의 패배에 따른 전쟁 배상금 때문에 독일 경제가 최악의 상황이었다. 독일 문헌 연구로 박사학위를 받은 그는 과외를 하거나 언론사에 가끔 기고하면서 생활을 이어갔다.

처음에는 나치에 그리 동조하지 않았던 괴벨스는 1924년 우익 연합이 일으킨 국가 전복 시도 사건을 계기로 나치당과 히틀러에게 빠져들었다. 그는 언론계에 투신해서 맹활약을 펼쳤다. 빼어난 기사와 타고난 달변으로 큰 호평을 받으며 독일 국민 사이에서 인기 높고 명성이 자자한 언론인으로 돋보이게 되었다. 그의 맹렬한 언론 활동은 남들보다 출세하고 이름을 날리고 싶은 장애인의 보상심리가 작용했기 때문이라는 분석이 있다.

1926년 10월, 히틀러의 나치당은 한창 세력을 확장하고 있던 베를린의 위원장으로 괴벨스를 영입했다. 다분히 정략적인 영입이었지만 뜻밖에 그의 활약은 대단했다. 그는 히틀러를 적극 지지하며 히틀러가 정치적 목표로 내세운 민족주의의 선전에 매진했다. 독일 문헌을 전공한 그는 해박한 역사 지식과 타고난 달변 그리고 탁월한 선전·선동술로 독일 국민을 사로잡았다. 그 덕분에 히틀러가 독일을 구할 인물로 부각하게 되었고 민족주의는 당연하고도 마땅한 독일 국민의 긍지와 자부심을 높여 줄 정신적 목표가 되었다.

괴벨스의 뛰어난 능력에 만족한 히틀러는 그를 나치당 중앙 선전국장에 임명했으며, 그는 선거에서 마음껏 선전·선동 능력을 발휘해 히틀러가 집권하는 초석을 놓았다. 특히 1930년 총선거에서 나치당을 일약 원

연설하는 파울
괴벨스(1934년 8월)

내 제2당으로 올려세웠고, 1932년 독일 대통령 선거에서 후보로 나선 히틀러가 전국의 정치지도자로 부상하는 데 혁혁한 공헌을 했다. 괴벨스는 히틀러에게 더욱 충성하기 위해 아리안 민족주의와 함께 유대인에 대한 증오심을 부추겼다. 그는 원래 반유대주의자는 아니었지만, 나치의 권력 강화를 위해 유대인 박해에 앞장선 것이다.

1933년 1월 30일 탄생한 나치 정권에서 괴벨스는 '국민계몽선전부' 장관으로 취임했다. 이렇게 나치당의 정책 홍보를 관할하게 된 괴벨스는 방송과 언론, 문화, 예술, 교육 등 여러 분야에 걸쳐 영향력을 행사하기 시작했다. 이렇게 괴벨스는 뛰어난 연설 능력과 선전 능력으로 나치즘을 선동하며 히틀러를 총통으로 만들었다. 그의 선전·선동이 워낙 뛰어나 독일 국민은 나치 히틀러의 깃발 아래 하나로 굳게 뭉쳐 마치 기계처럼 일사불란하게 움직였다. 청소년들까지 히틀러에게 충성을 다짐하고 전쟁터에 앞다퉈 뛰어들었다.

나치 독일의 패색이 점점 짙어질 때도 괴벨스는 폭탄에 부상한 국민을 구출하기 위한 구원대를 조직하고 성인 남성과 소년을 끌어모아 국민방위대를 설립하는 등 총력전을 선동했다. 그리고 점차로 히틀러 대신 거의 모든 연설을 도맡아 하며 국민을 대상으로 연합군에 대한 최후의 항전을 선동했다.

전쟁의 대세가 완전히 기울어 독일의 패배가 확실해지자 히틀러를 추종하던 고위 간부들은 베를린을 탈출하기 시작했지만, 괴벨스는 히틀러가 벙커에서 자살할 때까지 그의 곁을 지켰다. 히틀러는 죽음을 앞두고 괴벨스를 독일 총리로 임명했다. 그러나 나치 독일은 이미 연합군에게 완전히 무너지고 연합군의 발길은 히틀러의 벙커에까지 밀려왔다. 그리고 1945년 4월 30일 괴벨스는 아내와 6명의 자녀와 함께 자살했다.

헤르만 괴링Hermann Göring

괴벨스가 현란한 선전·선동술로 독일 국민을 히틀러의 열렬한 추종자로 만들어 어린 청소년들까지 겁 없이 전쟁에 뛰어들게 유혹했다면, 독일의 군인이나 민간인을 철저히 감시하면서 야비하게 전쟁으로 내몰았던 인물이 바로 헤르만 괴링(Herman Göring)이다. 그는 무자비하고 악랄하기로 이름을 떨친 나치의 게슈타포(Gestapo, 비밀국가경찰)를 만들어 국민을 감시하고 반대자를 색출해냈다.

1893년 독일 외교관의 아들로 태어난 괴링은 독일 육군사관학교를 졸업하고 1912년 장교로 임관하여 제1차 세계대전에 육군 항공대 전투기 조종사로 참전했다. 그는 많은 적군 비행기를 격추한 공적으로 훈장을 받기도 했다. 이런 이유로 후에 그는 나치 독일 국방군의 공군 창설에 중요한 역할을 맡았을 뿐만 아니라 항공성 장관, 공군 총사령관 등을 지내기도 했다.

1922년 나치당에 들어간 괴링은 정치·행정 영역에서 두각을 나타내며 친위대(SS)와 게슈타포 창설에 깊이 관여했으며, 1928년 독일 국회 선거에서 당선된 후 1932년에는 국회의장으로 선출되었다. 그가 국회에서 이루고자 한 것은 나치당의 세력을 확장하는 한편 민주주의 체계를 무력화하고 히틀러를 최고의 권좌에 올리는 일이었다.

1933년 히틀러 내각이 수립된 후 괴링은 독일에서 가장 크고 영향력 있는 프로이센주의 내무장관을 맡았다. 그 당시 괴링은 프로이센주 경찰을 나치당의 조직으로 재편해서 비밀경찰 '게슈타포'를 창설했으며, 강제수용소를 세워 반대파 등을 수용·관리했다. 1934년 하인리히 힘러가 수장이 된 후 게슈타포는 친위대에 편입되어 전국적인 조직으로 발전했다.

게슈타포는 나치 반대자의 색출과 숙청, 민주주의 세력의 무력화뿐만 아니라 나중에는 유대인을 색출해서 강제수용소로 호송하고 학살하는 일까지 적극적으로 참여하며 악명을 떨쳤다. 많은 사람이 지금도 히틀러와 나치의 온갖 만행을 이야기할 때 가장 먼저 게슈타포를 떠올린다.

뉘른베르크 전범재판정의 괴링

제2차 세계대전 중에는 점령지 프랑스 파리에 게슈타포 사령부를 설치하고 레지스탕스를 체포하고 모질게 고문했다. 이처럼 게슈타포는 독일군 점령지에서 더욱 악명을 떨쳤다. 그들은 점령지 국민과 나치에 저항하는 조직과 세력을 색출해서 가혹하게 고문하고 처형했다. 그리고 폴란드와 소련을 침공한 뒤에는 폴란드의 아우슈비츠에 강제수용소를 설치하고 유대인 등을 강제로 수용한 후 학살했다.

괴링은 탐욕스런 인물이기도 했다. 유대인과 점령국에서 많은 재물을 약탈해서 막대한 재산을 모았다. 특히 예술품에 대한 집착이 강해서 약탈한 예술품들로 박물관을 세울 수 있을 정도였다. 그렇지만 히틀러는 그를 무척 신임해서 '위대한 독일제국 원수'라는 특별한 계급을 주고 자신의 후계자로 선정했다.

그러나 결국 독일이 패전하고 괴링은 체포돼 전범재판소에 넘겨졌다. 그리고 전쟁이 끝난 다음 해인 1946년 10월 15일 뉘른베르크 국제군사재판에서 전범으로 교수형이 선고됐다. 그러자 바로 그날 감옥에서 몸에 숨기고 있던 독약을 먹고 자살했다.

하인리히 힘러Heinrich Himmler

하인리히 힘러(Heinrich Himmler)는 나치 독일의 제2인자라고 할 수 있다. 가령 히틀러가 대통령이라면 그는 총리라고 할 만큼 막강한 권력과 영향력을 지닌 인물이었다. 히틀러가 전쟁 등 대외정책을 총괄했다면 그는 나치 독일의 내정을 책임 맡은 최고의 행정가라고 할 수 있다. 히틀러에게 철저하게 충성한 그는 히틀러의 오른팔로서 히틀러의 구상을 실행에 옮기는 데 전력을 다했다.

무엇보다 히틀러의 민족주의를 내세운 인종차별정책, 즉 아리아 인종의 우월성과 유대인의 열등성을 구체적으로 실행하는 행정에 힘을 쏟은 유대인 대학살의 최고 설계자다. 또 유대인 강제수용소를 최초로 건설한 더없이 거칠고 잔인한 인물로 악마라고 부를 만하다.

독일 국민에게는 히틀러에게 충성할 것을 강요하고, 그에 반발하고 불만을 품은 자들을 색출해서 모질게 고문하고 가차 없이 숙청하고 처형하는 게슈타포를 이끈 것도 힘러다. 그는 괴링에게서 인계받은 게슈타포

친위대(SS)와 게슈타포의 수장 하인리히 힘러

를 체계화하고 전국적인 조직으로 확장했다.

히틀러가 제2차 세계대전을 일으키면서 유대인 학살을 결심하자 힘러는 가장 앞장서서 실행에 옮겼다. 유대인을 학살하기 위해 죽음의 강제수용소를 여러 곳에 세우고 독일 내의 유대인들을 모조리 색출해서 강제수용소로 보내라고 지시했다. 아울러 전쟁 수행으로 군수품 생산에 많은 노동력이 필요해지자 강제수용소의 유대인을 동원해서 노예처럼 혹사했다.

강제수용소의 유대인을 끌어내 집단사살하고 구덩이에 매장하다가 그 숫자가 너무 많아 묻을 곳조차 구하기 어렵게 되자 강제수용소 안에 가스실을 만들어 한꺼번에 수십 명에서 수백 명씩 몰아넣고 가스를 주입해서 집단학살하도록 지령을 내린 것도 힘러다. 히틀러 다음으로 600만 유대인 대학살의 주범이라고 해도 틀린 말이 아니다.

1945년 제2차 세계대전에서 나치 독일의 패전이 가까워지자 힘러는 엉뚱한 야심을 가졌다. 히틀러가 제거되면 독일 총통이 되겠다는 야심이다. 그가 독일의 항복 협상을 위해 연합국들과 접촉했다는 첩보가 히틀러의 귀에 들어갔다. 히틀러는 자신이 굳게 믿었던 충복이 배신하려 한다는 데 격분해서 힘러의 모든 직책을 박탈하고 체포령까지 내렸다. 그러자 힘러는 병사로 가장하고 도주했다. 하지만 그사이 히틀러가 자살하고 연합군이 독일을 함락시켰다. 연합군이 전범으로 가장 먼저 지목한 인물이 힘러였다. 그는 연합군에게 체포되자 독약을 먹고 자살했다.

아돌프 아이히만Adolf Eichmann

유대인 대학살의 주범으로 빼놓을 수 없는 악마 가운데 한 명이 아돌프 아이히만(Adolf Eichmann)이다. 600만 유대인 학살의 최고 책임자는 히틀러였지만, 그 실무를 책임지고 집행한 자가 바로 아이히만이었다. 강제 수용소에 수감된 유대인에게는 마치 닭장 같은 감옥 안의 층층이 칸이 만들어진 비좁은 공간에 담요 한 장이 전부였다. 먹을 것을 거의 주지 않아 한결같이 비쩍 말라 앙상한 뼈대만 겨우 남아 있었다. 그들은 숨 쉬는 해골 같은 비참한 모습으로 가스실로 끌려가 학살당했다. 그 학살의 집행자는 친위대 장교 아이히만이었다.

1906년 프로이센에서 태어난 아이히만은 20대 중반이던 1932년 나치당에 입당해서 친위대에 들어갔다. 오스트리아 지부에서 활동하던 아이히만은 1933년 나치당이 정권을 장악하자 독일로 귀국하여 친위대 보안국에서 경력을 쌓았다. 이후 그는 정치범을 수용하던 뮌헨 근교의 다카우 강제수용소에서 일하면서 주목을 받기 시작했다. 특히 1938년에는 오스트리아 빈에서 친위대의 유대인 추방을 떠맡았으며, 제2차 세계대전이 일어나면서 베를린의 유대인 관할 부서로 옮겼다.

1941년 친위대 소속 대대장(중령)으로 진급하며 게슈타포 유대인과의 과장으로 임명된 아이히만은 이후 유럽 각지의 유대인을 강제수용소로 보내는 열차 수송의 최종 책임자가 되었다. 그는 스스로 "500만 명의 유대인을 열차에 태웠다"라고 자랑스럽게 떠벌렸다. 나아가 그는 아우슈비츠를 비롯한 강제수용소와 학살 현장을 확인하고 지도하면서 여러 지역에서 학살을 지시했다.

그는 유대인 학살의 처음부터 끝까지 모든 과정을 주관했다. 유대인을 식별해서 체포하고, 집결시키고, 강제수용소로 집단이송하고, 온갖 고통을 주고, 마침내 죽음으로 몰아넣은 모든 절차가 아이히만의 주도 아래 이루어졌다. 최후의 집행자답게 그는 인정사정도 피도 눈물도 없었다. 그렇게 그는 유대인 대학살의 관리자이자 조직가로서 유대인 말살을 누구보다도 적극적이고 효과적으로 수행했다. 그 공로로 아이히만은 철십자훈장까지 받았다.

1945년 패색이 짙어지자 힘러는 '유대인 학살 중지' 명령을 내렸다. 그러나 아이히만은 히틀러의 명령이 아니라는 이유로 이에 따르지 않고 유대인 대학살을 계속했다. 전쟁이 막바지에 이르자 그는 더욱 빠르게 많은 유대인을 죽였다. 거의 모든 강제수용소에서 유대인을 가스실에 몰아넣

수용소로 이동하기 위해 화물 열차를 타는 유대인

어 한꺼번에 죽인 것이다. 낡은 죄수복을 입은 유대인을 옷까지 벗겨 밀폐된 가스실에 몰아넣고 가스를 주입하고 시신을 끌어내기까지 한 시간도 안 걸렸다. 이러한 집단학살이 강제수용소마다 온종일 계속됐다.

제2차 세계대전에서 나치 독일이 패배하면서 아이히만은 체포되어 미육군 포로수용소에 수감되었으나, 그는 신분을 위장해 전범재판을 피했고 1946년 수용소를 탈출해서 종적을 감췄다. 그는 독일을 빠져나가 1950년 7월 아르헨티나의 부에노스아이레스에 도착했다. 그는 그곳에서 아이히만이 아닌 완전히 다른 사람 행세를 하며 건설사 직원, 물류업체 감독관 등으로 생활을 했다.

하지만 아이히만은 전범 추적자 사이먼 비젠탈(Simon Wiesenthal) 등의 끈질긴 추적과 제보로 1960년 5월 11일 이스라엘의 정보기관 모사드에 체포되어 이스라엘로 압송되었다. 그 후 9개월간 예루살렘 감옥에서 집중적인 심문을 받은 아이히만에 대한 재판이 1961년 4월 11일에 시작되었고, 재판에서 사형을 선고받은 그는 1962년 5월 31일 교수형으로 처형되었다. 무려 15년 동안이나 도피 생활을 하다가 자신이 자행한 죄의 대가를 받은 것이다.

한나 아렌트(Hannah Arendt)는 『예루살렘의 아이히만(Eichmann in Jerusalem)』에서 아이히만 재판을 보고 '악의 평범성(banality of evil)' 개념을 주장했다. 자기가 하는 일에 의문을 제기하지 않는 평범한 사람은 부당한 권위에도 의문을 제기하지 않고 그 권위에 동조되어 언제든지 악을 저지를 수 있는 잠재성을 지니고 있다는 것이다.

여기서 잠시, 사이먼 비젠탈에 관해 설명할 필요가 있다. 1908년 우크라이나의 한 지방에서 태어난 유대인 비젠탈은 나치에게 붙잡혀 3년 동안이나 강제수용소에 갇혀 있었다. 그의 가족은 물론 친척을 합쳐 모두 89명이 학살당했다. 그가 전쟁이 끝날 때까지 강제수용소에서 살아남을 수 있었던 것은 강제노동에 끌려가는 수감자들을 통솔하는 작업반장의 역할을 했기 때문이다.

1945년 5월 강제수용소에서 풀려난 그는 자신과 처지가 비슷한 유대인 생존자들과 함께 '유대인 문서 자료 센터'에서 처벌받지 않고 도주한 나치 전범을 찾아내는 일에 전념했다. 그는 무려 1,100여 명의 전범을 끈질기게 추적해 잡았다. 도주한 전범들에게 그는 저승사자나 다름없었다.

집단학살 집행자인 1급 전범 아이히만이 아르헨티나까지 도망쳐 신분을 완전히 감추고 살았지만 비젠탈을 피하지는 못했다.

비젠탈이 쓴 『해바라기(The Sunflower)』는 자신이 체험한 유대인 강제수용소의 처참한 실태를 사실 그대로 폭로한 실록이다. 그런데 비젠탈은 이 책에서 전 세계 독자들에게 질문 하나를 제시했다.

내용은 이렇다. 전투 중에 크게 부상당한 나치의 아주 젊은 병사가 강제수용소 근처의 독일군 병원에 입원해 있었다. 그는 도저히 살아날 가망이 없다는 사실을 알게 되자 간호사에게 유대인 한 사람을 불러 달라고 부탁했다. 그리하여 노동을 끝내고 돌아오다가 우연히 간호사에게 불려간 유대인이 비젠탈이었다.

죽음을 앞둔 나치의 젊은 병사는 비젠탈 앞에서 자신의 과오를 뉘우쳤다. 명령에 따라 어쩔 수 없이 많은 유대인을 죽인 것을 크게 후회한다며, 편안히 눈을 감을 수 있게 죽기 전에 유대인의 용서를 받고 싶다고 간절하게 하소연했다.

비젠탈은 당혹스러웠다. 수많은 유대인을 마구 쏘아 죽인 나치의 젊은 병사가 아닌가? 유대인으로서 울분을 참지 못하고 그 병사를 때려죽여도 시원치 않은데 용서해달라니? 비젠탈은 대답을 할 수 없었다. 젊은 병사가 진심으로 잘못을 후회하고 죽기 전에 양심으로 유언처럼 호소하는 간절한 소원을 들어줘야 하나 거절해야 하나?

결국 비젠탈은 아무런 말도 하지 않고 병실을 나왔다. 그리고 그 젊은 병사가 죽었다는 소식을 들었다. 비젠탈이 독자들에게 던진 질문은 죽어가는 젊은 독일 병사의 소원을 들어줘야 했나 아니면 거절하는 것이 옳은가 하는 것이다. 과연 어찌해야 할지, 여러분의 생각이 궁금하다.

후투족과 투치족의 학살 경쟁

르완다 대학살의 원인과 참상

특정한 악인이 있었던 것도 아니다. 그렇다고 군대와 각종 군장비가 동원된 전쟁도 아니었고 내전이라고 말하기도 어렵다. 오히려 폭동에 가까웠다. 같은 나라의 두 종족이 뿌리 깊은 갈등으로 서로 참혹한 만행을 저지른 아프리카의 작은 나라 '르완다 대학살'의 비극을 말하는 것이다.

1994년 4월 6일부터 7월 중순까지 3개월 동안 자행된 종족 대학살의 참극으로 약 100만 명이 칼과 도끼 등의 흉기에 살해되었다고 한다. 인류 역사상 가장 짧은 기간에 가장 많은 사람이 죽은 최대의 참혹한 비극이라고 말한다. 1시간에 약 400명, 1분에 약 7명이 넘게 사망한 셈인 것이다. 대규모 전쟁이나 자연재해, 급성전염병이 아니고서는 순식간에 그렇게 많은 사람이 죽을 수 없다고 한다. 도대체 이런 충격적인 참극은 왜 일어난 것일까?

르완다는 콩고민주공화국, 우간다, 탄자니아, 부룬디 등에 둘러싸여 있는 중동부 아프리카의 아주 작은 내륙국이다. 국토는 남한의 약 4분의 1에 불과한데 인구는 900만 명에 가까워 아프리카에서 가장 인구밀도가 높은 나라다. '천 개의 언덕'이라고 할 만큼 해발 1,500m가 넘는 고지의 산악 지형이지만 토지가 비옥해서 오랜 옛날부터 대다수 주민은 농업에 종사해왔다. 산이 많아서 '아프리카의 스위스'라고 하는 르완다는 풍광이 빼어나지만 경제적으로 크게 뒤떨어진 후진국이자 빈곤 국가라고 할 수 있다.

르완다는 콩고민주공화국, 우간다, 탄자니아, 부룬디 등에 둘러싸여 있는 중동부 아프리카의 아주 작은 내륙국이다.

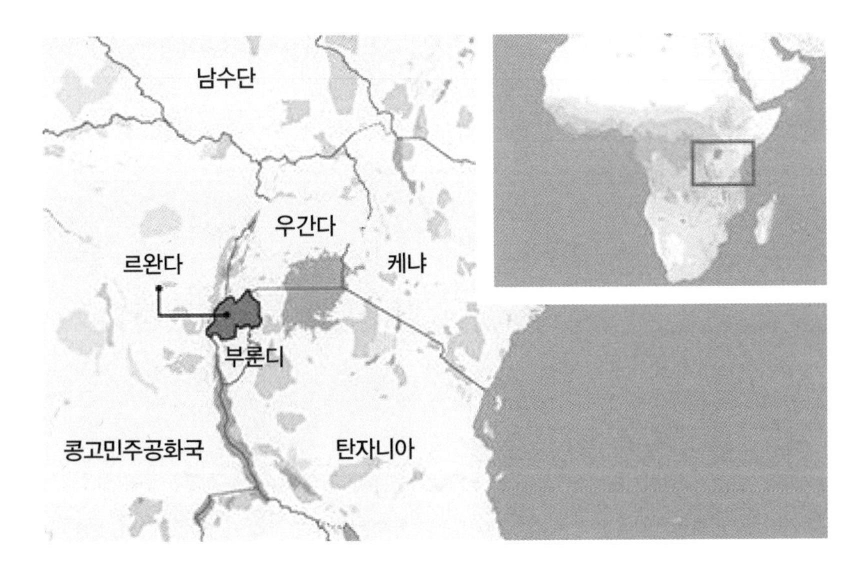

르완다의 주민은 대부분 후투족(Hutu)과 투치족(Tutsi)에 속하지만, 후투족이 약 89퍼센트로 절대다수를 차지하고 투치족은 10퍼센트 내외에 불과하다. 종교는 기독교(가톨릭과 개신교)가 약 94퍼센트 정도다. 그런데 왜 르완다에서 후투족과 투치족 사이에 대학살이 일어났는지 알려면 먼저 역사적 배경부터 살펴봐야 한다.

중앙아프리카의 아프리카 대호수 주변 지역의 밀림에는 오래전부터 피그미족 계열의 트와족(Twa)이 살고 있었다. 10세기경 후투족이 이주하면서 트와족을 밀어내고 여러 개의 작은 왕국을 건국했으며, 이어서 에티오피아 지역에서 투치족이 내려왔다. 최근의 연구에 따르면, 새롭게 이주해온 후투족과 투치족은 원주민과 유전적으로 크게 다르지 않았다고 한다. 이주는 기존의 사회를 정복하기보다는 그 사회에 통합되는 방향으로 이루어졌으며, 후투족과 투치족의 구별은 나중에 발생했다는 것이다. 그리고 이러한 구별은 민족적이라기보다는 주로 계급적인 것으로, 투치족은 가축을 치는 유목민을 그리고 후투족은 농사를 짓는 농경민을 형성했다. '투치'는 원래 '가축이 많은 사람'을 가리키는 말이었으며, 나중에 엘리트 집단을 가리키는 말로 발전했다고 한다.

투치족, 후투족, 트와족 등은 지배층·평민·천민의 구분처럼 영향력이 약한 신분제 사회를 이루거나 옆에 있는 부족 마을 정도로 서로를 인식했다. 그들은 같은 언어를 사용했으며 문화와 풍습을 대부분 공유했다. 그들은 함께 여러 씨족을 형성했으며, 18세기에 이르러 여덟 개의 왕국을 건설했다. 그중 투치족이 다스렸던 르완다 왕국이 18세기 중반 이후 주변 지역을 정복하면서 세력을 확장했다. 르완다 왕국에서는 '우부하케'와 '우부레트와'라는 제도가 시행되었다. 우부하케는 투치족 사람이 가

투치족과 후투족의 구분은 명확하지 않았다. 두 종족은 오랜 시간 동안 동화되었으며, 같은 말을 썼고 결혼도 가능했다. 심지어는 부자면 투치, 가난하면 후투라고 부르기도 했다.

축을 제공하면 그 대가로 가축을 제공받은 사람으로부터 경제적·군사적 지원을 받을 수 있도록 한 것이었고, 우부레트와는 후투족 사람들이 투치족 사람을 위해 일을 하도록 강제하는 부역 제도였다. 그런데 이러한 제도는 후투족과 투치족 사이의 사회경제적인 분열을 심화시켰다.

1884년 르완다 왕국은 독일의 식민지가 되었고, 독일은 소규모 군대로 식민지를 통제하고자 투치족 왕을 앞세워 군주정을 시행했다. 독일은 투치족이 에티오피아에서 르완다로 이주한 사람들이며, 그렇기에 후투족보다 더 백인에 가깝고 인종적으로 우월하여 식민지 관리에 더 적합하다고 여겼다. 그 후 제1차 세계대전에서 독일이 패하자 1919년 벨기에가 식민 통치하게 되었다.

벨기에는 족장의 수를 줄이고 족장을 투치족에게 집중시키는 정책을 시행했고 우부레트와의 규모와 범위를 확대했다. 또 투치족 족장에게 토지 개혁을 감독하게 했는데, 그 과정에서 전통적으로 후투족이 관리하던 목축지가 최소한의 보상만 이루어진 채 몰수되었다. 1930년대에 벨기에는 교육, 보건, 공공사업, 농업 영역에서 대규모 사업을 벌여 어느 정도의 근대화를 이루었지만, 투치족의 우위는 계속되었으며 후투족은 많은 권리를 박탈당하고 강제노동에 시달려야 했다. 1935년 벨기에는 투치족, 후투족, 트와족, 귀화한 외국인으로 식별하는 식별 카드를 도입했다. 이러한 식별 카드 도입으로 이전에는 부유한 후투족이 명예 투치족이 될 수 있었으나, 더 이상의 계급 이동은 불가능하게 되었다.

이렇게 벨기에는 식민지 통치를 위해 소수인 투치족을 관리지배층으로 선택해 특혜를 주고 다수인 후투족에게는 가혹한 통치를 시행했다. 이와 더불어 투치족과 후투족의 학교를 분리하고 교사를 모두 투치족으로 임용하고, 투치족 학교에서는 종족의 우월성, 후투족 다스리는 기술 등을 가르쳤다. 두 종족의 차별을 완전히 고착시킨 것이다. 그럴수록 후투족의 증오와 분노, 울분이 가득 차오를 수밖에 없었다. 후투족과 투치족의 대립과 갈등이 점점 증폭되기 시작했다.

그러나 역사는 끊임없이 흐르고 변화한다. 제2차 세계대전이 끝나자 그동안의 식민지 통치에 대한 분노 등으로 후투족 해방 운동이 일어났으며, 영향력이 큰 가톨릭교회가 후투족의 편에서 힘을 실어주었다. 종전 후 르완다는 유엔의 신탁통치를 받았으나 계속 벨기에의 영향력 아래 있었다. 유엔은 선거를 통해서 민주 정부를 수립한 뒤 독립을 승인하겠고 선언했다.

르완다 독립 과정에서 그동안 억눌려 살았던 후투족은 반(反)투치족 노선을 천명했다. 1957년에 선거에 대비해서 후투족 지식인을 중심으로 '후투 선언'이 작성되었는데, 그들은 투치족에게서 권력을 빼앗아 후투족이 지배하는 국가를 건설해야 한다고 주장했다. 벨기에는 자국의 영향력을 증대시키기 위해 눈치 빠르게 투치족 위주의 통치에서 벗어나 후투족과 독립 국가 건설을 논의하겠다고 발표했다. 총선거가 실시되면 국민 절대 다수를 차지하는 후투족이 압승할 것이 확실했기 때문이었다.

1959년 7월 르완다 왕국의 마지막 왕이 부룬디의 병원에서 치료받다가 숨지자 독살설이 나돌며 민심이 흉흉해졌다. 더욱이 11월 1일에는 투치족 청년들이 후투족 정치인을 집단폭행하는 사건이 발생했고 그가 살해당했다는 소문이 퍼졌다. 그로 말미암아 그동안 억눌려 있던 후투족의 분노와 증오심이 마침내 폭발했다. 후투족 운동가들이 투치족을 무차별적으로 공격했으며, 투치족 관료들의 집을 불태우고 닥치는 대로 약탈했다. 이런 후투족의 분노 폭발이 전국적으로 확산하면서 투치족의 집단학살로 이어졌다. 1959년 11월부터 1960년 중반까지 약 1만 명의 투치족이 학살당했으며, 30만 명 이상이 이웃 나라로 도피했다.

결국에는 유엔이 개입해 간신히 사태를 진정시켰다. 그리고 1961년 6월, 유엔 감시 아래 실시된 총선거에서 예상대로 후투족 정당들이 압도적으로 승리했다. 이렇게 르완다는 1962년 공화국으로 독립했다. 후투족 출신의 초대 대통령 카이반다(Grégoire Kaybanda)는 자신의 정치적 입지를 다지기 위해 투치족을 외래 종족으로 간주하면서 탄압 정책을 펼쳤고, 1965년 르완다는 후투족 일당독재 국가가 되었다.

이러한 과정에서 산악지대로 들어간 일부 투치족은 끈질기고 아무리 죽여도 없어지지 않는다는 뜻으로 인벤지(invenzi, 바퀴벌레)라는 무장 조직을 만들어 후투족에 대항하는 게릴라전을 펼쳤다. 그러자 카이반다 대통령은 "바퀴벌레를 죽여 숲을 깨끗하게 하자"라며 투치족 게릴라가 출몰하는 지역을 공격하고 살인과 방화를 서슴지 않았다. 그리하여 불과 닷새 동안 약 1만 4천 명의 투치족이 학살당했다.

카이반다의 일당독재와 횡포가 갈수록 심각해지고 경제가 어려워지자, 1973년에 하브야리마나(Juvénal Habyarimana) 장군이 쿠데타를 일으켜 권좌에 올랐다. 그는 국제적인 비난을 피하기 위해 투치족 탄압을 중단한다고 선언했다. 당연히 투치족은 그를 환영했다. 그러나 후투족인 그는 '국가개발혁명운동'이라는 정당을 결성하고 더욱 정교하게 투치족에 대한 인종차별을 강화했다. 투치족에게 허용된 국회의원은 겨우 2석이었고, 후투족 군인이나 공무원은 투치족과 결혼조차 할 수 없게 했다.

그뿐만 아니라 노골적으로 철저한 독재를 자행했다. 더욱이 그의 부인은 후투족의 뼈대 있는 가문 출신이었는데, 그녀와 그의 집안, 그러니까 하브야리마나 처가의 인물들이 요직을 차지하고 온갖 독재와 횡포를 자행했다. 르완다 국민은 그 일당을 '아카주(Akazu)'라고 부르며 혐오했지만 그럴수록 아카주는 더욱 설쳤다. '아카주'는 '작은 집'이라는 뜻이다. 하브야리마나 대통령보다 부인이 실세이며 그 일가친척이 더 권력을 행사한다는 의미에서 '작은 집'이라는 이름을 붙인 것이다.

1991년 후투족 정치 단체가 지원하는 후투족 민병대 인테라하므웨(Interhamwe)가 결성되었다. 인테라하므웨는 '함께 공격하는 사람들'이라는 뜻이라고 한다. 투치족을 공격하겠다는, 말하자면 바퀴벌레를 박멸하겠다는 의지를 그대로 드러낸 것이다. 후투족을 학살하려는 투치족의 음모가 발각되었다는 의도적인 가짜뉴스가 잇따라 방송된 뒤 인테라하므웨는 투치족 300여 명을 학살했다. 곧 국제사회의 비난이 쏟아졌고 후투족 야당 인사들도 투치족과의 공존과 르완다의 민주화를 외쳤다. 그러자 하브야리마나는 인테라하므웨 대원 몇 명을 형식적으로 체포했다. 하지만 며칠 뒤 그들은 모두 석방되었다. 군중의 우발적인 분노 표출이었으며, 정당방위였다는 것이다.

투치족은 분개했다. 이웃의 우간다로 피신해 있던 투치족의 정치가이자 뛰어난 전략가인 폴 카가메(Paul Kagame)가 우간다에 거점을 둔 반정부 게릴라 단체 '르완다 애국전선(RPF)'을 결성하고 총사령관이 되었다. 우간다에는 르완다에서 피신한 투치족이 100만 명 가까이 있었다. 카가메의 애국전선은 르완다 북부를 침공했다. 후투족은 의외로 쉽게 무너졌고 애국전선은 단숨에 르완다의 수도 키갈리 교외까지 진격했다. 곧 전쟁이 끝날 것 같았다.

그러나 르완다에 가장 많은 원조를 제공해온 프랑스가 개입하면서 양쪽 군은 숱한 희생자를 내면서 혼전을 거듭했다. 국제사회에서도 비난이 쏟아지고 유엔까지 나서 평화유지군 1,300명을 르완다에 주둔시켰다. 유엔은 르완다 정부와 야당 그리고 애국전선이 평화협정을 맺고 임시정부를 수립하라고 압박했다.

경제를 서양 여러 나라의 원조에 의존하던 르완다로서는 이를 받아들이지 않을 수 없었다. 와해 위기를 맞은 인테라하므웨는 정치력을 발휘하지 못하는 하브야리마나 대통령을 비난했다. 아울러 후투족의 저명한 어용 언론인이 내세웠던 '후투 십계명'을 거듭해서 강조했다. '후투 십계명'의 주요 내용은 르완다군은 오직 후투족만으로 구성하고, 후투족은 투치족에 대한 동정심을 버리라는 것이었다. 투치족에 대한 증오와 분노를 한층 더 적극적으로 부추기는 내용이었다.

아카주도 가만있지 않았다. 1993년 그들은 영구 집권을 목표로 '후투 파워'라는 조직을 결성했다. 평화협정을 요구하는 국제사회를 비난하고 투치족을 말살하는 인종 학살의 정당성을 주장하는 등 몹시 과격한 집단이었다. '후투 파워'는 비밀리에 소총, 칼, 수류탄 등과 같은 무기를 확보해서 비밀창고에 은닉했다. 그리고 라디오 방송국을 개국하고 투치족을 증오하는 방송을 쉴 새 없이 내보냈다.

그렇지만 평화협정과 1994년 2월까지 통합된 과도정부를 수립하라는 유엔의 강력한 요구가 받아들여져 1993년 8월에 평화협정(아루샤 합의)을 맺었다. 이에 따라 애국전선은 광역 과도정부와 국군에서 직을 갖게 되었으며, 키갈리에 있는 국회 건물에 광역 과도정부 설립 과정에 사용할 본부를 가지게 되었다. 그렇게 르완다의 정세는 겉으로는 안정을 찾아가는 듯했다.

그런데 1994년 4월 6일 전혀 예상하지 못했던 뜻밖의 사건이 발생했다. 그날 탄자니아에서 평화협정에 대한 회담을 마치고 르완다 대통령 하브야리마나와 부룬디 대통령이 함께 타고 키갈리로 오던 비행기가 격추되어 탑승자 전원이 사망하는 충격적인 사건이 발생한 것이다.

이튿날인 4월 7일, 아직 사고 경위 조사에 착수도 하지 못했는데 인테라하므웨는 투치족의 '애국전선'이 비행기를 격추했다고 주장하며 격분했다. 아카주가 주도하는 라디오 방송국(RTML)뿐만 아니라 후투족의 모든 방송이 이 같은 사실을 쉴 새 없이 보도했다.

그러자 후투족은 마치 때를 기다리고 있었다는 듯이 즉각적으로 투치족을 향한 집단보복을 감행했다. 인테라하므웨가 선봉대였고 수없이 몰려나온 후투족 청년이 그 뒤를 따랐다. 민병대인 인테라하므웨는 소총·총검·수류탄 등으로 무장했고 청년들은 칼과 도끼·낫 등의 흉기를 치켜들었다. 그들은 투치족을 닥치는 대로 잔인하게 살해했다. '르완다 집단학살'의 시작이었다.

순식간에 수도 키갈리는 무법천지로 변했으며 르완다 전역으로 성난 파도처럼 학살이 퍼져나갔다. 투치족이 사는 집이면 무조건 뛰어 들어가 무자비하게 남녀노소를 가리지 않고 무조건 학살했다. 여성은 강간하고 살해했다. 투치족이 운영하는 병원에서는 의사와 간호사는 물론 환자들까지 살해되었다. 간호사 등의 여성은 윤간하고 죽였다. 학교에도 몰려가 교사와 학생을 향해 마치 게임하듯 총기를 난사하고, 도망치는 학생이 있으면 쫓아가 칼이나 도끼로 살해했다. 그야말로 생지옥이었다.

이런 만행을 RTML을 비롯한 후투족 방송들은 중계방송하듯 신나게 보도했다. 투치족의 재물을 약탈하도록 권장했다. 약탈한 재물은 전리품으로 가져도 좋다고 했다. 투치족 여성을 강간하는 것도 보장했다. 특히 투치족의 머리를 잘라오면 현상금까지 주었다. 재미 삼아 투치족 아이들을 강물에 던지기도 했다. 그들은 물에 빠져 죽거나 헤엄쳐 나왔다 하더라도 그 자리에서 살해되었다. 길거리에 온통 투치족 시체가 넘쳐났다. 시체가 겹겹이 쌓여 있는 곳도 있었다. 하늘에서는 독수리가 몰려왔고 땅에서는 개들이 시체를 마구 물어뜯었다. 시체들이 짐승의 밥이 된 것이다.

르완다는 기독교 국가라고 할 수 있을 만큼 국민 절대다수가 기독교

신자였다. 그나마 성직자들이 교회를 투치족의 피난처로 제공했다. 하지만 부질없는 행동이었다. 교회 안에 투치족이 모여들면 인테라하므웨 대원들이나 후투족 청년들이 밖에서 문을 닫아버리고 교회 안에 수류탄을 던지고 뛰어나오는 투치족은 보이는 대로 사살했다. 어느 교회에서는 약 7,000명의 투치족이 한꺼번에 잔혹하게 학살당했다고 한다. 어느 성당에는 5,000여 명의 투치족 피난민이 숨어 있었는데 후투족 폭력배들이 불도저로 밀어버려 모두 압사당했다고 한다. 투치족 목사들이 후투족 목사들에게 난민을 보호해달라고 요청했지만 허사였다. 후투족 목사들도 인테라하므웨나 청년들로 조직된 후투족 자경단의 미치광이 같은 집단학살 행위를 막을 수 없었다.

너무나 참혹한 집단학살 현장이 보도되면서 전 세계가 경악했다. 르완다에 주둔해 있던 1,300명의 유엔 평화유지군도 순식간에 폭풍처럼 밀어닥친 대학살에 제대로 대처할 수가 없었다. 수적으로 부족해서 르완다에 주재하는 각국 대사관을 지키기에도 벅찼다. 후투족의 르완다를 지원하고 군사 교육까지 시켰던 프랑스는 침묵하며 그 참상을 지켜보고 있었다. 그 때문에 국제여론이 프랑스에 맹렬한 비난을 퍼부었다.

그나마 우간다와의 국경지대에서는 투치족의 애국전선이 대항해서 후투족 군인들을 사살하기도 했다. 그러자 후투족의 방송 RTML 등은 오히려 투치족이 만행을 저지르고 있다고 비난했다. 우간다에 본부가 있었던 애국전선은 "후투족이 학살 만행을 멈추지 않으면 르완다를 공격하겠다"라고 대외적으로 선언했다.

1994년 4월부터 7월까지 약 100일 동안 무법천지 광란의 도가니였던 르완다에서 80만~100만 명이 학살당했다. 그중 약 20만 명의 여성은 강

르완다 내전에서 희생된 사람들의 유골

간당하고 살해되었다. 그 짧은 기간에 이루어졌다고 믿기 어려운 어마어마한 인명 피해였다. 그런데도 후투족은 학살을 멈추지 않았다. 온 천지에 그대로 방치된 시체들이 부패하며 전염병이 창궐했고 시체들이 떼 지어 떠다니는 강물은 오염되어 마실 수 없었다.

마침내 투치족의 폴 카가메가 이끄는 애국전선 본부 군대가 우간다 국경을 넘어 르완다를 공격하기 시작했다. 국제사회의 비난 여론에 시달리고 있는 프랑스는 후투족을 지원할 명분이 없었다. 애국전선은 강력했다. 잘 훈련되었을 뿐만 아니라 자신의 종족을 지켜야 한다는 사명감으로 투지에 넘쳤다. 후투족의 르완다 정부군은 추풍낙엽처럼 쓰러졌다.

그런데도 후투족 방송들은 자신들이 승리하고 있다고 가짜뉴스를 내보냈다.

강력한 애국전선은 불과 며칠 만에 수도 키갈리를 포위했다. 이제 전세가 역전되어 후투족이 피신해야만 했다. 드디어 애국전선이 키갈리를 함락하자 후투족 약 100만 명이 피난했다. 대탈출이었다. 악명을 떨치던 후투족의 인테라하므웨도 콩고까지 도망쳤다. 비로소 르완다 대학살이 진정되었다.

결과는 투치족 애국전선의 완전한 승리였다. 폴 카가메는 내전 종식을 선언하며 "후투족에 대한 복수는 없다"라고 여러 차례 되풀이했다. 그는 탁월한 전략가였다. 애국전선이 르완다를 완전히 장악하고 새 정부가 들어섰다.

폴 카가메는 인구의 절대다수인 후투족 인물을 새 정부의 대통령으로 추대하고 자신은 부통령과 국방장관을 겸임했다. 새 정부의 요직도 후투족과 투치족이 균등하게 차지했다. 그러나 국내외의 여론을 의식해서 집단학살, 반인륜범죄, 전쟁범죄에는 공소시효가 없다고 했다.

인근 국가들로 피난 갔던 후투족·투치족 난민이 돌아오고 정국이 어느 정도 안정되자 폴 카가메는 르완다 전국의 1만 2천여 마을에 '가차차(Gacaca)'를 설치했다. '가차차'는 르완다의 전통적인 재판방식으로 마을에 크고 작은 분쟁이 발생했을 때 주민이 야외에 모여서 토론을 통해 판결하는 제도였다. 판결은 되도록 분쟁 당사자들의 화해를 끌어내는 것이었다.

전국의 '가차차'는 투치족 대학살에 적극적으로 참여했던 후투족 10만여 명을 법정에 세웠다. 하지만 처벌은 가혹하지 않았다. 대학살에 참여한 사실을 인정하고 용서를 빌면 가벼운 징역형이나 노동형을 선고했다.

폴 카가메

물론 대학살에 앞장선 주동자나 끝까지 분명한 사실을 부인하고 거짓말을 하면 용서하지 않고 엄하게 처벌했다. 결과적으로 기소된 후투족 중 약 65퍼센트만 크고 작은 처벌을 받았다.

이것은 폴 카가메가 화합을 위해 후투족에게 관용을 베푼 덕분이다. 가해자 후투족으로서는 관대한 처분에 만족하며 카가메의 호의에 감사했다. 반면 피해자 투치족으로서는 후투족을 모조리 죽여도 시원치 않았지만, 더 이상 싸우지 않고 투치족 애국전선이 르완다를 지배하게 된 것을 기뻐했다. 따라서 폴 카가메의 후투족에 대한 관용을 기꺼이 수용했다. 당연히 폴 카가메의 인기가 치솟아 올랐다.

하지만 세기적인 대학살을 그냥 눈감고 지나칠 수는 없었다. 탄자니아에서 국제형사재판이 열렸다. 비행기 격추 사건으로 갑자기 사망한 하브야리마나 대통령을 대신해서 르완다를 통치했던 총리에게 종신형이 선고되었다. 대학살을 주도했던 인테라하므웨의 간부 41명에게도 종신형이 선고되었다.

2003년 실시된 르완다의 대통령 선거에서 후투족·투치족 모두에게 '르완다를 지옥에서 구출한 영웅'으로 떠오른 인기 절정의 폴 카가메가 95퍼센트의 득표율로 압승해 대통령이 되었다. 그는 특정 부족이나 지역·종교 등을 기반으로 한 정치조직을 인정하지 않겠다고 선언했다. 수도 키갈리에 학살기념관을 건립하고 비극적인 역사가 되풀이되어서는 안 된다고 강조했다. 그는 2010년 선거에서도 90퍼센트의 지지를 받아 대통령을 연임했다.

한편 유엔에서는 르완다 대학살이 시작됐던 4월 7일을 '집단학살 국제반성의 날'로 정해 해마다 추모 행사를 열고 있다. 르완다 집단학살은 집단학살, 인권범죄, 전쟁범죄 등의 범죄자를 기소할 수 있는 법정인 국제형사재판소가 탄생하는 데 자극제가 되었다.

짐 존스
Jim Jones

최악의 사이비 교주

참다운 종교는 인간에게 올바른 삶의 지혜를 주고 정신을 안정시킨다. 그리하여 아주 많은 사람이 돈독한 신앙심으로 종교에 의탁한다. 이러한 인간의 종교적 성향을 교묘히 악용해서 정상적인 종교처럼 위장하고 사적 이익을 꾀하는 것이 사이비 종교다.

사이비 종교의 역사는 무척 길다. 이미 중세에 사이비 종교들이 등장했다. 당시 유럽을 지배하던 기독교의 한 종파인 것처럼 위장하고 순진한 사람들을 현혹해서 사이비 교주를 비롯한 간부들이 사적 이익을 취했다.

기독교나 불교 등 정통 종교의 종파로 위장한 사이비 교주들이 내세우는 황당한 주장은 대개 비슷하다. 자신이 진정한 구세주라는 것, 곧 세상의 종말이 온다는 것, 자신을 믿고 따르면 영생(永生)을 얻을 수 있다는 것 등이다.

사이비 종교는 전 재산을 헌납하도록 강요하지만, 교주와 몇몇 간부는 더할 수 없이 호화로운 생활을 한다. 사이비 교주는 신과 교감해야 한다는 구실로 여신도들을 성폭행하는 등 방탕한 생활을 즐긴다. 신도들이 사이비 종교나 교주의 실체를 알고 탈퇴하려고 하면 무자비하게 폭행하고, 외부와 격리된 집단생활을 강요하는가 하면 의사소통을 하지 못하도록 가족끼리도 갈라놓는다.

우리나라에도 많은 사이비 종교가 있었고 여전히 여러 사이비 종교가 존재한다. 그들의 행태는 앞서 지적한 내용과 크게 다르지 않다. 어느 사이비 종교는 곧 인류의 종말이 온다며 재산을 모두 헌납한 신도들은 종말의 날에 특별히 선택되어 하늘로 올라간다고 전도했다. 그리고 그 종말의 날이 닥치자 신도들은 하늘로 날아오를 준비를 하고 모두 모여 가슴 설레고 있었지만 아무 일도 일어나지 않았다. 종말을 외친 교주가 헌납받은 거액을 은행에 예금하고 있었다니, 웃기는 이야기다.

또 우리나라의 어떤 사이비 종교는 교주가 외국인이었는데 그는 자신이 화성에서 온 구세주라고 했다. 생명체라고는 전혀 찾아볼 수 없는 화성에서 왔다는 주장도 황당하지만, 그 말을 믿고 가출해서 집단생활하며 가족까지 내던진 신도들이 더욱 황당하다.

미국은 사이비 종교의 천국이다. 이상하리만치 사이비 종교가 날이 갈수록 번창하고 있다. 그중 하나가 지금은 사라졌지만 1970년대의 '그리스도의 제자 인민사원(Peoples Temple of the Disciples of Christ, '인민사원'으로 약칭)'이라는 사이비 종교다. 그 교주가 바로 짐 존스(Jim Jones)다.

짐 존스는 1931년 인디애나폴리스에서 태어나 어려서부터 감리교회를 다닌 것 같다. 대학에 진학한 그는 사회주의와 기독교 관련 서적들에

짐 존스

심취했다. 대학을 졸업한 그는 감리교회에서 일하며 정식 목회자는 아니었지만 설교할 기회를 얻었다. 그는 그때마다 인종차별을 반대하는 인종 화합과 정의, 평등, 자유, 빈민구제 등 어쩌면 당연한 가치를 설득력 있게 주장하며 큰 인기를 얻었다. 더욱이 그에게는 카리스마가 있어서 많은 신도가 그를 따랐다.

목회에 자신감을 얻은 그는 특히 빈민촌을 열심히 찾아다녀 가난에 고통받는 어려운 사람들에게 그리고 인종 평등을 주장하며 유색인종에게 절대적인 지지를 받았다. 하지만 백인과 흑인의 구별 없는 통합 예배가 문제가 되어서 감리교회에서 쫓겨났다.

이후 샌프란시스코로 자리를 옮긴 짐 존스는 그곳에서도 큰 인기를 얻었다. 정식으로 신학을 공부한 적도 없고 정식 목회자도 아니었지만, 그의 설교에는 대학 시절 심취했던 사회주의 사상이 담겨 있었다. 카리스마가 있는 그를 따르는 사람이 가파르게 늘어났다.

그때까지만 해도 그는 사이비 종교를 내세운 적도 없었고, 일반 목회자와 큰 차이도 없었기 때문에 사이비 교주는 결코 아니었다. 하지만 1955년 스물다섯 살의 젊은 나이에 짐 존스는 자신만의 기독교 종파 '인민사원'을 창시했다. 겉으로는 기독교 종파 같지만 실제로는 사이비 종교였다. 더구나 짐 존스는 자신은 고난의 시대에 나타난 구주(救主)의 사도(使徒) 즉 메시아라고 주장했다. 슬그머니 사이비 교주로 변신한 것이다.

그런 내막을 모른 채 그를 따르던 신도들은 주저 없이 인민사원으로 교적을 옮겼다. 제2차 세계대전이 끝난 지 10년밖에 되지 않아 경제적으로 무척 어려운 시기여서 생활이 어려운 노동자나 빈민 그리고 핍박받는 유색인종이 모여들어 교세가 하루가 다르게 확장되었다.

그런데 이 같은 인민사원의 성장을 눈여겨본 단체가 있었다. 개신교 교단의 '그리스도의 제자회(Disciples of Christ)'였다. 정통성을 지닌 종교단체였지만 교세가 미약했던 그들은 1964년 짐 존스에게 목사 안수를 주었고 인민사원을 자신의 교파에 포함했다. 그들은 인민사원이 사회주의적 성향은 분명하지만 사이비는 아니라고 판단한 것이다. 하지만 그것은 큰 착각이었다. 어쨌든 짐 존스는 정식 목사라는 날개를 달았다. 더욱 자신만만해진 그는 자신을 신격화시켜 교주로서의 위상을 스스로 높였다. 신도들도 꾸준히 늘어나 인민사원의 재산도 탄탄해지자 그는 자만에 빠져 방탕한 생활과 향락을 즐기기 시작했다.

짐 존스는 아내와 정부(情婦)까지 있었지만 동성애자이기도 해서 젊은 남성 신도들과 성생활을 즐겼다. 그뿐만 아니라 인민사원의 공적 재산을 개인적으로 마구 낭비해 불만을 품은 신도가 늘어났다. 노골적으로 반발하는 신도를 간부나 감시원에게 무자비하게 폭행하도록 해 입을 막았다. 하지만 그럴수록 불만을 가진 신도가 더욱 늘어났다.

그들은 짐 존스의 사생활뿐만 아니라 신앙에도 의문을 가졌다. 자신이 메시아라고 하면서 핍박받는 인간을 구원하러 왔다고 주장하며 신격화시킨 것에 회의를 품게 된 것이다. 어디를 보더라도 그는 결코 신(神)이 아니었다. 신도들을 더욱 놀라게 한 것은 교세가 커지고부터 성격이 변해 반사회성 성격장애, 자기애성 성격장애 등을 보이며 예측할 수 없는 괴팍한 행동을 하는 것이었다. 따라서 일부 신도가 탈퇴하려는 움직임을 보이자 짐 존스와 간부들은 특단의 계획을 세웠다.

그것은 인민사원을 남아메리카의 가이아나로 옮기는 것이었다. 비밀리에 간부들을 가이아나로 보내 토지를 매입했다. 신도들을 외딴곳에 한꺼번에 모아놓으면 탈퇴하지 못하게 감시하기 쉽고, 그들의 노동력을 이용해서 돈도 벌 수 있다고 판단한 것이다. 그리하여 짐 존스는 1천 명이 넘는 열성적인 신도를 이끌고 인민사원을 가이아나의 밀림으로 옮겼다.

이제 신도들은 꼼짝없이 집단생활을 할 수밖에 없었다. 짐 존스는 그곳에서 미국 사회와 기독교를 맹렬히 비난했다. 미국 사회는 자본주의의 온갖 병폐에 병들어 있고, 기독교는 제국주의로 변질되었다고 비난한 것이다. 그리고 그곳을 인민사원 신도만의 이상향으로 건설하겠다고 큰소리치며 자기 이름을 붙여 '존스타운'이라고 명명했다.

그렇게 자신만의 왕국을 건설한 짐 존스는 농업공동체라는 명목으로 집단농장을 만들었다. 이제 그곳에 갇힌 신도들은 노동자이며 농민이었다. 그들에게 매일같이 할당량이 정해졌고 목표를 달성하지 못하거나 불만을 나타내면 가혹한 형벌을 받거나 간부들에게 심하게 폭행당했다.

신도들은 쉽사리 존스타운을 탈출할 수도 없었다. 밖으로 나가면 독사들이 우글거리는 정글이며 원주민의 공격으로 살아남기 어렵다고 겁을 주었다. 또 존스타운에 철조망 울타리를 치고 무장경비원들이 철저하게 감시하도록 했고, 가족끼리도 서로 감시하도록 해서 신도들을 완전히 고립시켰다. 독재 국가나 다름없었다.

짐 존스는 신도들에게 "우리의 자살은 자살이 아니라 혁명이다"라고 말하며 자살 예행연습도 시켰다. 신도들은 그의 엉뚱한 행동에 혀를 내둘렀다. 이상향을 건설하겠다며 자살이 왜 필요한 것인지 도무지 이해할 수 없었다. 그렇다고 자살 예행연습을 왜 하는지 짐 존스에게 질문할 수도 없었다.

신도들은 끊임없는 구타와 형벌, 중노동에 밤낮없이 시달리면서도 철저히 고립되어 미국에 있는 가족이나 친지·친척과 연락할 수 없었다. 그들은 짐 존스에게 속았다고 후회했지만, 이 지옥 같은 존스타운을 벗어날 방법이 없었다. 인민사원 신도들의 가족이나 친지·친척도 낙원으로 간다며 희망찬 모습으로 가이아나로 떠난 그들과 연락이 완전히 단절되자 크게 걱정했다. 전화 연락은 물론 안부를 묻는 편지를 보내도 아무런 반응이 없었다. 따라서 그들은 신도들의 안전을 우려하지 않을 수 없었다.

결국 가족과 친지 등은 당국에 그런 사실을 알리고 신도들의 안부 확인을 부탁했지만 신통한 답변을 들을 수가 없었다. 그로 인해 가족들의 항의가 빗발치자 마침내 하원의원 레오 라이언(Leo Joseph Ryan)에게 진상 조사를 부탁했다.

1978년 11월 17일 아침, 라이언 의원은 변호사 두 명과 수행원들, 주요 언론사 기자들, 몇몇 신도의 친척 등과 함께 항공편으로 가이아나로 떠나 존스타운에 도착했다. 그들이 온다는 통보를 받은 짐 존스는 실태 조사에 대비해 신도들이 입을 맞추도록 예행연습을 시켰다. 드디어 존스타운 신도 대표들과 라이언 의원의 직접 면담이 이루어졌다. 신도들은 입을 맞춘 대로 너무 행복하게 잘 지내고 있다고 거짓으로 증언했다. 조사단 일행은 현지에 오면서 존스타운에서 폭력이 난무한다는 소문을 들었기에 그에 대해서도 물었지만, 신도 대표들은 절대로 그런 일이 없다고 딱 잡아뗐다. 라이언 의원은 안심했다. 그리고 여러 가지 소문과는 달리 그곳에 별다른 문제가 없다고 결론을 내렸다.

그런데 뜻하지 않은 상황이 발생했다. 한 신도가 몰래 조사단의 NBC 기자에게 존스타운의 실상을 적은 쪽지를 전달한 것이다. 또 여성 신도 한 명이 용감하게 그곳에서 나가 고향으로 돌아가고 싶다고 말하자 여러 신도가 이에 동조했다. 상황이 급변한 것이다.

라이언 의원은 떠나고 싶은 사람은 앞으로 나오라고 말했다. 그러자 여러 명이 나섰다. 존스타운에 적지 않은 문제가 있다고 판단한 라이언 의원의 태도가 변하자 누군가 그의 등 뒤에서 목을 조르며 칼로 찌르려고 했다. 주변에 있던 측근들이 급히 달려들어 간신히 진압했다.

다음 날, 예기치 못했던 위기를 넘긴 라이언 의원은 미국으로 돌아가 함께 가는 탈퇴 신도들의 솔직한 증언을 들을 수 있기를 기대하고 나흘

간의 조사를 서둘러 끝냈다. 그리고 조사단 일행과 탈퇴 희망자 십여 명이 비행기로 향했다. 그때였다. 갑자기 그들을 향해 총탄이 쏟아졌고 라이언 의원과 NBC 기자 등 다섯 명이 총을 맞고 즉사했다. 중상을 입은 다른 사람들은 밀림 속으로 도망쳤다.

그러나 그것이 끝이 아니었다. 비행장에서의 총격 직후 짐 존스를 포함하여 1천 명 가까운 신도가 집결해 있던 장소에서 일제히 쓰러졌다. 청산가리가 든 탄산음료를 마시고 모두 즉사한 것이다. 나중에 밝혀졌지만,

신도 1,000여 명이 청산가리가 든 음료를 마시고 사망한 집단학살 현장

신도들은 평소처럼 자살 예행연습을 하는 줄 알고 탄산음료를 마셨다고 증언했다. 사이비 교주 짐 존스는 머리에 권총을 맞고 숨졌다. 나중에 그의 시신을 부검한 결과, 자살이 아니고 권총을 맞았던 것으로 밝혀졌다. 누군가 그에게 권총을 쏜 것이었다.

가이아나 군대가 긴급하게 출동했지만, 이미 청산가리를 마신 신도 913명(또는 918명)이 숨진 상태였다. 그 가운데는 어린이 276명이 있었다. 이 끔찍하고 참혹한 사건은 곧 긴급 뉴스로 미국은 물론 전 세계에 알려져 큰 충격을 주었으며 한동안 비상한 관심을 집중시켰다.

신도 40~50명은 살아남았다. 라이언 의원과 함께 귀국하려다가 갑자기 총격 사건이 벌어져 숲속으로 도망친 탈퇴 신도들과 심부름을 하느라고 현장에 없었던 신도들, 다른 일이 있어서 집결 장소에 오지 못한 신도들이 살아남은 것이다. 짐 존스는 자신과 인민사원의 실태가 낱낱이 폭로될 것이 분명해지자 신도들을 자살하도록 강요한 것이다.

매스컴은 청산가리가 든 음료수를 마시고 숨진 900여 명을 처음에는 집단자살로 보도했지만, 당국에서는 철저한 조사 끝에 집단학살로 결론지었다. 그때까지 미국 역사상 최대의 학살사건이었다.

2 악녀들

살로메

Salome

성서 속의 악녀

살로메(Salome)는 기독교 성서에 등장하는 여성이지만, 그녀를 묘사한 마태복음서(제14장)와 마가복음서(제6장)에는 "헤로디아의 딸" 또는 "소녀"로만 기록되어 있고 이름은 없다. 기독교의 교리·교훈 등이 담긴 성서에는 가상과 상징적 표현이 적지 않아 살로메가 실존 인물인지 가상 인물인지 의문이 든다. 그러나 기독교 성서는 고대 이스라엘의 역사를 담고 있으며 살로메가 살았던 연대도 구체적으로 밝히고 있어서 실존 인물이라는 견해에 무게가 실린다. 예컨대 1세기에 활동한 유대인 역사학자 플라비우스 요세푸스가 쓴 『유대 고사기(古事記)』에 살로메라는 이름과 그녀의 가족에 대한 기록이 있다.

기독교의 창시자 예수 그리스도는 기원전 7~6년경에 유대왕국의 베들레헴에서 태어났다. 성령에 의해 동정녀 마리아가 잉태한 예수의 출산을 앞두고 동방박사들이 찾아와 "장차 유대인의 왕이 될 분의 탄생을 경배드립니다"라고 했다. 그 당시 유대의 왕은 성서에 헤롯왕으로 표현된 헤로데 1세(Herodes I)였다. 그는 당시 유대를 지배하던 로마제국이 임명한 왕이었다. 오랫동안 권력을 쥐고 있던 그는 장차의 유대 왕이 탄생했다는 소식에 분노하며 예수를 죽이려고 베들레헴과 나사렛 지역의 남자아이를 모조리 죽여 없앴다.

헤로데 1세는 수많은 건축물과 기념물을 세우고 예루살렘을 유대의 성지로 만드는 등 공적도 많았지만, 집권 말기에는 아내와 그녀가 낳은 두 아들, 장모까지 처형했다. 하지만 여섯 번이나 결혼해서 자녀가 많았다. 그중 헤로데 안티파스(Herodes Antipas)가 왕위를 이어받았다. 헤로데 안티파스는 이웃 나라의 공주와 결혼했으나 이혼하고 다시 헤로디아(Herodias)와 결혼했다. 그런데 헤로디아는 평범한 여성이 아니었다. 그녀는 당당한 왕족일 뿐만 아니라 헤롯왕의 동생이자 자신의 삼촌인 헤로데 빌립보 1세와 결혼해서 딸 살로메를 낳았고 이혼 후 조카인 헤로데 안티파스와 재혼했다. 고대 사회에서 근친혼은 보편적이었으나, 세례자 요한은 헤로디아의 재혼은 모세의 율법에 벗어나는 불법행위라며 맹렬하게 비난했다.

훗날 예수에게도 세례를 주었던 세례자 요한은 당시 유대인에게는 저명한 지도자이기도 했다. 그런 세례자 요한이 자신의 결혼을 노골적으로 비난하자 몹시 분노한 헤로디아는 세례자 요한을 처형하라고 헤로데 안티파스를 부추겼다. 그러나 그는 세례자 요한을 혹세무민 혐의로 옥에 가두기는 했으나 민심이 두려워 처형은 하지 못하고 있었다.

그러던 어느 날, 헤로데 안티파스의 생일을 맞아 궁전에서는 성대한 연회가 열렸다. 흥겨운 분위기가 고조되면서 살로메가 앞에 나와 춤을 추었다. 살로메가 요염한 자태로 춤을 추자 헤로데 안티파스는 넋을 잃었다. 그는 살로메에게 다시 한번 춤을 추라고 부탁하면서 춤을 춘다면 그녀가 원하는 것은 무엇이든 들어주겠다고 했다. 나라의 영토 절반이라도 떼어주겠다고 했다.

이 말을 들은 살로메는 어머니 헤로디아에게 다가가 헤로데 안티파스에게 무슨 부탁을 하면 좋겠냐고 낮은 소리로 물었다. 헤로디아는 기다렸다는 듯이 옥에 갇혀 있는 세례자 요한의 목을 잘라 쟁반에 담아서 가져오라고 지시했다. 이윽고 살로메가 다시 한번 춤을 췄다. 그리고 헤로데 안티파스에게 어머니의 지시대로 세례자 요한의 목을 잘라서 쟁반에 담

티치아노 베첼리오, 〈세례자 요한의 머리와 살로메〉(1515년경)

아 가져오라고 했다. 헤로데 안티파스는 난처했지만 많은 사람 앞에서 약속했으니 살로메의 부탁을 거절할 수도 없었다. 그리하여 부하가 세례자 요한의 목을 베어 쟁반에 담아서 가져왔다. 어머니 헤로디아로서는 자신의 재혼을 맹렬히 비난했던 세례자 요한에게 나름대로 통쾌한 복수를 한 셈이다.

기독교 성서에 나타난 살로메의 악행은 그것뿐이다. 어머니의 부탁으로 세례자 요한의 목을 자르게 한 것뿐이다. 세상에는 수많은 악인이 있는데 그것으로 악인의 낙인을 찍기에는 부족한 것 같다. 하지만 세례자 요한은 선지자로서 척박한 땅에서 가난에 시달리며 로마제국의 핍박에 신음하고 있는 유대인에게는 구세주나 다름없었다. 유대인의 어둠을 밝혀주는 등불 같은 인물을 결과적으로 죽였기에 살로메는 악녀의 반열에 오른 것이다.

그러나 역사가 요세푸스는 세례자 요한은 정치적인 이유에서 처형되었다고 말한다. 세례자 요한을 따르는 유대인이 많아지면서 봉기의 두려움을 느낀 헤로데 안티파스가 봉기를 일으키기 전에 먼저 제거하려고 그를 마르켈누스 성채로 붙잡아와서 처형했다고 기록하고 있다.

헤로데 안티파스와 헤로디아, 살로메와 세례자 요한의 처형에 관한 이야기는 이후 많은 예술가에게 영감을 주어 그림, 소설, 희곡, 오페라 등 여러 작품에 묘사되었다. 그리하여 '살로메'라는 이름은 치명적 아름다움과 매력으로 남성을 유혹해 파멸시키는 '팜파탈(femme fatale)', 즉 악녀의 대명사가 되었다.

고대 중국의 4대 악녀

말희, 달기, 포사, 여태후

중국 역사에서 나라가 망하고 새로운 나라가 세워질 때 어김없이 악녀가 등장한다. '고대 중국의 4대 악녀' 하면 일반적으로 말희, 달기, 포사, 여태후를 꼽는다. 그녀들의 이야기는 부풀려지고 더 자극적인 내용이 덧붙여지면서 전해졌을 가능성이 있다. 한 나라를 멸망의 구렁텅이에 빠뜨린 왕에게 최소한의 변명거리를 제공할 악녀가 필요했기 때문이다.

말희妹喜

중국의 고대사는 최초의 국가였다는 기원전 2070년경의 하(夏)나라로부터 시작된다. 그러나 하나라는 그 실체에 대한 역사적 기록이 없어서 전설 속 국가라는 것이 지배적인 견해다. 중국에서는 하나라에 관한 역사적이고 실제적 증거와 흔적을 찾으려고 노력하고 있지만, 논란을 잠재울 만한 확실한 증거는 찾지 못한 것 같다.

하지만 갖가지 야사(野史)와 사마천의 『사기(史記)』에는 하나라에 관한 기록들이 있다. 그리고 하나라의 악녀 말희(妹喜, 末喜 또는 末嬉) 이야기도 있다.

말희는 하나라의 마지막 황제 걸왕(桀王)의 여러 왕비 가운데 한 명으로 빼어난 미인이었다. 중국에서는 빼어난 미인을 가리켜 경국지색(傾國之色)이라고 일컫는다. '나라를 위태롭게 할 만한 미인', 말희가 그런 미인이었다. 그녀는 걸왕이 주변의 제후국을 토벌하면서 그 제후국이 항복하고 걸왕에게 바친 진상품이었다. 어떤 기록에는 걸왕이 제후국에 말희라는 빼어난 미녀가 있다는 사실을 알고 그녀를 얻기 위해 토벌에 나섰다고도 한다.

걸왕은 말희에게 완전히 빠져 국정은 제쳐놓고 향락과 방탕으로 나날을 보냈다. 말희를 위해 새로운 궁전을 짓고 연회를 열기에 바빴다. 말희의 요청에 따라 궁전의 작은 연못을 술로 가득 채우고 그 주변 나무들에는 온갖 고기를 매달아놓았다. 이것이 유명한 고사성어 '주지육림(酒池肉林)'의 시원이다. 걸왕과 말희 그리고 신하들은 이 연못에 배를 띄워놓고 흥청망청 향락에 빠져 세월을 보냈다.

말희는 비단을 찢는 소리를 무척 좋아했다. 비단 찢는 소리를 듣고 크게 웃어대며 재미있어서 어쩔 줄을 몰랐다. 이 사실을 알게 된 걸왕은 전국에서 비단을 모아들여 그녀가 매일같이 온종일 비단을 찢을 수 있도록 했다. 비단은 값비싼 최고의 옷감이었다. 그 때문에 국가의 재정은 가파르게 탕진되었다. 신하와 백성의 원성이 높았지만, 걸왕은 아랑곳하지 않았다. 오직 말희가 비단 찢는 소리를 들으며 기뻐하는 모습을 보고 즐거워했다.

국가 재정은 거의 바닥이 나고 백성들의 원성이 한껏 높아질 무렵 은(殷)나라의 탕왕이 군사를 이끌고 하나라를 공격했다. 하나라는 힘 한번 제대로 못 쓰고 맥없이 무너졌다. 하나라는 그렇게 멸망했다. 생포된 걸왕과 말희는 깊은 산으로 추방되어 그곳에서 죽었다.

어떤 기록에서는 걸왕이 이웃 나라를 정벌하면서 그곳에서 미인 두 명을 얻어 싫증 난 말희를 외면하고 그녀들과 향락을 즐겼다고도 한다. 그 때문에 몹시 화가 난 말희가 은나라와 내통해서 하나라를 공격하도록 부추겼다고 한다.

어찌 되었든 말희는 백성의 고통을 외면하고 주지육림으로 걸왕을 향락과 쾌락에 빠지게 하고, 값비싼 비단을 마구 찢어버리게 해서 재정을 고갈시켰다. 그런 행동은 말희의 못된 성격에서 비롯된 것일까, 아니면 걸왕에게 조국을 빼앗기고 뜻하지 않게 진상품이 된 것에 대한 보복으로 계획적으로 하나라를 무너뜨리려는 계책에서 비롯된 것일까?

달기妲己

하나라의 뒤를 이은 나라가 상(商)이다. 상나라의 마지막 도읍지가 은(殷)이어서 은나라라고도 한다. 기원전 1600년경부터 존재했던 상나라는 확실한 근거와 기록들이 남아 있어서 중국의 정사(正史)는 상나라 때부터 시작된다고 보는 역사학자가 많다.

상나라의 역사에도 달기(妲己)라는 악녀가 등장한다. 그런데 달기의 등장과 성격, 행실 등이 하나라의 말희와 매우 비슷하다. 예컨대 '주지육림'이라는 고사성어가 달기에서 비롯됐다는 기록도 적지 않다. 앞에서 설명했듯이, 하나라는 상(은)나라의 탕왕에 의해 멸망했다. 탕왕과 상나라는 그에 대한 명분과 정당성이 필요했을 것이다. 이러한 필요성에 따라, 많은 역사가 그렇듯이 하나라를 크게 폄훼하고 갖가지 만행을 부풀려 두드러지게 했을 것이다. 구체적인 사례로 말희를 등장시켜 하나라 멸망의

후대 사람들이 묘사한 주왕과 달기

당위성을 부각했을 것이다.

이후 상나라를 무너뜨린 주(周)나라에서도 그런 과정이 필요했고, 달기가 말희의 역할을 대신했을 것이다. 그런데 상나라의 실체는 분명해도 아직 하나라의 존재를 증명하는 기록은 없다. 그래서 상나라의 달기 이야기를 변용하여 하나라의 말희에게 적용했을 것이라는 주장도 만만치 않다.

상나라 마지막 왕 주왕(紂王)의 여러 왕비 중 한 명이었던 달기에 관해 묘사한 『사기』「은본기(殷本紀)」의 기록부터 살펴보자.

달기를 몹시 총애하는 주왕은 그녀가 원하는 것은 무엇이든 들어주었으며, 이로 인해 달기는 강 황후의 질투를 받았고 사이가 좋지 못했다. 어느 날 자객이 주왕을 습격하는 일이 발생했는데, 달기는 이를 강 황후에게 덮어씌웠으며, 자백을 받기 위해 눈을 파내는 등 악행을 저질러 결국 강 황후는 사망했다.

또 악사에게 음탕한 음악을 만들도록 했고, 술을 채운 연못에 고기를 걸어둔 숲(주지육림)을 만들어서 벌거벗은 남녀가 서로 뒤쫓게 하는 등 날마다 음탕한 밤을 보냈다. 그리고 마음에 들지 않는 이들에게 구리기둥에 기름을 바른 후 이를 불로 달구고 그 위를 걷게 하는 포락(炮烙)이라는 형벌을 주고 구경하면서 웃고 즐기거나 구덩이를 파고 그 안에 독사와 전갈 등과 함께 들어가 죄수가 수없이 물리고 독이 온몸에 퍼져 고통스럽게 죽어가는 모습을 지켜보며 즐거워했다고 한다. 그 뒤 상나라를 멸망시킨 주나라 무왕은 달기를 참형에 처했다.

『열녀전(列女傳)』에는 다음과 같은 내용이 있다. 달기가 포락이라는 형벌을 보면서 웃고 즐기자 충신 비간이 나서서 "선왕(先王)이 나라를 다스려 온 법과 질서·도덕에 따르지 않고 아녀자의 말만 따르니 나라에 재앙이 닥칠 날이 멀지 않았습니다"라고 간언했다. 이에 달기가 주왕에게 "성인(聖人)의 심장에는 일곱 개의 구멍이 있다고 들었습니다"라고 주왕을 부추겨 비간의 심장을 도려내서 감상했다고 한다.

주왕은 달기와 방탕과 향락을 즐기면서도 구후라는 신하의 딸이 달기에 필적할 만한 미녀라는 말을 듣고 그녀를 강제로 데려다가 달기와 나체를 비교하며 흡족해했다. 그리고 그녀도 왕비로 삼았다. 그런데 그녀가 주왕의 지나치게 음란한 행동에 적응하지 못하자 죽이려 했다. 그때 달기가 기뻐하며 처형을 맡았다. 달기는 그녀를 벌거벗겨 침대에 큰 대(大)자로 묶어놓고 음부 앞에다가 미꾸라지들을 쏟아놓았다. 수많은 미꾸라지들이 그녀의 음부로 기어들어 가자 그녀는 처참하게 죽었다.

주왕의 폭정으로 백성이 도탄에 허덕이자 제후들이 군사를 일으켜 주왕을 없앨 계획을 세웠다. 상나라 서쪽 제후들에 대한 책임 권한을 가지고 있던 희창(姬昌)은 주왕에게 반역하는 제후들을 여러 차례 평정했다. 많은 사람이 그를 새로운 왕으로 옹립하려 했으나, 그는 끝까지 주왕에 대한 충성을 버리지 않았다. 그러나 기원전 1057년 희창의 아들 희발(姬發)은 강태공 등과 더불어 주왕을 없애기 위해 정벌에 나섰고, 대세가 기운 것을 안 주왕은 불구덩이에 뛰어들어 자살했다. 주왕의 자살과 함께 상나라는 멸망하고 반란에 성공한 희발은 주(周)나라를 세우게 되는데, 그가 바로 주나라 무왕(武王)이다.

초기의 상나라는 크게 번성했다. 별다른 지배이념이 없었던 당시에 상나라 왕은 점술과 점복(占卜)에 국가 정책 등을 의존했다. 말하자면 샤머니즘을 통해 나라를 다스린 것인데, 샤먼(무당)이나 점복사는 거북 등딱지를 사용해 국가의 미래를 점쳤다. 등딱지에 여러 가지 기호나 어떤 모양(상형)을 표시했는데 그것이 바로 갑골문자(甲骨文字)다. 상나라가 중국 역사에 크게 기여한 점은 한자(漢字)의 모태를 만들어낸 것이라고 할 수 있다.

포사褒姒

상나라를 멸망시킨 주나라는 상당히 체계가 잡힌 강국이었다. 호경(鎬京, 지금의 시안)을 도읍으로 삼은 주나라는 많은 제후국을 거느린 강력한 국가였다. 주나라는 유교를 통치이념으로 내세우고 봉건제도를 확립시켜 왕권을 크게 강화했다. 여러 제후국으로부터 조공을 받고 군사적 지원을 받으며 탄탄한 국력을 다져나간 안정된 나라였다. 그러나 주나라 말기에 이르러 기강이 해이해지고 기반이 많이 흔들렸다. 그런 배경에는 포사(褒姒 또는 褒姒)라는 악녀가 있었다. 그녀 또한 주나라의 멸망을 앞당긴 원흉인 악녀였다.

주나라의 마지막 임금은 유왕(幽王)이었다. 그는 막강한 권력을 악용해서 과도한 세금을 거둬들이는 등 폭정으로 백성에게 많은 고통을 주고, 조금이라도 반발하거나 불만을 나타내면 가차 없이 처형하는 폭군이었다. 그뿐만 아니라 지나치게 사치스럽고 방탕한 생활로 밤낮을 지새웠다.

그리하여 날이 갈수록 백성들의 원성이 높아지자 포향(褒珦)은 죽음을 무릅쓰고 유왕에게 직언을 했다. 그러자 몹시 화가 난 유왕은 포향을 당장 옥에 가두고 곧 처형하려고 했다. 그의 아들 홍덕(洪德)이 부친을 구출하기 위해 천하의 미녀를 유왕에게 바쳤다. 그녀가 바로 포사다.

청대 문인이 지은 인물 목판화 책 『백미신영도전(百美新詠圖傳)』에 묘사된 포사

포사를 본 유왕은 한눈에 반해 넋을 잃고 이렇게 말했다. "깊고 우수에 찬 두 눈, 도톰한 붉은 입술, 갸름한 얼굴, 비단결같이 흰 살결…." 유왕은 당장 포사를 후궁으로 삼았다. 많은 후궁 가운데 오직 포사만 총애하며 그녀와 하루도 떨어지지 않고 온갖 쾌락을 즐겼다.

그런데 남의 속죄의 대가로 궁중에 들어온 포사는 한 번도 웃는 일이 없었다. 유왕은 그녀에게서 쾌감을 얻고 즐거워했지만, 전혀 웃지 않는 것이 부담스러웠다. 어떡하면 포사를 웃게 할 수 있을까 하는 것이 유왕의 가장 크고 시급한 걱정거리였다. 유왕은 포사를 한 번 웃게 하는 사람에게 천금 상을 내리겠다고 선포했다.

그러자 한 신하가 나서며 "봉화를 올려 제후들이 군대를 동원해 밤을 새워 달려오게 한 다음, 적이 침입한 일이 없는 것을 알고 어이없어 뿔뿔이 흩어져 돌아가는 것을 보면 웃지 않을 수 없을 것"이라고 말했다. 유왕이 별궁에서 놀며 저녁에 봉화를 올리자 제후들이 군대를 동원하여 달려왔다가 어이없어하며 돌아갔다. 그 모습을 본 포사는 깔깔대며 웃었다. 유왕은 그에게 천금 상을 내렸다. 그 후에도 유왕은 포사를 웃기려고 툭하면 봉화를 올렸고, 그때마다 군사를 이끌고 달려온 제후들은 헛걸음쳤다.

여기서 천금매소(千金買笑)라는 고사성어가 생겨났다. 직역하면 '천금을 주고 웃음을 사다'라는 뜻으로, 포사를 웃게 하려고 천금을 들여 봉화를 헛되이 올리듯이 쓸데없는 곳에 돈을 낭비함을 비유하는 말이다. 다음과 같은 한시(漢詩)도 전한다. "…지금 이곳의 정사(政事)는 어찌 이와 같이 사나운가/ 들불이 한창 번져가면 어떤 사람인들 끌 수 있겠는가/ 성대했던 주나라 왕실을 유왕의 애첩 포사가 망치고 있구나…."

그러다 포사가 유왕의 아들을 낳았다. 그때 정비인 왕후가 낳은 아들이 태자로 책봉되어 있었다. 그런데 총애하는 포사가 아들을 낳자 유왕은 왕후와 태자를 폐하고 포사를 왕후로 그 아들을 후계자로 삼았다. 왕후와 친척들에게는 참을 수 없는 굴욕이었다. 그들은 울분을 견디지 못하고 북방의 유목민인 오랑캐 견융(犬戎)을 은밀하게 끌어들여 반란을 일으켰다. 상황이 다급해지자 유왕은 급히 봉화를 올려 제후와 군사를 집결시키라고 명령했다. 그렇게 봉화를 올렸지만 아무도 나타나지 않았다. 또 거짓 봉화이려니 생각하고 제후들이 아예 출정하지 않은 것이다.

결국 견융족이 주나라를 무너뜨렸고 유왕은 아들과 함께 붙잡혀 살해되었다. 주나라는 그렇게 패망하고 역사에서 사라지면서 춘추전국시대로 이어졌다. 그 후 주나라의 유민이 동주(東周)를 세웠지만 그리 오래가지 못했다.

포사는 어떻게 되었을까? 유왕과 태자를 처형한 견융의 수장이 그녀를 겁탈하고 죽였다는 설, 견융의 수장이 자기 아내로 삼으려고 했지만 거부하고 자살했다는 설, 견융의 여러 장수에게 겁탈당하고 자살했다는 설 등 여러 이야기가 있다. 포사가 어찌 되었는지는 분명치 않다. 그런데 포사가 악녀가 된 연유도 불분명하다. 포사는 단지 웃지 않았을 뿐이고, 유왕이 온갖 행동을 벌였다. 왜 포사가 악녀일까.

여태후呂太后

말희·달기·포사는 어딘지 전설적이거나 작위적인 요소들이 스며 있는 것 같고 소행도 서로 비슷하다. 그러나 여태후(呂太后)는 전혀 다르다. 그녀는 확실한 실존 인물로 기록에 남은 중국 최초의 황후이며, 중국 최초의 황태후이자 태황태후다. 여태후는 당의 측천무후, 청의 서태후와 함께 '중국 3대 악녀'로 꼽히기도 한다.

기원전 202년 유방(劉邦)이 중국을 통일하고 한(漢)나라를 세웠지만, 그것이 온전히 그의 능력 때문이라고 말하기는 어렵다. 그가 황족으로 일컫는 유씨 후손이며 덕성과 포용력이 있었는지는 몰라도 그를 보좌하는 뛰어난 신하들이 없었으면 천하 통일은 불가능했다. 유방은 황제에 올라 축하연을 벌이며 말했듯이 소하(蕭何)·장량(張良)·한신(韓信)이 없었으면 중국 통일은 불가능했다. "나는 장량처럼 교묘한 책략을 쓸 줄 모른다. 소하처럼 행정을 잘 살피고 군량을 제때 보급할 줄도 모른다. 그렇다고 병사들을 이끌고 싸움에서 이기는 일을 잘 하느냐 하면, 한신을 따를 수 없다." 이처럼 소하는 통치력과 행정력에서 탁월했고, 장량은 아무도 흉내 낼 수 없는 빼어난 지략가로 최고의 참모였으며, 한신은 당대 최고의 명장이있다. 유방에게는 또한 영포(英布)·번쾌(樊噲) 등과 같이 전투에서 결코 물러서지 않는 맹장들이 있었다.

초나라 항우(項羽)와의 수많은 전투에서 유방은 여러 차례 위기에 몰렸고 붙잡히기도 했다. 그때마다 유방을 구출한 것은 뛰어난 그의 부하들이었다. 유방은 우유부단하고 여색을 밝히고 여러 차례 무능한 모습을 보이는 등 단점과 역사적 오점이 많다. 그런데 말로써 표현하기 어려운 여태후의 온갖 악행은 한나라의 가장 큰 오점이라고 할 수 있을 것이다.

중국을 통일하고 초대 황제가 된 한고조(漢高祖) 유방은 속된 말로 '별 볼 일 없는 사람'이었다. 가난한 농민 출신으로 농사를 지으면서 정장(亭長)이라는 말단직 관리였다. 정장은 10리마다 설치된 정(亭)에서 도둑을 물리치거나 체포하고 여행객을 관리하고 민사를 처리하는 하급 관리였다.

더구나 유방은 조(曹)씨 성을 가진 아내와 아들까지 있었다. 그런데 어느 날 부유하고 지체 높은 여공(呂公)이 길을 지나다가 우연히 유방을 보고 장차 황제가 될 관상임을 알아차리고 자기 딸 여치(呂雉)와 혼인시켰다고 한다. 여치가 바로 훗날의 여태후다. 그 당시는 일부다처가 가능했다.

부잣집 딸 여치가 가난한 유방에게 시집와서 처음에 고생한 것은 사실이다. 조강지처인 조씨와 농사도 짓고 가난한 살림을 꾸려가려니까 여치로서는 아버지를 원망하지 않을 수 없었다. 오직 유방이 황제가 될 관상이라는 말만 믿고 견뎌냈다.

그 무렵 정장 유방은 상부의 지시로 여러 죄수를 호송하게 되었다. 그런데 정장이 별로 다부지지 못한 것을 알아차린 죄수들이 탈출했다. 유방은 덜컥 겁이 났다. 문책을 당하고 처벌받을 것이 뻔했기 때문이다. 그래서 술 한잔을 걸치고 술김에 아예 죄수들을 모두 풀어주고 자기도 도망쳤다.

그러자 오갈 데 없는 여러 명의 죄수가 유방을 따랐다. 그 숫자가 차츰 늘어나 30여 명에 이르러 유방은 마치 조직폭력배 두목과도 같았다. 더구나 유방의 운이 트였는지 그 무리가 날이 갈수록 점점 늘어나 무려 300명 가까이 되는 강력한 세력이 되었다. 이 세력을 기반으로 유방은 유능한 인재와 뛰어난 무장을 모아 치열하게 맞싸웠던 강력한 경쟁자 항우를 물리치고 한나라를 세웠다.

항우와의 대결은 일진일퇴를 거듭했다. 여색을 남달리 밝혔던 유방은 그런 치열한 전쟁터에 여치를 데리고 다녔다. 함께 도망치기도 했지만, 여치는 붙잡혀 인질로 오랫동안 곤욕을 치르기도 했다. 그렇게 그들은 생사고락을 함께했다. 유방이 아직 중국을 통일하기 전 한나라의 왕이 되었을 때 여치는 조씨를 밀어내고 왕비가 되었고, 자신이 낳은 아들 영(盈)을 태자로 앉혔다. 유방은 우유부단한 성품 탓도 있지만, 자신과 생사고락을 같이한 여치의 요구를 들어주지 않을 수 없었다.

마침내 유방은 중국을 통일하고 한나라의 황제에 올랐다. 여치와 혼인한 지 10년 만이었다. 유방은 여치와 혼인한 지 3년이 되던 해 반란군을 결성해서 진나라에 대항하기 시작했고, 또 3년 뒤에는 진나라의 수도를 함락시키면서 한왕(漢王)이 되었다. 그리고 4년 뒤에 항우를 쓰러뜨리며 중국을 통일하고 황제가 된 것이다. 그리고 여치는 황후의 자리에 올랐다. 그때부터 그녀의 잔인한 행동이 시작되었다.

유방 즉 한고조가 대업을 이룩하고 황제가 되는 데 크게 공헌한 개국공신이 많았다. '3걸'로 손꼽는 소하·장량·한신을 비롯해 팽월(彭越)·영포, 번쾌 등 뛰어난 장수들도 모두 개국공신이있다. 개국공신에게는 합당한 보상이 주어졌다. 통일된 중국은 넓고 컸다. 개국공신은 대부분 왕위가 주어져 여러 크고 작은 나라를 다스리는 왕이 되었다.

그러나 여황후는 그들이 거슬렸다. 만약에 유방이 죽게 되면 자기가 낳은 태자가 황위에 올라야 하는데, 나이가 너무 어렸다. 그래서 유방이 죽으면 개국공신이 개입해서 다음 황제를 결정할 가능성이 충분했다. 그러면 나이가 너무 어린 태자에게는 매우 불리한 상황이 펼쳐질지도 모를 일이었다. 여황후는 개국공신을 숙청할 결심을 한다.

첫 대상이 강직한 명장 한신이었다. 그때 한신은 초왕(楚王)이었다. 여황후는 그에게 한고조를 죽이려는 역모를 꾸미고 있다는 터무니없는 억지 구실을 만들어 기습적으로 잡아들여 처형했다. 한신뿐만 아니라 그의 삼족을 멸족시켰으니 얼마나 악독한가. 한신은 처형되면서 "여황후 때문에 이런 사태가 올 것을 예상하고 미리 계책을 쓰려고 했지만 그러지 못해 여자에게 당하는구나" 하면서 한탄했다고 한다.

다음은 장량이었다. 하지만 두뇌가 명석하고 지략이 뛰어난 그는 반드시 여황후의 악랄한 횡포가 있을 것을 내다보고 일찍이 개국공신으로서의 보상이나 직책을 모두 사양하고 물러나 초야에 묻혀 은둔생활을 하고 있었으므로 참사를 모면했다.

여황후의 다음 대상은 팽월이었다. 팽월은 원래 한나라의 장수는 아니었지만, 수하의 군사들과 함께 귀순해서 산전수전 다 겪으며 끝까지 유방을 지킨 나이 많은 명장이며 개국공신이었다. 그는 양나라 출신이기에 양왕(梁王)에 봉해졌는데, 여황후는 한신과 똑같이 역모를 획책하고 있다는 거짓된 죄목으로 그를 처형하고 삼족을 모두 죽여 멸문시켰다. 여황후의 악독하고 끔찍한 악행은 거기서 끝나지 않았다. 팽월의 목을 자르고 시신을 토막 내 잘게 썰어서 소금을 치고 젓갈을 만들었다. 그리고 그 인육 젓갈을 18명이나 되는 모든 제후에게 보냈다. 모반하면 모두 젓갈로 만들겠다는 경고였다.

위기 때마다 유방을 구출했던 9척 거구의 명장 번쾌는 여황후의 동생과 혼인했기에 친척이었다. 그렇지만 여황후는 번쾌도 죽이려고 했다. 그러나 병에 걸려 죽는 바람에 그는 피비린내 나는 참살을 면했다.

이렇게 토사구팽(兎死狗烹)이 계속되자 역시 개국공신으로 회남왕(淮南王)에 봉해졌던 영포가 크게 분개해서 반란을 일으켰다. 그는 결코 만만한 상대가 아니었다. 상황이 갈수록 악화되자 유방이 직접 군대를 이끌고 나가 간신히 진압했다. 하지만 유방은 빗나간 화살을 맞아 부상당했다.

여황후의 악행은 끝이 없었다. 자기 아들이 황제가 되는 데 걸림돌은 모조리 제거하려고 했다. 심지어 유방의 다른 부인들과 그들이 낳은 자녀들도 죽였다. 만약의 경우에 일어날 후환을 완전히 제거하려는 속셈이었다. 그리고 모든 중신을 자신의 일가친척으로 채워 여(呂)씨 천국을 만들었다.

한고조는 우유부단하고 무능력했다. 여황후의 온갖 횡포와 만행을 전혀 제지하지 못했다. 자신이 중국을 통일하고 황제가 되는 데 절대적으로 기여했던 여러 개국공신이 처참하게 살해당해도 속수무책이었다. 그러면서도 그는 여전히 여색에 빠져 있었다.

척부인(戚夫人)은 유방이 중국을 통일하기 전 진나라의 수도 함양을 함락하고 한왕이 되었을 때 얻은 부인이었다. 당시 여왕후를 비롯해 여러 명의 왕비가 있었지만, 그는 또 척부인을 얻었다. 그 뒤 유방은 척부인에게 푹 빠져서 여러 부인을 제쳐두고 오직 그녀만 총애했다. 어디를 가더라도 척부인을 데리고 다녔다.

유방은 척부인과 사이에서 아들 여의(如意)를 낳았다. 그러자 척부인은 자신이 낳은 아들을 태자로 책봉해달라고 유방에게 매달렸다. 유방은 태자를 바꾸는 문제를 중신들과 의논했지만 심한 반대에 부딪혔다. 또 여황후의 극렬한 반발을 막을 수도 없었다. 질투심에 불타는 그녀가 척부인에게 무슨 악행을 저지를지 몰라서 결국 이러지도 저러지도 못하고 어물어물 세월을 보내고 있을 때 영포의 반란군을 진압하다가 화살을 맞은 것이다. 그리고 화살 맞은 상처가 도져서 그다음 해인 기원전 195년 유방은 파란만장했던 삶을 마감했다. 그의 나이 62세, 황제가 된 지 8년 만이었다.

태자였던 여황후의 아들 영이 황위에 올랐다. 한나라의 제2대 황제 혜제(惠帝)다. 그의 나이 겨우 열여섯 살이었다. 여황후는 이제 황제의 어머니 태후로서 여태후(呂太后)가 되었다. 그녀를 가로막는 것은 아무것도 없었다. 나이 어린 황제를 앞세우고 섭정하면서 모든 권력까지 움켜쥐었다. 그녀가 태후가 되면서 가장 먼저 한 일은 척부인과 여의를 없애는 것이었다.

그즈음 척부인의 아들 여의는 먼 곳에 있었다. 여의를 태자로 앉히려다 심한 반발로 뜻을 이루지 못한 유방은 자신이 죽으면 그가 여황후에게 숙청당할 것을 우려해서 멀리 조나라의 왕으로 보냈다. 그리고 나이가 어렸기 때문에 중신 한 사람을 조나라 재상으로 임명해서 여의를 보살피도록 지시했다.

여태후는 여의를 궁으로 불렀다. 그때 조나라 재상은 여태후의 속셈을 눈치채고 병을 핑계로 세 번이나 거절했다. 그러자 여태후는 재상을 소환해 태후의 명을 거역한 죄로 처형해버렸다. 자신을 보호해줄 재상이 죽자 여의는 어쩔 수 없이 여태후의 부름에 응했다. 하지만 여태후가 여의를 죽일 것이라고 짐작한 혜제는 궁궐 앞에서 기다리다가 이복동생인 여의를 자기 처소로 데리고 가서 그곳에서 머물게 했다. 아무리 기세등등한 여태후라도 어쩔 수 없었다. 하지만 혜제가 잠시 사냥 나간 사이에 기어코 여의를 독살했다. 그때 여의의 나이는 고작 열두 살이었다.

혜제가 즉위한 후 곧바로 척부인은 여태후의 명으로 태형을 받은 뒤 머리가 깎이고 죄지은 궁녀들을 가두는 영항(永巷)에 감금되어 쌀을 찧는 형벌을 받았다. 여태후는 여의를 독살한 뒤 시신을 수습해서 환관 두 명과 함께 척부인이 갇힌 감옥으로 가서 여의의 시신을 희롱하듯 다루며 척부인에게 보여주었다. 척부인은 너무 큰 충격으로 기절할 정도였다. 그리고 이제 자신이 죽을 차례라는 것을 직감하면서 자기를 빨리 죽이라고 소리쳤다.

이후 여태후는 척부인에게 유례를 찾아볼 수 없는 아주 끔찍한 형벌을 내렸다. 척부인의 손발을 자르고, 눈알을 파내고, 귀에 유황을 부어

고막을 태워버린 뒤, 혀를 자르고 벙어리가 되는 약을 강제로 먹여 돼지우리 겸 뒷간에서 살게 한 것이다. 사람이라고 할 수조차 없을 만큼 처참한 꼴이 된 척부인은 인체(人彘, 사람돼지)라 불렸다. 이것이 『사기』의 기록이다. 이 사건으로 인해 이후 중국에서 돼지를 지칭할 때 체(彘) 자를 쓰지 않아 사어화되었다는 주장이 있을 정도로 그 잔인함은 극에 달했다.

다음 날 무슨 연유에선지 여태후는 혜제에게 척부인을 보여주었다. 혜제는 도저히 인간이라고 할 수 없는 형체가 척부인이라는 것을 알고 충격에 빠져 정신을 잃고 말았다. 이후 혜제는 모든 정무를 집어던지고 주색에 빠져들었다. 그 뒤 척부인이 어떻게 되었는지는 기록되어 있지 않지만, 형벌의 내용을 고려하면 얼마 살지 못하고 죽었을 가능성이 크다.

여태후에게는 아직 해야 할 일이 있었다. 혜제의 황후는 장(張)씨 성의 남성에게 시집간 누나의 딸이었다. 즉 혜제는 조카와 혼인한 것이다. 고대에는 동서양을 막론하고 혈통을 유지하기 위해 근친혼이 많았으니까 특별히 언급할 사항은 아니다. 하지만 그들 사이에는 자식이 없었다. 빨리 태자를 낳아야 하는데 손이 없으니 여태후는 크게 걱정했다.

중국의 황제는 황후와 후궁 등 공식적으로 120여 명의 부인과 수많은 궁녀를 곁에 둘 수 있었다. 여태후가 살펴보니 뜻밖에 임신한 여성이 여럿 있었다. 여태후는 그들을 특별히 관리하며 그들이 낳은 아이를 황제가 낳은 아이로 둔갑시켰다. 그와 함께 아이를 낳은 후궁을 모조리 죽이고 상대방 남성도 찾아내 모두 죽여버렸다. 그런 방법으로 아이를 낳지 못하는 혜제와 장황후의 아들로 둔갑한 아이가 여섯 명이나 되었다.

여태후의 끝없는 살인과 횡포에 질려버려 정사를 내던지고 주색에 빠져 있던 혜제는 결국 병을 얻어 사망했다. 황제가 된 지 7년 만인 스물세 살 때였다. 여태후는 주저 없이 가짜아들 가운데서 공(恭)으로 황위를 잇게 하고 나머지 다섯 명은 모두 먼 곳으로 보내버렸다. 그 다섯 명의 나이는 고작 다섯 살 안팎이었다.

그런데 황위에 오른 지 4년째 되었을 때 공은 자신이 장황후의 아들이 아니고 생모는 여태후에게 죽임을 당했다는 사실을 알게 되었다. 그는 크게 분노하며 여태후에게 강한 원한을 갖게 되었다. 하지만 그 사실을 전해들은 여태후는 당장 어린 황제를 가두고 굶겨 죽였다고 한다. 그리고 나이 어린 홍(弘)을 황위에 앉혔다. 그러나 그 역시 4년밖에 그 자리에 있지 못했다. 어찌 되었든지 어린 공과 홍을 합쳐 소제(少帝)라고 추증했지만, 한나라의 역사에서 그들의 재위 기간을 제외하는 경우가 많다고 한다.

한고조 유방이 죽은 뒤에는 사실상 여태후가 황제였다고 해도 과언이 아닐 것이다. 모든 권력을 마음껏 휘두른 그녀는 한나라의 중신은 말할 것 없고 병권(兵權)까지 여씨 일가에게 맡겼다. 소제 이후의 황후도 모두 여씨 일가에서 간택했다. 유방은 죽으면서 유언으로 황제는 유(劉)씨로 뒤를 이으라고 했지만, 여태후는 완전한 여씨의 나라로 만들려는 속셈이었는지도 모르겠다.

그러나 모든 세상사는 시작이 있으면 끝이 있기 마련이다. 여태후의 나이도 일흔이 넘었다. 그녀가 어느 날 궁 밖으로 나가려는데 갑자기 개 한 마리가 달려들어 겨드랑이를 물었다. 상처가 제법 커서 여태후는 자리보전을 했다. 그것이 중국 최고 악녀의 마지막이었다. 여태후는 자신이 독살한 척부인의 아들 여의의 귀신이 나타났다며 부들부들 떨면서 눈을 감았다고 한다.

유방이 죽은 지 16년 동안 추정할 수 없을 정도로 많은 사람을 잔인하게 죽이고 온갖 만행과 권력을 휘둘렀던 악녀의 최후였다. 눈을 감기 전에 여의의 귀신이 나타났다며 공포에 질렸다가 죽은 것을 보면 편안하게 죽었다고는 볼 수 없다. 하지만 안타깝게도 마땅히 천벌을 받았다고 볼 수도 없다.

여태후는 여씨가 한나라를 통치할 수 있도록 악랄하고 상상할 수 없는 모든 수단과 방법을 동원해가며 노력했지만 여씨 권력은 오래가지 못했다. 모든 왕족과 제후가 일제히 봉기하여 여태후 일가를 순식간에 몰아내고 유방의 유언대로 유방의 아들 가운데 유항(劉恒)을 황위에 앉혀 왕조를 이어가게 했다. 그가 한나라의 문제(文帝)다.

율리아 아그리피나

Julia Agrippina

네로에 버금가는 그의 어머니

율리아 아그리피나(Julia Agrippina)는 희대의 폭군으로 손꼽히는 로마제국 제5대 황제 네로의 어머니다. 그녀는 당대 최고의 악녀로 손꼽힌다. 모전자전(母傳子傳), '그 어머니에 그 아들'이다.

아그리피나는 어떤 인물일까? 그녀는 로마제국 최고의 로열패밀리로 황제 혈통의 으뜸가는 황족이다. 그녀의 아버지 게르마니쿠스(Germanicus Julius Caesar)는 한때 로마제국 황위 계승 서열 1순위의 군인이자 정치인으로, 이름에서 알 수 있듯이 로마 최고의 영웅 율리우스 카이사르의 혈통이다. 게르마니쿠스는 '게르만을 정복한 자'라는 뜻이다. 게르마니쿠스의 아버지는 게르만족을 격파하면서 게르마니쿠스라는 이름을 얻었고, 그 이름을 가문 대대로 사용했다. 게르마니쿠스도 대장군으로서 라인강 동쪽의 게르마니아(지금의 독일)를 공격해서 정복 직전까지 몰아넣어 로마 시민으로부터 영웅으로 추앙받았다.

칼리굴라 통치 시기에 발행된 그의 세 자매인
드루실라, 리비아, 아그리피나가 새겨진 동전

그녀의 어머니는 빕사니아 아그리피나(Vipsania Agrippina)다. 그래서 율리아 아그리피나는 소아그리피나, 그녀의 어머니는 대아그리피나라고 부른다. 그녀는 유명한 로마의 장군 아그리파(석고상으로 유명하다)의 딸이기도 하다. 대아그리피나의 어머니, 그러니까 소아그리피나의 외할머니는 로마제국의 초대 황제 아우구스투스의 외동딸이다(이 글에서는 소아그리피나를 그냥 아그리피나라고 표기한다). 아그리피나의 오빠는 로마제국 제3대 황제 칼리굴라, 남편은 제4대 황제 클라우디우스, 아들은 제5대 황제 네로였다.

이처럼 엄청난 배경을 가진 여성이 또 있을까? 아그리피나는 그야말로 동서양 어디에서도 찾아보기 힘든 최고의 황족이며 율리우스 카이사르의 혈통을 잇는 후손이었다. 그런 아그리피나가 어찌해서 악녀로 평가받게 되었을까? 어떤 방법으로 권력투쟁과 암투에서 살아남았기에 그런 평가를 받는 것일까?

먼저, 아그리피나의 삶과 여러 가지로 얽혀 있는 로마 제2대 황제 티베리우스를 중심으로 그녀의 가계도를 잠시 살펴보자. 너무 복잡하고 얽히고설킨 이야기지만, 아그리피나의 가족적 배경은 그녀의 삶에 중대한 영향을 미쳤다.

티베리우스의 부모는 한때 아우구스투스 황제의 반대편에 가담했던 이유로 시칠리아, 그리스 등지에서 도망치며 생활했다. 그러나 그가 세 살이 될 무렵 사면령을 받아 로마로 돌아왔다. 티베리우스의 어머니 리비아 드루실라는 명문가의 후손으로 교양도 풍부한 빼어난 미인이었다. 처음 본 순간부터 아우구스투스는 그녀에게 매혹되었다. 얼마 뒤 황후와 이혼한 아우구스투스는 드루실라가 둘째 아이를 임신했는데도 그녀의 남편을 설득해서 억지로 이혼시킨 뒤 그녀와 재혼했다. 그 후 티베리우스는 새로 태어난 동생과 함께 아버지와 살다가 아홉 살 때 아버지가 죽자 어머니와 함께 살게 되었다. 그리고 아우구스투스는 티베리우스 형제를 법적으로는 아니었지만 사실상 양자로 받아들였다.

티베리우스는 그 시대에 드물게 연애결혼했다. 상대는 아그리파의 딸(대아그리피나)이었다. 그들은 사이에 아들을 두고 잘 살고 있었다. 그런데 아우구스투스는 외동딸 율리아의 남편이었던 아그리파가 죽자 티베리우스와 대아그리피나를 이혼시키고 율리아를 티베리우스와 결혼시켰다. 티베리우스는 아그리파의 딸과 이혼하고 장모와 결혼한 셈이었다. 억지 파혼을 하게 된 대아그리피나는 황제의 주선으로 한 차례 재혼했다가 세 번째로 게르마니쿠스와 결혼했다.

그런데 아그리피나의 아버지 게르마니쿠스는 바로 아우구스투스의 외동딸 율리아와 아그리파 사이에서 태어난 아들이었다. 그때까지 아우구스투스의 후계자는 유일한 혈육이라고 할 수 있는 게르마니쿠스였다. 하지만 티베리우스를 외면할 수 없어서 제2대 황제는 티베리우스, 제3대 황제는 게르마니쿠스로 정리했다.

아그리피나는 티베리우스의 주선으로 열세 살 때 결혼했다. 그러나 그녀의 삶은 결코 순탄하지 못했다. 첫 번째 남편은 로마제국의 집정관이었지만 범죄행위로 처형되었고, 두 번째 남편은 일찍 죽었다. 또 아버지 게르마니쿠스마저 갑작스럽게 죽고 말았다.

게르마니쿠스는 성품도 뛰어나고 행실이 겸손해서 일찍부터 기대와 신망을 받고 있었고, 게르만족과의 전쟁에서 여러 차례 큰 공적을 세워 로마 시민에게 영웅으로 추앙받고 있었다. 아우구스투스가 노환으로 죽은 후 황제에 오른 티베리우스도 그를 존중하고 예우했다.

그럴 즈음 로마제국의 통치를 받던 소아시아 지역에서 티베리우스에게 반발하는 큰 소요가 일어났다. 그러자 티베리우스는 군인들에게도 큰 인기가 있는 게르마니쿠스에게 동방 일대 로마 총독들을 총지휘하는 시리아 총독까지 직속 부하로 두는 최고 책임자직을 내렸다. 그리하여 게르마니쿠스가 시리아에 가게 되었다. 그런데 새로운 시리아 총독으로 파견된 그나이우스 칼푸르니우스 피소는 사사건건 게르마니쿠스와 충돌했다. 더구나 그는 성격도 좋지 못하고 폭정까지 자행하여 로마 군인은 물론 현지인의 반감을 샀다.

게르마니쿠스는 시리아에 오자마자 로마 군인의 불만인 장기복무, 급여, 폭력과 학대 등에 대한 시정요구를 수용해서 한층 더 인기가 높아졌다. 그러나 총독 피소와의 갈등은 심해졌다. 피소는 게르마니쿠스의 명령이나 지시를 무시했을 뿐만 아니라 뒤엎은 일이 많았다. 그리고 보는 사람들이 민망할 정도로 제멋대로 행동했다. 그러나 온화하고 겸손한 게르마니쿠스는 자제력을 발휘해 피소와의 갈등을 확대하지 않으려 노력하며 그의 비뚤어진 행동을 묵인했다.

그런데 뜻하지 않은 사건이 일어났다. 어느 날 게르마니쿠스가 갑자기 두통과 고열을 호소하면서 앓아눕더니 숨을 거두고 만 것이다. 건강하던 게르마니쿠스가 급사하자 로마 군인이나 현지 주민은 그를 증오하는 피소가 독살했다며 크게 흔들렸다. 그에 덧붙여 티베리우스가 비밀리에 피소를 사주해서 게르마니쿠스를 독살했다는 소문도 퍼졌다.

더욱이 게르마니쿠스를 추앙하는 로마 시민까지 독살설을 믿게 되자 원로원은 피소를 명령 불복종, 부정부패 및 권력 남용, 아우구스투스와 그 일가에 대한 모독 및 불경 등의 혐의로 기소해서 재판에 넘겼다. 여러 차례의 재판을 거쳐 피소의 게르마니쿠스의 독살 혐의는 무죄 판결을 받았으나 명령 불복종 등의 다른 혐의는 유죄로 선고받았다. 피소는 처벌을 받기 전에 스스로 목을 베어 자살했다.

하지만 게르마니쿠스가 워낙 인기가 높았기 때문에 로마 시민과 많은 사람은 판결을 믿지 않으려 했으며 티베리우스가 황제 후계자인 게르마니쿠스를 제거하기 위해 피소를 사주해서 독살했다는 의심이 널리 퍼졌다. 게르마니쿠스의 아내였던 대아그리피나는 독살설이 소문이 아니라 사실이라고 확신했다. 그녀는 피소를 시켜 게르마니쿠스를 죽인 첫 번째 남편이기도 한 티베리우스에게 복수하겠다며 그와 대립했으며, 그 와중에 그녀와 두 아들 등이 사망했다.

아그리피나도 아버지가 독살되었다고 굳게 믿었다. 최고의 황족이면서도 순종적이고 아무 말썽이 없었던 그녀가 갑자기 변하게 된 계기라고 할 수 있다. 아그리피나의 두 번째 남편이 갑자기 죽었을 때도 그녀가 독살했다는 소문이 널리 퍼졌었다. 그러한 독살설이 사실인지 유언비어인지 모르지만, 모두 권력 다툼과 관련이 있었을 것으로 짐작된다. 그녀는 권력투쟁이 얼마나 가혹하고 살벌한지를 깨달았고, 밀려나면 죽음뿐이라고 생각했다. 반드시 권력투쟁에서 이기고 권력을 잡아야 한다고 결심하며 악녀의 길을 걷게 된 것은 이날끼.

티베리우스는 비교적 무난하게 통치했다. 끊임없는 정복 전쟁으로 영토를 확장하던 정책을 포기하고, 재정 낭비를 줄이는 등 현상 유지에 최선을 다했다. 그에 따라 로마제국은 안정을 유지할 수 있었다. 그러나 노년에 이르러 아들이 죽자 실의에 빠진 티베리우스는 은둔생활을 하며 나폴리에 머물렀다.

티베리우스는 당시로는 드물게 장수했지만, 아들도 죽어 마땅한 후계자가 없었다. 그리하여 그는 대아그리피나의 아들이자 아그리파나의 오빠인 가이우스 카이사르를 후계자로 지목했다. 그는 무려 10여 년 동안 나폴리에 머물다가 티베리우스가 사망하자 황제에 올랐다. 바로 제3대 로마 황제 칼리굴라다.

37년, 칼리굴라가 로마제국 황제에 즉위하자 어느덧 스물두 살이 된 아그리피나는 정치적 영향력을 얻게 되었다. 그리고 그해 말 아들을 낳았다. 그 아들이 훗날의 네로 황제다. 그런데 칼리굴라는 즉위한 지 일 년도 안 돼 온갖 기괴하고 끔찍한 만행을 자행하기 시작했다. 그는 해외 원정의 실패로 재정 상태가 나빠지자 로마의 유력자들을 체포·투옥·고문·추방한 후 재산을 몰수했다.

처음에 칼리굴라의 즉위를 적극 지지하며 환호성을 올리던 로마 시민도 고개를 돌리고 칼리굴라를 노골적으로 비난했다. 아그리피나는 황제의 자리를 노리기 시작했다. 그리하여 직접 칼리굴라 비난에 앞장서서 반역세력들을 부추겼다. 그녀로서는 처음으로 정권 투쟁에 나선 것이다.

이 사실을 알게 된 칼리굴라가 아그리피나와 그 동조자들을 체포했다. 그리고 모든 재산을 몰수하고 섬으로 추방했다. 칼리굴라가 집권한 지 2년 만의 일이다. 아그리피나는 아무 기약도 없는 유배 생활을 하게 되었지만 크게 낙심하지는 않았다. 그녀는 반드시 기회가 올 것으로 확신했다. 칼리굴라가 지금처럼 온갖 폭정과 미치광이 짓을 하면 결코 오래가지 못할 것이라고 확신했다.

그녀가 바라던 기회는 예상보다 빨리 왔다. 칼리굴라가 집권 4년 만에 암살당한 것이다. 그리고 아그리피나의 삼촌 클라우디우스가 제4대 황제가 되었다. 이후 아그리피나는 유배에서 풀려나 다시 로마로 돌아올 수 있었다. 그뿐 아니라 더 기쁜 소식이 있었다. 아그리피나가 로마로 돌아와 권력의 핵심이 될 기회를 노리고 있을 때 클라우디우스의 아내 메살리나가 반역죄로 체포되어 사형당하는 일이 벌어졌다.

사실 메살리나도 평범한 여성은 아니었다. 그녀는 거만하고 허영심이 가득했을 뿐만 아니라, 물욕에 대한 집착이 아주 강해 여차하면 고발을 일삼고 그 때문에 유죄선고를 받은 사람들의 재산을 가로챘다. 또 메살리나는 여러 황족에게 누명을 씌워 죽이고 핍박하기도 서슴지 않았는데, 아그리피나와 그녀의 아들 네로를 죽이려고 온갖 술수를 동원했다고 한다. 그리고 41년 세네카(Lucius Seneca)를 아그리피나의 여동생 율리아 리빌라와 간통했다는 혐의로 고발하여, 리빌라를 추방하는 동시에 황실에 위협적인 인물이었던 세네카를 코르시카로 추방하기도 했다. 그러나 메살리나는 결국 반역을 모의한 혐의로 황제의 측근들에게 살해되어 생을 마감했다. 일설에는 아그리피나가 메살리나에게 반역죄를 덮어씌워 처형하는 데 가담했다고 한다.

아무튼지 클라우디우스는 새로운 황후를 맞으라는 독촉에 황제의 정통성과 혈통을 위해서 아그리피나를 선택한다고 밝혔다. 아그리피나와 클라우디우스의 결혼에 원로원과 로마 시민은 심하게 반발했다. 당시 로마의 법률에 따르면 숙질 간의 혼인은 불법이었기 때문이다. 클라우디우스는 게르마니쿠스의 친동생으로 아그리피나에게는 친삼촌이었다. 하지만 클라우디우스는 자신의 결정을 밀어붙이며 원로원의 지지를 얻어 아그리피나와 결혼했다. 그렇게 49년 서른네 살의 아그리피나는 황후의 자리에 올랐고 미성년이었던 네로도 어머니를 따라 황궁에서 살게 되었다.

아그리피나가 첫 번째 한 일은 황제를 설득해서 친아들을 밀어내고 자기의 아들 네로를 후계자로 앉히는 것이었다. 그녀는 클라우디우스의 딸 옥타비아와 네로를 결혼시켰다. 마침내 네로는 클라우디우스의 합법적인 양자가 되었고, 아그리피나는 추방된 세네카를 불러들여 아들의 교육을 맡게 했고, 부루스(Sextus Afranius Burrus)를 근위대장에 임명했다.

드디어 아그리피나가 뜻대로 권력을 행사할 수 있는 기반이 어느 정도 마련되었다. 이제 나이 어린 네로가 황제가 된다면 자신은 황태후로서 거대한 로마제국을 통치하는 최고의 권력자가 될 것이었다. 아그리피나는 한껏 꿈에 부풀어 정치적 음모를 꾸몄다. 말하자면 하루라도 빨리 네로를 황제로 만드는 프로젝트였다.

그렇게 세월이 흐른 어느 날 저녁, 클라우디우스가 평소 좋아하던 버섯 음식을 먹은 후 갑작스럽게 세상을 떠났다. 단번에 아그리피나가 독살했다는 소문이 퍼져나갔다. 식중독으로 죽었다는 설명은 전혀 설득력이 없었다. 네로가 빨리 황제가 되어야 섭정을 할 수 있는 아그리피나가 더 기다리기 어려워 예순을 넘긴 클라우디우스를 독살했다는 주장이 훨씬 설득력이 있었다. 역사에서는 대체로 아그리피나가 황제를 독살했다는 주장을 사실로 받아들이는 것 같다.

드디어 54년 이미 후계자가 되어 있던 네로가 제5대 로마 황제에 올랐다. 그때 네로는 열여섯 살이었다. 아그리피나는 당당하게 섭정을 시작했다. 그녀가 그토록 원했던 지위에 오른 것이다. 그녀는 평소에 거슬리고 갈등을 빚었거나 권력 다툼이 우려되는 황족을 과감하게 숙청함으로써 악명을 높였다.

그녀가 얼마나 기고만장했는지 잘 보여주는 것이 금화(金貨)였다. 당시 로마제국이 발행하는 금화에는 황제의 얼굴만 넣었는데, 네로 황제의 금화에는 아그리피나가 자기 얼굴까지 넣은 것이다. '내가 네로를 황제로 만들었고 내가 섭정을 하고 있으니 나는 황제나 마찬가지'라는 오만함의 표현이 아니었을까.

그러나 아그리피나가 모든 권력을 움켜쥐고 정부를 통제하고 무엇이든 자기 뜻대로 독재의 횡포로 로마제국을 공포 분위기에 몰아넣고 폭정을 하자 누구보다 먼저 세네카 등 그녀와 함께 네로를 황제로 앉힌 세력이 반발하면서 아그리피나의 타도를 외쳤다.

그런 상황에서 네로가 포파이아 사비나(Poppaea Sabina)와 결혼하기 위해 옥타비아 황후를 몰아내려고 했다. 그러나 네로의 정통성이 클라우디우스의 사위라는 지위와 아우구스투스의 피를 이었다는 점에 기반한다

네로 황제와 아그리피나의 얼굴을 새긴 동전.
아그리피나는 이 동전을 통해 공동 통치자의 면모를 드러내고 있다.

고 여긴 아그리피나는 옥타비아와의 관계를 중요시했다. 점차 어머니의 영향력에서 벗어나 실권을 잡으려는 네로와 아그리피나의 감정 대립은 최악으로 치달았다.

그러다 네로가 아그리피나의 측근들을 파면하거나 처형하면서 그들 모자 관계는 정적 관계로 바뀌고 말았다. 아그리피나는 통제되지 않는 친아들 대신 정상적인 상황이라면 당연히 황제가 되어야 할 브리타니쿠스를 권좌에 앉히겠다고 협박하며 네로의 폐위까지 거론했다. 그리고 자신에게 호응하는 세력을 모으기 시작했다. 아그리피나의 발언과 행동이 단순한 협박이 아님을 느낀 네로는 결국에는 브리타니쿠스와 아그리피나를 죽이려는 계획을 세웠다. 우선 네로는 하수인을 시켜 독을 이용해 몇 차례의 시도 끝에 브리타니쿠스를 암살했다. 그리고 다음 차례는 아그리피나였다. 어찌 보면 네로도 문제지만 아그리피나의 자업자득이었다.

네로는 화해한다는 명목으로 아그리피나를 나폴리만 해안가의 휴양지로 초청해 배 위에서 잔치를 베풀었다. 그날 밤 네로는 자신의 측근과 빠져나온 후 배를 침몰시켰는데, 아그리피나는 배가 침몰하기 직전에 헤엄쳐 나왔다. 그러자 네로는 아그리피나가 머무는 숙소에 자객을 보내 살해했다. 자신을 죽이러 온 자객 앞에서도 아그리피나는 당당했다고 한다. 악녀의 최후였다. 당시 그녀의 나이는 마흔넷이었다.

로마인은 당연히 여성이 정치적 지위와 권력을 갖는 것을 좋아하지 않았을 것이다. 자신의 지위를 이용하여 치열한 권력투쟁의 현장 한복판에서 정치적 감각이 뛰어났던 여성이 살아남기 위해 할 수 있는 일은 과연 무엇이었을까. 훗날 역사가들은 아그리피나의 비극은 자신의 혈통에 대한 지나친 자부심과 어렸을 적 불행한 경험 등에서 연유한 강한 권력욕 때문에 일어났다고 평가했다. 그러한 권력욕이 그녀를 악녀로 만들고, 결국 아들의 손에 죽는 불행한 최후를 맞게 했다는 것이다.

아그리피나 콤플렉스(Agrippina complex)라는 정신분석 용어가 있다. 어머니의 지나친 집착에 대한 아들의 반발·혐오 등을 일컫는 말이다. 아그리피나의 비극적인 최후는 아들 네로에게 지나치게 집착한 결과라는 데서 생겨난 용어다. 요즈음에도 잘 키우고 성공시키기 위해서라는 이유로 자녀를 어려서부터 과잉보호하고 모든 행동을 적극적으로 통제하는 어머니가 있다. 그리고 자녀의 패륜 행위가 자주 보도되고 있다. 누구의 잘못인가.

예카테리나 2세

Ekaterina II

자유롭게 성생활을 즐긴 러시아의 여제

18세기 러시아는 유럽의 변방이었다. 유럽은 프랑스, 영국, 프로이센과 이탈리아, 오스트리아 합스부르크 왕가가 화려함과 강대함의 중심이었고 폴란드 등 동유럽과 러시아는 후진국 취급을 받고 있었다. 러시아 남쪽도 마찬가지였다. 러시아가 흑해에서 지중해로 진출할 수 있는 유일한 길목이자 아시아와 유럽을 연결하는 보스포루스 해협과 크림반도 일대는 강력한 오스만튀르크제국의 것이었다.

물론 한때 러시아 부흥의 시기도 있었다. 바로 표트르 대제 때다. 표트르는 "더 이상 러시아가 국력 신장과 영토 확장이 없다면 영원히 유럽의 변방으로 남을 것이다"고 주장하고 강력한 왕권을 발휘하여 스웨덴과의 전쟁을 승리로 이끌며 발트해에 진출했다. 또한 프랑스와 프로이센 등 서유럽의 신기술을 배우려 본인이 신분을 속이고 직접 프로이센에 가기도 했었다.

하지만 표트르 대제 사망 이후 권력이 바뀌면서 러시아의 개혁과 성장은 정체기를 맞았다. 표트르 대제 사후 왕후 예카테리나 1세가 즉위했다. 그녀는 궁정의 호화로운 삶에만 관심이 있을 뿐 정치에는 큰 관심이 없었으며, 2년여 후 폐렴으로 사망했다. 그다음 표트르 2세, 안나 이바노브나, 이반 6세 등을 거쳐 옐리자베타 페트로브나(옐리자베타 여제)가 즉위했다. 총명하고 다재다능했던 옐리자베타 여제는 아버지 표트르 대제의 업적을 물려받아 통치를 비교적 잘해나갔다. 그녀는 평생 결혼하지 않고 러시아 통치에만 몰두하면서 조카 카를 페터 울리히(Karl Peter Ulrich)를 자신의 후계자로 정했다.

프로이센에서 태어나고 자란 카를은 프로이센에 친화적이었고 독일어를 사용했다. 그는 러시아어는 한마디도 하지 못했으며 러시아어 배우기를 싫어했다. 또 무능하고 정신적으로 미숙할 뿐만 아니라 성격이 괴팍했다. 더욱이 그의 종교는 루터교였다. 그는 뜻하지 않게 러시아의 후계자로 러시아로 오게 된 것이다. 그 후 그는 정교회로 개종하고 '표트르 표도로비치'라는 세례명을 받았다.

그 무렵 프로이센 왕국에 '안할트·체르프스트'라는 작은 공국(公國)이 있었는데, 예카테리나 2세는 이 작은 공국 귀족의 딸이었다. 그녀의 본명은 조피 프리데리케 아우구스테 폰 안할트체르프스트(Sophie Friederike Auguste von Anhalt-Zerbst)다. 그녀는 비록 집안은 가난했지만 두 살 때부터 가정교사의 가르침을 받아 프랑스어를 유창하게 구사했고, 다섯 살 때부터 어머니와 함께 궁정에 출입하며 귀족으로서의 소양을 배웠다.

러시아 황실과 스웨덴 왕가의 먼 친척이기도 했던 조피의 어머니는 권력에 대한 야심이 커서 딸을 정략결혼시켜 권력을 얻고자 했다. 그러던 중 1744년 러시아의 옐리자베타 여제가 후계자 표트르의 배우자로 삼으려고 조피를 러시아로 불렀다. 그리고 러시아의 저명한 인사들이 그녀에게 러시아어, 러시아의 역사와 전통 등을 가르쳤다. 그녀 또한 밤늦도록 열심히 러시아어와 역사 등을 익히는 데 몰두했다. 이후 루터교에서 정교회로 개종한 그녀는 '예카테리나 알렉세예브나'라는 러시아 이름을 받았고, 1745년 표트르와 결혼식을 올렸다. 예카테리나는 열여섯 살, 표트르는 열일곱 살이었다.

표트르와 예카테리나 부부의 결혼생활은 처음부터 삐걱거렸다. 무엇보다 성격 차이가 크고 교양과 소양도 차이가 컸다. 예카테리나는 역사·철학·법학 서적, 볼테르·몽테스키외 등 계몽주의의 저작, 그리고 문학작품 등을 섭렵하며 시간을 보냈다. 더불어 사냥, 승마, 무도회 참석 등도 그녀의 주요한 취미가 되었다. 그런데 표트르에게는 다른 여성이 있었다. 예카테리나와 결혼한 뒤에도 그녀를 항상 곁에 두었다. 자연히 부부 사이에 불화가 커서 서로 각방을 쓰는 등 거의 별거 상태였다. 예카테리나도 다른 남성들과 만나기 시작했다. 부부 사이가 그리 좋지 않았지만, 그녀는 결혼 9년 만에 아들을 낳았다. 그리고 3년 후에는 딸을 낳았는데, 표트르는 자신의 딸이 아니라고 주장하면서 부부관계는 결정적으로 틀어졌다. 옐리자베타 여제가 죽은 후에는 부부관계가 완전히 끝난 것이나 다름없는 상태였다.

1761년 옐리자베타 여제가 병으로 사망하자 표트르는 표트르 3세로 황위를 물려받았다. 하지만 그는 황제가 되자마자 프로이센에 강한 애착을 보이며 유화정책을 썼다. 당시 프로이센은 러시아와의 7년에 걸친 오랜 전쟁에서 거의 패배할 상황이어서 큰 위기를 맞고 있었다. 그런데 표트르 3세는 즉위 후 프로이센과의 전쟁을 그만두었다. 이로써 프로이센은 위기에서 벗어날 수 있었다.

또 표트르 3세는 프로이센의 프리드리히 2세에게 복종하는 듯한 태도를 보이고, 러시아군의 제복을 프로이센 군대 제복과 비슷하게 바꾸는 등 친프로이센 정책을 분명히 했다. 그런가 하면 루터교에서 억지로 정교회로 개종한 그는 오히려 정교회 모든 교회의 재산을 몰수하고 국유화했으며, 정교회 성직자에게 전통적으로 길렀던 수염을 깎게 하고 루터교 목사처럼 옷을 입도록 강요했다. 그리고 농노 반란이 이어졌다.

표트르 3세는 정치적으로 무능해서 정책은 잇따라 실패했고 방탕한 생활로 국가 재정을 어렵게 했다. 그러다 그는 즉위한 지 불과 6개월 만에 예카테리나를 지지하는 친위부대와 귀족에 의해 폐위되었다. 그리고 예카테리나가 러시아 군주의 자리에 올랐다. 예카테리나 2세다. 쫓겨나게 된 표트르 3세는 상트페테르부르크 등으로 피신하며 자신을 지지하는 세력을 모으려고 했지만 8일 만에 피살당했다. 표트르 3세를 누가 죽였는가에 대해서는 여러 주장이 있다. 예카테리나 2세의 측근에게 교살당했다는 주장도 있지만, 그녀의 지시에 의한 것인지 아닌지는 밝혀지지 않았다.

1762년 9월 22일, 서른세 살의 예카테리나 2세는 모스크바의 크렘린궁에서 화려한 황제 대관식을 거행했다. 프랑스의 장인에게 의뢰해서 제작한 왕관은 5천 개의 다이아몬드와 75개의 진주 그리고 398캐럿의 첨정석(尖晶石)으로 장식된 세계 최고의 명품이었다.

황제가 된 예카테리나 2세의 치적은 실로 눈부셨다. 국가의 행정 및 법률제도를 정비했고 뛰어난 정치 감각으로 전쟁마다 승리해 영토를 크게 넓혔다. 크림반도와 캅카스까지 영토를 확대했고, 알래스카를 정복하여 아메리카 대륙에도 식민지를 확보했다. 오데사, 세바스토폴 등 새로운 도시도 많이 세웠다. 또 뛰어난 외교정책으로 러시아의 위상을 크게 높였다. 그녀의 치적은 훌륭한 여제였던 옐리자베타 페트로브나는 물론 표트르 대제에 버금가는 것으로 대제의 칭호까지 받았다.

예카테리나 2세는 문화예술의 함양에도 적극적이었으며 취미가 세계의 예술품 수집이었다. 예컨대 베를린의 미술상인에게 225점(또는 317점)에 달하는 그림을 사들였다. 여기에는 렘브란트 13점, 루벤스 11점, 요르단스 7점, 반다이크 5점 등 비롯해 라파엘로, 홀바인, 티치아노 등의 주옥같은 그림이 포함되어 있었다. 그녀는 구입한 그림을 위해 상트페테르부르크 겨울궁전 한쪽에 별궁을 짓도록 했다. 이곳이 현재의 예르미타시(Ermitazh) 박물관이다. 예르미타시 박물관은 영국의 대영 박물관, 프랑스의 루브르 박물관과 함께 세계 3대 박물관으로 손꼽히고 있다.

그러면 이렇게 훌륭한 예카테리나 2세가 어쩌다 악녀 취급을 받고 있을까? 물론 그녀를 악녀로 보는 것이 절대적인 견해는 아니지만, 그녀의 어두운 면을 지적해서 악녀라고 하는 것은 아무래도 그녀의 성생활 때문일 것이다.

표트르 3세와 부부 관계가 소원했던 그녀는 결혼 초부터 여러 남성과 성행위를 가졌다. 그 때문에 남편 표트르 3세와의 불화가 더욱 깊어졌다고 한다. 그러다가 정식으로 황위에 올라 예카테리나 2세가 되고 난 후에는 노골적으로 많은 남성을 궁전에 불러들여 성관계를 가졌다는 것이다. 알려진 바로는 그녀에게 12명 또는 22명의 정부(情夫)가 있었다고 한다. 대부분 귀족 청년이었다. 그중에는 겨우 열여섯 살의 청년도 있었다고 한다. 그녀는 그들에게 많은 토지를 주고 농노를 비롯한 노예들을 주어 충

예카테리나 2세

분히 보상하여 후환이 없었다고 하는데, 그러한 용도로 국가 예산의 약 10퍼센트가 소요되었다는 주장도 있다.

예카테리나 2세의 애정행각에는 귀족 청년뿐만 아니라 정치적 동반자도 있었다. 그리고리 포톰킨(Grigori Potemkin)은 정치가이자 빼어난 군인이며 예카테리나 2세의 총신으로 여러 요직을 맡았다. 포톰킨은 공개되다시피 한 예카테리나 2세와의 연인 관계를 사적인 행동으로 분명히 하고 정치적·군사적으로 예카테리나를 적극적으로 도왔다. 그는 튀르키예와의 전쟁에서 승리한 영웅이었으며 크림반도 함락에 큰 공을 세워 예카테리나 2세가 러시아의 영토를 넓히는 데 크게 기여했다.

사족이지만, 전쟁터에서 병으로 죽은 포툠킨의 유해는 헤르손에 묻혔고 그곳에 동상도 세워졌다. 최근 러시아와 우크라이나 전쟁에서 헤르손을 러시아가 점령했다가 다시 우크라이나에 빼앗기자 푸틴 대통령은 포툠킨의 유해와 동상을 헤르손에서 다른 곳으로 옮겼다.

예카테리나 2세의 성생활은 지탄받을 만하다. 그러나 18세기까지만 해도 근친혼이 흔했고, 지금과 같은 정조 관념은 거의 없었다고 한다. 영국의 고고학자 존 러벅(John Lubbock)은 "고대에는 음란한 여성일수록 높은 지위를 누렸다. 이것은 상고시대부터 남아 있는 풍속과 관련이 있다"라고 했다. 또 미국의 인류학자 루이스 모건(Lewis H. Morgan)은 "일반인은 흔히 옛날에는 일찍부터 비교적 고상하고 순결한 정조와 도덕이 갖춰져 있다가 뒤에 내려오면서 음탕한 풍속으로 타락했다고 생각한다. 그러나 이것은 착각이다. 그들은 타락했다고 할 만한 순결한 도덕을 갖고 있지 않았다. 왜냐하면 고대 사회에는 음탕한 풍속을 뿌리 뽑을 만한 도덕 요소가 없었기 때문이다"라고 했다.

그런 시각에서 보면 예카테리나 2세의 애정행각을 현재의 윤리·도덕으로 평가하기는 어렵다. 분명히 정도에서 벗어난 지나친 면이 있다. 그러나 성적 방종, 정조 관념, 순결 개념 등이 없거나 지금과는 전혀 달랐던 시대에 예카테리나 2세의 성적 방종과 음란을 빌미로 그녀를 악녀로 평가하는 것은 일부의 편견일 수도 있다.

아마도 아무리 무능해도 남편을 누르고 쿠데타로 집권했다는 점이 그녀를 악녀로 몰아간 발단이었을지도 모른다. 물론 그녀는 계몽군주를 자처했지만 단지 귀족만을 위한 것이었고 농민과 농노에 대한 가혹한 착취를 바탕으로 극에 달한 사치를 즐겼다는 비난을 피하기는 어렵다.

바토리 에르제베트

Báthory Erzsébet

흡혈귀 전설을 만들어낸 연쇄살인마

동서고금을 막론하고 남성은 예쁘고 몸매가 좋고 피부가 탄력 있는 젊은 여성을 선호한다. 그것은 번식, 종족 보존과 관련된 남성의 생물학적 본능이다. 최근에 이르러 '외모지상주의'라는 비난을 받기도 하지만 남성의 타고난 본능인 것은 부인할 수 없다. 마찬가지로 여성에게는 조금이라도 더 예뻐지고 싶은 본능이 있다. 그리하여 아주 먼 옛날부터 오늘날까지 여성은 더 돋보이고 싶어 화장도 하고 열심히 외모와 몸매를 가꾸었다. 인간 흡혈귀라고 하는 바토리 에르제베트(Báthory Erzsébet)가 자신의 외모에 집착했던 것도 그런 까닭이다.

바토리 에르제베트는 1560년 트란실바니아에서 귀족의 딸로 태어났다. 그녀의 바토리 가문은 그냥 귀족이 아니라 헝가리 최고의 명문이었다. 나중에 폴란드·리투아니아의 왕이 된 바토리 이슈트반(Báthory István)도 그 가문 출신이었는데, 에르제베트의 어머니가 그의 누이였다. 따라서

바토리 에르제베트

에르제베트는 그의 조카로 공주에 버금가는 왕족이자 귀족이었고, 당시 트란실바니아 공이나 헝가리의 재상은 그녀와 사촌지간이었다.

빼어난 미모에 현모양처의 소양과 품위를 지닌 그녀는 열한 살 때 다섯 살 연상의 귀족 나더슈디 페렌츠 백작과 약혼하고 4년 뒤인 열다섯 살에 결혼했다. 남편도 유명한 군인 가문이었지만, 에르제베트는 신분이 더 높아서 결혼 후에도 '바토리'라는 성을 그대로 유지했다.

에르제베트는 남편과의 사이에 5명의 자녀를 두었다. 그런데 남편은 군 장교여서 함께 있는 시간보다 떨어져서 지내는 시간이 더 많았다. 더욱이 1578년 남편이 헝가리 왕국 군대의 최고사령관이 되어 거의 전쟁터에서 지내자 그녀 남편 가문의 치흐티체(Čachtice)성에서 거의 혼자 살다시피 했다. 그러다 1604년 남편이 마흔아홉 살의 나이에 전사하자 그녀는 치흐티체성의 유일한 주인으로 성주(城主)가 되었다. 곧바로 그녀는 고부간의 갈등이 심했던 시어머니를 여러 가지 구실로 압박해서 쫓아냈다. 이제 그녀의 곁에는 집사, 하인, 시녀 등만 남았다. 그녀의 인생이 바뀐 것은 그때부터였다.

바토리 에르제베트의 저택 치흐티체성

40대 중반에 접어든 에르제베트의 소일거리는 외모를 가꾸고 화장과 치장으로 시간을 보내는 것이 전부였다. 거울을 들여다보던 그녀가 깜짝 놀랐다. 피부에 탄력과 윤기가 없는 자신의 모습이 눈에 띄었다. 그녀는 나이를 먹으며 늙어간다는 현실이 두려웠다. 그래서 더욱 화장에 집착했다.

그런 평범한 일상이 되풀이되던 어느 날이었다. 시녀가 에르제베트의 긴 머리카락을 빗질하다가 실수로 그의 머리카락을 좀 세게 잡아당겼다. 순간적으로 잠깐 아픔을 느낀 에르제베트는 발끈하며 시녀의 뺨을 세차게 후려갈겼다. 그러자 그녀의 손가락에 낀 큰 반지에 긁힌 시녀의 뺨에서 솟구친 피가 에르제베트의 얼굴까지 튀었다. 에르제베트는 거울을 보며 얼굴에 튄 시녀의 피를 닦아냈는데, 공교롭게도 그 자리가 하얗게 돋보이는 것이었다. 에르제베트는 순간적으로 처녀의 피가 피부에 좋구나 하는 느낌을 받았다. 처녀의 피가 노화를 막아줄 수 있겠다는 엉뚱한 생각을 한 것이다. 정말 어처구니없는 망상이었다.

그 때문에 끔찍한 일이 벌어졌다. 에르제베트는 집사와 하인들을 시켜 그 시녀를 살해했다. 좀 더 많이 처녀의 피를 얻기 위해서였다. 그것을 발단으로 에르제베트는 인간 흡혈귀가 되어버렸다. 그녀는 처녀들의 생피로 목욕하면 온몸의 피부가 탄력을 얻고 윤기를 되찾아 노화를 방지할 것이라고 굳게 믿었다.

당시 귀족은 드넓은 영지에 웅장하게 자신의 성을 짓고 살면서, 영지 안에 거주하는 농민들이 수확한 농산물의 일정한 비율을 거둬들이고 각종 세금을 부과해 재산을 축적했다. 따라서 귀족은 영지에 사는 농민들에게는 제왕이나 다름없었다. 농민들은 영주인 귀족의 명령에 절대복종하며 그의 하인이나 다름없이 살아가고 있었다.

에르제베트는 이런 상하관계를 이용해서 근처에 사는 농민의 딸들을 성으로 불러들였다. 일자리를 주겠다고 유혹했다. 그들에게는 귀족의 부름을 받고 성안에서 일한다는 것은 상대적으로 괜찮은 일이었다. 농민의 딸들은 기꺼이 성으로 들어갔다. 하지만 안타깝게도 그것이 끝이었다. 성으로 들어간 그녀들은 다시는 밖으로 나오지 못했다.

에르제베트는 자신의 성에 들어온 처녀를 집사와 하인을 시켜 옷을 완전히 벗긴 다음 쇠창살로 만든 대형 새장처럼 생긴 기구 안으로 밀어넣었다. 그리고 벌거벗은 처녀를 기구의 꼭대기에 매달았다. 이 기구의 쇠창살에는 바늘같이 날카로운 가시들이 있었다. 그다음 새장 같은 기구를 흔들어대면 매달려 있는 처녀는 더 크게 흔들리며 가시에 마구 찔렸다. 세차게 흔들면 더 많이 찔렸다. 그녀는 비명을 질러대며 살려달라고 애원하지만 아무도 거들떠보지 않았다. 차츰 그녀의 온몸에서 피가 흘러내렸다. 그러면 밑에서 흘러내리는 피를 마치 기름을 짜내는 것처럼 받아 모았다. 에르제베트가 목욕하기 위한 처녀의 피였다.

처녀가 초주검 상태에서 아직 죽지 않았어도 피를 몽땅 짜내고 나면 끌어내 곧바로 죽였다. 처음에는 형식적이라도 장례를 치러주었지만 그렇게 살해한 숫자가 늘어나면서 그냥 묻어버렸다. 흡혈귀 에르제베트는 일기를 썼는데 그 기록으로 추정해보면 온몸에서 피가 빠져나간 채 죽거나 살해당한 마을 처녀는 무려 612명에 이르렀다.

많은 처녀가 성에 들어가면 다시는 돌아오지 못하니 별별 소문이 나돌고 성에 들어가면 죽는다는 소문까지 나돌자 마을에 있던 처녀들은 도망갔다. 에르제베트는 처녀를 구하기 힘들어지자 하인들에게 마차를 타고 돌아다니며 젊은 여성을 보이는 대로 납치해 오라고 지시했다. 하지만 강제로 납치해서 피를 뽑아도 에르제베트가 목욕하기에는 피의 양이 부족했다.

그러자 에르제베트는 묘안을 찾아냈다. 귀족의 딸이라도 잡아들이기 위해 성안에 귀족여학교를 세웠다. 학생 수는 25명이었다. 귀족도 여러 계층이 있는데, 낮은 귀족 계층의 딸들이 소양을 쌓고 신분 상승을 위해 에르제베트의 여학교에 입학했다. 그러나 그녀들은 모두 인간 흡혈귀에게 희생되었다. 에르제베트는 점차로 먼 지역에서도 여학생을 모집했다.

알려진 바에 의하면 에르제베트는 어릴 적부터 간질 증세가 있어서 수시로 발작을 일으켰다고 한다. 그 탓인지 그녀는 어리고 젊은 여성의 피를 짜내 목욕하고 살해했을 뿐만 아니라, 때때로 피를 뽑아내기 전에 더없이 가혹한 고문을 하며 즐겼다고 한다.

에르제베트는 기괴하고도 끔찍한 고문 도구를 마련해놓고 젊은 여성들을 고문했다. 그녀는 견딜 수 없는 고통으로 비명을 지르며 목숨이 끊어질 듯한 절박한 모습을 즐겼다. 여성을 벌거벗겨 목을 매달고 줄을 끌어올려 발버둥 치며 숨이 끊어질 듯 괴로워하면 밧줄을 풀어 숨을 쉬게 하고 다시 끌어올리는 고문을 앉아서 바라보며 깔깔대고 웃었다. 정신이 상자의 병적인 행동이었다.

귀족 가문의 젊은 여성들이 에르제베트의 여학교에서 잇따라 살해될 무렵 한 여학생이 피를 뽑히기 직전 기적적으로 탈출해서 당국에 신고했다. 당국에서는 에르제베트가 수많은 마을의 젊은 여성을 살해했다는 정보를 가지고 있었지만, 공주급의 그녀가 영지 안에서 농민이나 평민의 딸을 죽이는 것은 큰 문제가 되지 않았다. 하지만 귀족 여성의 경우는 달랐다.

당국에서는 즉시 군대를 보내 에르제베트와 집사·하인 등을 모두 체포하고 성의 내부를 조사하기 시작했다. 그 결과는 너무나 충격적이었다. 피를 뽑고 살해한 장소에는 쇠로 만든 가시투성이의 새장처럼 생긴 기구와 각종 고문 도구가 가득했고 피비린내가 진동했다. 성의 곳곳에서 매장의 흔적이 눈에 띄었고, 파헤치는 곳마다 시체들이 쏟아져 나왔다. 심문 끝에 살인에 가담했던 집사와 하인·시녀 등은 즉각 화형에 처해졌다. 그리고 1611년 오랜 조사 끝에 연쇄살인범으로 기소된 에르제베트에 대한 재판이 열렸다. 그러나 그녀는 귀족이라는 이유로 재판에 출석하지 않았다.

주범인 에르제베트는 워낙 신분이 높은 귀족이어서 그 당시의 법률로는 사형을 시킬 수 없었다. 그녀는 귀족에게 내릴 수 있는 최고의 형벌인 종신금고형이 내려졌다. 식사를 넣어주는 구멍 외에는 모든 것이 완전히 차단되어 빛조차 들어오지 않는 어두운 탑 꼭대기의 독방에 갇혀 서서히 그리고 비참하게 죽어가는 형벌이었다. 에르제베트는 어두운 탑 꼭대기의 독방에 갇힌 지 4년 만인 1614년 쉰넷의 나이로 죽었다.

그런데 에르제베트가 사망하자 가공할 만한 온갖 만행이 낱낱이 드러났지만, 뜻밖에 각종 의혹이 제기되기도 했다. 의혹의 핵심은 그녀의 끔찍한 만행들이 크게 과장되었다는 것이다. 에르제베트 연쇄살인 사건은 당시 헝가리 사회의 최대 이슈였는데 갖가지 가짜뉴스와 유언비어까지 쏟아져 나와 부풀려지면서 더욱 확대되었다는 것이다. 하기는 유언비어는 확대 재생산되는 속성을 가지고 있다.

그뿐만이 아니었다. 당시 유럽에는 두 가지의 매우 중요한 역사적 상황이 있었다. 하나는 종교재판 또는 마녀재판이었다. 그것은 실제로는 마녀사냥이었다. 얼마나 여성을 마구잡이로 잡아들였기에 오죽하면 마녀사냥이라고 했을까? 마녀사냥의 명분은 사회정화, 풍기문란 단속이었지만 사실은 중세 기독교 독재체제의 강화였다.

미신을 숭상하는 무속인이나 마법을 부리는 자, 성적으로 문란한 여성 등을 잡아들여 형식적으로 재판을 열고 화형에 처하는 것이었지만 부작용이 매우 컸다. 어떤 여성이든 다른 사람의 고발이 있으면 무조건 잡아들였다. 신앙을 갖지 않은 무신론자뿐만 아니라 앙갚음하기 위해 고발해도 마녀로 낙인찍혀 붙잡혔다. 더 나아가 남편이 없는 과부들까지 마녀로 낙인찍었다. 특히 돈 많은 과부라면 여지없이 마녀가 되었다. 그렇게 억울하게 마녀로 낙인찍혀 화형을 당한 여성이 수만 명이었다.

에르제베트는 돈 많은 과부여서 마녀로 낙인찍혔고 그녀의 범죄가 지나치게 과장되었다는 것이다. 어느 자료에 따르면 당시의 헝가리 국왕이 전쟁비용 등 국가 재정을 위해 돈 많은 그녀에게 돈을 빌려달라고 했으나 거절당했다는 것이다. 그 때문에 몹시 화가 난 왕은 보복과 재산 몰수를 위해 여론을 선동하고 그녀를 마녀로 몰아붙였으며 범죄가 크게 부풀려졌다는 것이다.

사실 에르제베트는 귀족의 성주였지만 큰돈이 없었다고 한다. 죽은 남편의 가문도 큰 재산을 지닌 부유한 집안이었지만 유산의 상속자는 에르제베트가 아니라 그녀의 자녀들이었기 때문에 재산을 마음대로 처리할 수 있는 재량권이 없었다.

또 하나는 종교개혁이다. 중세의 유럽은 가톨릭이 지배하는 세상으로 가톨릭 교황은 황제나 왕보다도 권위와 권한이 높았다. 가톨릭은 절대적인 권한의 남용으로 많은 사제가 크게 타락했으며 가톨릭교회에서 각종 부정부패가 일상적으로 자행된 것은 역사적 사실이다.

그 때문에 1600년대 초엽에 종교개혁운동이 일어났다. 그리하여 마침내 기독교가 가톨릭과 개신교로 갈라졌다. 그런데 종교개혁을 이끈 인물은 독일의 마틴 루터와 프랑스 태생으로 스위스에서 활동한 장 칼뱅이었다. 두 사람은 종교개혁의 취지는 같았지만, 교리의 해석에서 서로 큰 차이를 보여 마침내 개신교는 루터교와 칼뱅교로 나뉘어 서로 큰 갈등을 빚고 대립하고 있었다.

에르제베트의 바토리 가문은 전통적으로 칼뱅교를 믿었다. 그런데 바토리 가문 영지의 젊은 여성들이 성에 들어가기만 하면 살해당한다는 소문이 나면서 가장 먼저 에르제베트를 마녀로 고발한 사람은 루터교 목사였다는 것이다. 말하자면 종교적 갈등으로 실상이 크게 과장되었다는 것이다.

이처럼 갖가지 의혹을 제기하는 이들은 에르제베트의 재판기록에 연쇄살인 기록은 없었으며 오직 마녀라는 죄목으로 종신구금형을 선고했다는 것을 증거로 내세운다. 오로지 피를 뽑기 위해 젊은 여성들을 살해하고 기록했다는 그녀의 일기장도 공개되지 않았다는 것이다. 또 에르제베트의 하인과 시녀 등을 재빨리 화형에 처한 것은 증인을 모두 없애버리려는 의도였다는 것이다.

그리고 젊은 여성들의 피로 목욕했다는 것도 믿기 어렵다고 했다. 한 사람의 피는 5리터 정도여서 생피로 욕조를 채우려면 적어도 성인 여성 약 60명을 한꺼번에 죽여야 하는데 매일같이 목욕했다는 것은 도무지 말이 안 된다는 것이다. 아울러 그녀를 마녀로 몰아 재판한 재판관도 에르제베트의 바토리 가문과 앙숙인 루터교도였다고 했다.

하지만 에르제베트가 연쇄살인과 전혀 무관하다고 말할 수 없다. 피가 뽑히고 살해된 희생자의 숫자는 정확히 알 수 없지만, 아주 많은 젊은 여성을 죽인 것은 사실이다. 그녀의 가족들이 탄원서를 내면서도 범죄를 부인하지 못했으며 결백하다는 아무런 증거도 제시하지는 못했다. 그녀의 자녀들도 마찬가지였다. 어머니의 충격적인 연쇄살인에 대해 부인하거나 변명하지 못했다. 다만 어머니는 돈 많은 마녀가 아니었으며 오히려 빚에 쪼들렸디고 말했다. 아버지의 재산도 대부분 큰아들이 상속받게 되어 있어서 어머니는 손댈 수 없었다고 했다.

결과적으로 에르제베트는 헝가리의 최고 귀족으로서 역사상 가장 유명한 연쇄살인마이자 '피의 백작부인'으로 널리 알려졌다. 그녀는 또한 특히 유럽에 널리 알려진 여러 흡혈귀 전설의 모델이 되었다.

브랭빌리에 후작 부인

Marquise de Brinvilliers

가족을 모두 독살한 희대의 악녀

17세기에 프랑스에서 희대의 독살범으로 악명을 떨친 브랭빌리에 후작 부인(Marquise de Brinvilliers). 그녀의 본명은 마리 마들렌 도브레(Marie Madeleine d'Aubray)로 1630년 프랑스 파리에서 대단히 부유한 도브레 가문에서 태어났다. 그녀의 아버지는 손꼽히는 재력가이며 저명한 사법관으로 정계에서도 실력자였다.

마리 마들렌이 열일곱 살이 될 무렵 아버지는 귀족의 사교계 모임에 그녀를 데리고 다녔다. 빼어난 미모에 똑똑하고 영리한 재색을 겸비한 그녀는 귀족 자제들의 눈길을 사로잡았다. 그러다가 그녀는 브랭빌리에 후작인 앙투안 고블랭(Antoine Gobelin)과 결혼했다. 고블랭의 집안도 대단한 귀족 가문이었으며 재력 또한 상당했다. 당시 마리 마들렌은 스물한 살, 육군 연대장인 고블랭은 스물네 살이었다. 그렇게 해서 마리 마들렌은 '브랭빌리에 후작 부인'이 되었다.

프랑스의 화가 샤를 르 브룬(Charles Le Brun)이 그린, 처형 당일 브랭빌리에 후작 부인(1676년)

그들은 겉으로 보기에는 누구나 부러워할 부부였다. 두 사람 모두 빼어난 미남·미녀로 신체적으로 건강했으며, 지체 높은 부유한 귀족 가문 출신이었다. 더 바랄 게 없는 것 같았다. 하지만 고블랭은 도박에 푹 빠져 상당한 빚을 지고 있었다. 아마도 고블랭은 마리 마들렌의 막대한 지참금이 필요해 결혼했을 수도 있다. 그들의 부부생활은 결혼 초기부터 순탄하지 않았다. 게다가 당시 상류 사회는 결혼과 관계없이 애인을 두고 즐기는 풍조여서 그녀와 그녀의 남편은 모두 다른 이성들과 관계를 맺었다.

고블랭은 저택으로 친구들을 자주 불렀는데 그중에 고댕 드 생크루아(Godin de Sainte-Croix)도 있었다. 그러다가 마리 마들렌과 생크루아는 가까운 사이가 되었고 서슴없이 성관계를 갖기 시작했다. 그 무렵 고블랭은 사치스러운 생활과 도박으로 진 빚 때문에 채권자들을 피해 프랑스를 떠나 있었다.

그러나 그들의 관계를 마리 마들렌의 아버지가 알게 되었다. 그는 딸의 추문이 자신의 명성에 해를 끼칠까 우려하며 몹시 분노했다. 사법관인 그는 당시 프랑스 국왕 루이 14세의 승인까지 받아 생크루아를 체포해서 바스티유 감옥에 집어넣었다. 생크루아는 바스티유에서 1년을 보냈다.

생크루아는 수감생활을 하던 중 악명 높은 독극물 전문가인 이탈리아인을 알게 되었다. 그는 기술이 뛰어난 독약 제조자였다. 형기를 끝내고 출옥한 생크루아는 에크질리에게 독약 제조 기술을 전수받았으며, 독극물 증류에 사용되는 장비 설치 면허를 획득하고 독극물 사업을 시작했다.

생크루아는 기병대 장교 등 자신의 지위와 신분까지 박탈당하게 만든 마들렌의 아버지에게 복수할 계획을 세우고 스스로 독약을 만들었다. 자신과의 육체관계 때문에 생크루아가 처벌을 받았기에 마들렌도 적극적으로 도왔다. 그녀가 마침내 세상에 큰 충격을 준 희대의 악녀로 변신하게 된 결정적인 계기였다.

마들렌은 아버지를 죽이면 막대한 재산을 상속받을 수 있다는 기대감에 열성적이었다. 생크루아가 독약을 만들어내자 그녀는 자신의 하인에게 독약의 효과를 실험했다. 몰래 음식에 넣은 독약을 먹은 하인은 며칠 동안 크게 앓더니 식물인간이 되었다고 한다. 자신감을 얻은 그들은 독약의 효과를 더욱 확실하게 하기 위한 실험을 계속했다.

그들의 실험대상은 돈 없는 빈민이 입원하는 파리 시립자선병원의 환자들이었다. 마들렌은 자선사업가로 위장했다. 그녀는 가난한 환자를 위문한다는 명목으로 과일과 과자를 비롯한 먹거리를 잔뜩 들고 병원을 찾았다. 그 먹거리들 속에는 독약이 주입되어 있었다. 그런 사실을 모르고 그녀에게 감사하며 과일 따위를 맛있게 먹은 환자들은 차츰 심하게 앓더니 잇따라 죽어갔다. 병원에서는 의아하게 생각하며 시신을 해부했지만 사망 원인을 밝혀내지 못했다.

그렇게 실험을 마친 마들렌과 생크루아는 크게 기뻐하며 바야흐로 본색을 드러내기 시작했다. 드디어 마들렌은 아버지를 독살하기 위해 독약을 숨기고 아버지를 찾아갔다. 그리고 여러 날 동안 친정에 머물면서 아버지의 음식에 아주 적은 분량의 독약을 넣기 시작했다. 마침내 아버지가 원인을 알 수 없는 이유로 점점 몸이 약해져 상태가 심각해지자 파리의 큰 병원에 입원했다. 마들렌은 매일같이 문병 가서 아버지를 정성껏 간호하는 척했다. 하지만 여러 달 동안 병상에 누워 있던 아버지는 결국 숨지고 말았다. 그렇게 마들렌은 자신의 아버지를 독살했다.

아버지가 죽자 이제 아무도 그녀에게 간섭하는 사람이 없었다. 한껏 자유로워진 마들렌은 마음껏 여러 명의 남성과 성관계를 즐겼다. 남편의 사촌 동생도 유혹해서 관계를 계속하다가 아들까지 낳았고, 생크루아와의 사이에서도 두 명의 자녀를 낳았다. 그런데도 자녀들의 가정교사까지 유혹해서 지속적으로 성관계를 가졌다.

그러는 사이 그녀의 재산이 크게 줄어들었다. 자신과 육체관계를 갖는 남성들에게 쓸 많은 돈이 필요했고, 남편 브랭빌리에 후작은 도박으로 그녀의 재산을 물 쓰듯 마구 탕진했다. 그녀의 정부인 생크루아도 이런저런 구실로 쉴 새 없이 많은 돈을 요구했다. 그렇게 재산이 크게 줄어들자 브랭빌리에 후작 부인은 아버지의 재산을 독차지해야겠다는 흑심을 품게 되었다. 그러자면 두 동생도 죽여서 없애야만 했다.

동생들을 죽이기 위한 독살 음모에는 생크루아의 부하가 동원되었다. 그들은 브랭빌리에 후작 부인의 동생들에게 곧바로 범행을 실행했다. 동생들이 음식에 주입된 독약을 먹고 잇따라 숨지자 그 사망 원인을 두고 많은 의문이 생겼다. 남동생들이 잇따라 죽었다는 것은 아무래도 의심을 받을 수밖에 없는 상황이었다. 결국 시신을 해부했다. 이번에는 독극물에 의한 독살이라는 사실이 판명되었다.

당연히 브랭빌리에 후작 부인도 조사를 받았다. 하지만 그녀에게서 아무런 증거도 발견하지 못했다. 그리하여 그녀는 아무런 혐의도 받지 않고 무사히 풀려나 동생들의 몫까지 부친의 재산을 독차지하는 데 성공했다.

그러나 브랭빌리에 후작 부인은 마냥 기뻐할 수 없었다. 동생들의 독살을 실행한 생크루아와 그의 부하가 성공의 대가로 거액을 요구한 것이었다. 마들렌은 그들의 요구를 거절할 수 없었다. 자칫 그들이 사실을 폭로라도 하면 그녀도 처벌을 받을 것이 뻔했기 때문이었다. 그런데 마들렌은 그뿐만 아니라 그들에게서 독약을 얻을 수 없게 될까 봐 그들의 요구를 들어주었다고 한다.

동생들을 독살한 뒤 브랭빌리에 후작 부인은 더욱 악랄하고 과감해졌다. 자기 주변의 인물들, 성관계를 가진 인물들을 모조리 독살하기로 한 것이다. 먼저 여동생들과 이복동생을 독살했고, 가정교사까지 독살했다. 악마가 따로 없었다. 그녀는 끊임없이 재산을 축내고 있는 남편도 독살해 없애기로 했다. 그런데 남편은 죽지 않았다. 목숨은 구했지만 겨우 숨만 쉬는 식물인간이 되고 말았다.

그때까지 브랭빌리에 후작 부인의 독살은 전혀 밖으로 드러나지 않았다. 그런데 뜻밖의 반전이 일어났다. 갑작스럽게 생크루아가 죽은 것이다. 그는 자기 집에서 독극물을 실험하다가 방독 마스크가 벗겨져 독가스를 흡입해 질식사했다고 한다. 생크루아의 사망 원인과 관련해 조사관들이 그의 집 내부를 조사하는 과정에서 색다른 나무상자 하나를 찾아냈다. 그리고 그 상자에서 놀라운 물품과 편지들이 발견되었다. 그 안에는 브랭빌리에 후작 부인이 관여한 수많은 독살이 기록된 문서와 그녀에게 보내는 연애 편지, 독약 등이 들어 있었다.

그 사실을 알게 된 브랭빌리에 후작 부인은 위협을 느껴 재빨리 영국으로 몰래 도망쳤다. 그리고 지인들에게 생크루아의 상자에 들어 있는 편지와 독극물은 모두 가짜라고 퍼뜨려달라고 부탁했지만 헛수고였다. 그처럼 확실한 증거물들에 의해 생크루아의 부하가 체포되었고, 모질게 고문을 당한 그는 모든 사실을 실토했다. 그는 단두대에서 목이 잘려 처형되었다. 그리고 그가 처형되는 날 브랭빌리에 후작 부인에 대한 체포 영장이 발부되었다. 영국은 그녀를 추방했다. 그녀는 몰래 네덜란드로 들어가 이곳저곳을 떠돌며 도망 다니다가 어느 수도원으로 숨어들었다. 하지만 그녀를 끈질기게 추적한 프랑스 경찰은 마침내 그녀를 그곳에서 체포해 프랑스로 압송했다. 압송되는 동안 그녀는 여러 차례 자살을 시도했다고 한다.

프랑스로 압송된 브랭빌리에 후작 부인은 재판을 받았다. 처음에 그녀는 매우 무지한 척 행동했으며, 자신에 대해 제기된 혐의를 부인하거나 인정하지 않았다. 그러나 최종적으로 재판에서 유죄 판결을 받았다. 가톨릭 국가인 프랑스의 법률에 따라 그녀는 참수형을 당하기 전에 고해 성사의 시간을 가졌다. 그러나 그녀는 죄를 자백하는 과정에서 물 치료를

프랑스의 화가 장 바티스트 카리벤(Jean Baptiste Cariven)이 묘사한 《물 치료제로) 고문당하는 브랭빌리에 후작 부인》(1878년)

받았다. 물 치료란 단시간에 많은 양의 물을 깔때기 등으로 마시게 하는 고문 형벌이었다. 그런 형벌을 받으면 모든 죄를 자백하리라 생각한 것이다. 그 후 그녀는 넓은 광장에서 수많은 군중이 지켜보는 가운데 목이 잘리고 시신이 불태워졌다. 가족 등을 독살한 악녀의 비참한 최후였다.

브랭빌리에 후작 부인이 처형된 다음 날 새벽, 잔불이 남아 있는 그녀의 시신을 불태운 자리에서 여러 사람이 무엇인가를 열심히 찾고 있었다. 불타고 남은 뼛조각을 찾고 있던 것이었다. 그들은 찾아낸 그 뼛조각을 악마를 쫓아내는 액막이라고 선전하며 비싸게 팔았다고 한다.

이르마 그레제

Irma Grese

아우슈비츠의 최고 악녀

유대인 대학살의 집행자로 아우슈비츠 유대인 강제수용소에서 악명을 떨친 여성 수용지구의 감독관 이르마 그레제(Irma Grese)를 결코 빼놓을 수 없다. 나치 전범으로 교수형당할 때 그녀는 스물두 살이었다. 어떻게 그리 젊은 나이에 나치 최고의 악녀로 손꼽히게 되었을까?

1923년 이르마 그레제는 평범한 농부의 셋째 딸로 태어났다. 어머니는 아버지의 외도로 그녀가 열세 살 때 자살했다. 그녀는 1938년 학교를 자퇴했고 농장이나 상점의 종업원 등으로 일하며 생계를 도왔다. 그리고 독일 군인을 위한 요양소에서 간호보조원으로 들어가 2년간 근무했다. 그것이 그녀의 인생을 바꿔놓았다.

그레제는 정식 간호사가 되려고 노력했지만 허락되지 않았다. 그 무렵 제2차 세계대전을 일으킨 독일에서는 유대인 강제수용소가 점점 늘어나면서 간수(교도관)가 부족했다. 이에 따라 그녀는 나치당에 가입한 후 여

이르마 그레제(가운데, 1941년)

자 간수를 양성하는 교육기관에서 수업을 받은 후 라벤스브뤼크 강제수용소의 간수 업무에 지원했다. 그러다 전쟁이 치열해지고 유대인 학살이 한창 벌어지던 1943년 3월, 그레제는 아우슈비츠 강제수용소로 이동했다. 그녀의 나이 스무 살 때였다.

유대인 강제수용소로 악명이 높은 아우슈비츠는 매우 방대하고 수많은 수용소로 이루어져 있다. 그레제가 배치된 곳은 제2수용소(비르케나우 수용소) C캠프였다. 그곳은 유대인 여성 수감자가 절반 이상이어서 여성 간수만 하더라도 170명이 넘었다.

강제수용소에서 그레제는 어느 간수보다 악랄하고 악독했다. 툭하면 수감자들을 일제히 무릎 꿇리고 머리에 돌을 올려놓아 온종일 꼼짝하지 못하게 고통을 주었고, 눈에 거슬리는 수감자의 얼굴을 가죽 채찍으로 마구 때려 눈이 멀게도 했다. 또 수감자를 혹독하게 고문하며 비명과 신음, 고통스러워하는 모습에 미친 듯 웃어댔다.

아름다운 외모를 지닌 그레제는 큰 키에 금발, 푸른 눈, 강인한 성격 등 나치가 주장하는 순수한 아리아인의 특징을 모두 갖춘 듯했다. 나치는 그녀에게 '아우슈비츠의 금발 천사'라는 별명을 붙여주었다. 그러나 그녀의 행동은 변대, 사이고패스, 악의 그 지체였다. 아우슈비츠 수감자들은 그녀를 "아우슈비츠의 하이에나"라고 불렀다.

그레제는 남들보다 빠르게 비르케나우 수용소의 여성 수감자 감독관으로 승진하여 3만 명의 수용자를 감독했고 여성 간부 서열에서도 2위에 올랐다. 자신의 지위만큼 한층 더 악랄해진 그녀는 항상 권총을 휴대하고 긴 부츠에 가죽 채찍을 들었고, 사나운 셰퍼드(군견)를 데리고 돌아다니는 위협적인 모습이어서 수감자들에게는 공포의 대상이었다. 그녀는 수감자들이 조금이라도 허락 없이 이탈행위를 하면 그 자리에서 권총으로 사살했다. 동작이 느린 수감자, 거슬린 행동을 하는 수감자는 구둣발로 마구 짓이기거나 피가 날 정도로 심하게 채찍질하거나 군견을 풀어 끔찍하게 물어뜯겨서 죽게 했다.

그뿐이 아니었다. 그녀는 매일같이 가스실로 끌려갈 수감자를 골라냈다. 어떤 기준이 있는 것이 아니라 자신의 기분에 따라 즉흥적으로 지목했다. 그런가 하면 그녀는 강제수용소에서 모르는 사람이 없을 만큼 노골적인 색녀(色女), 사디스트였다. 남성 수감자를 성적 노리개로 삼기도 했으며, 독일군 간부하고도 염문을 뿌렸다. 그중에는 강제수용소 소장 요제프 크라머와 유대인을 생체실험의 도구로 삼았던 멩겔레도 있었다.

1945년 1월 17일 아우슈비츠 수용소에 폐쇄 명령이 내려오자 그레제는 라벤스브뤼크 강제수용소까지 수감자 후송에 동행했으며, 3월에는 베르겐·벨젠 수용소로 이동했다. 그녀는 영국군에게 체포될 때까지 그곳에서 다시 한번 악명을 떨쳤다.

그러나 그레제의 악행에도 끝이 있었다. 1945년 4월 17일 그레제는 독일군 간부, 여성 간수 11명 등과 함께 영국군에게 붙잡혔다. 이어서 열린 전범재판에서 다른 여성 간수들은 울면서 용서해달라고 애원했지만, 그녀는 당당했다. 재판관이 그녀에게 그동안 저지른 잘못을 반성하느냐고 묻자 전혀 반성하지 않는다고 대답했다.

전범으로 재판받는
이르마 그레제(1945년)

자신은 아무런 죄가 없으며, 자신의 행동은 모두 독일 국민을 위한 일이었다고 뻔뻔하게 말했다. 결국 그녀는 교수형 판결을 받았다. 그녀의 죄목은 유대인 3만 명을 가스실로 보내 죽게 한 것과 상습적인 수감자 학대였다.

교수형이 집행되기 전날 밤까지 감옥에서 나치를 찬양하는 노래를 목청껏 부른 그레제는 1945년 12월 13일 마침내 교수대에 올라섰다. 그녀의 미리에 하얀 두건을 씌우자 그녀는 "슈넬(Schnell, 빠르게)"이라고 나지막하게 말했다. 그런데 사형 과정에서 문제가 생겼다. 목뼈를 부러뜨려 단숨에 숨을 멎게 해야 하는데, 그레젠은 그렇지 못하고 천천히 고통스럽게 죽었다. 그레제는 20세기 영국 법에 따라 사법적으로 사망한 최연소 여성이었다.

3 폭군과 독재자들

칼리굴라

Caligula

변태적
미치광이 황제

칼리굴라(Caligula)는 로마제국 제3대 황제다. 본래 이름은 가이우스(Gaius)이며, 칼리굴라는 별명으로 라틴어로 '작은 장화'라는 뜻이다. 그의 아버지 게르마니쿠스가 사령관으로 있던 라인강 동쪽 게르마니아의 로마 군단 병사들이 '칼리굴라'라는 별명을 붙여주고 마스코트로 삼았다고 한다. 이 글에서는 가이우스 대신 칼리굴라라고 표기한다. 참고로 그의 성과 이름을 모두 표기하면 가이우스 율리우스 카이사르 아우구스투스 게르마니쿠스(Gaius Julius Caesar Augustus Germanicus)다.

로마제국 초기의 격변과 혼란에 대해서는 제2장 「율리아 아그리피나」 항목에서 대략 설명했다. 암살, 독살, 숙청 등 치열한 권력투쟁과 족보를 제대로 파악하기도 어려울 만큼 얽히고설킨 결혼 관계, 수없이 많은 같은 이름이 무척 혼란스럽다. 칼리굴라도 예외는 아니다.

칼리굴라 흉상

로마제국 초대 황제 아우구스투스는 우여곡절 끝에 뒤를 이을 두 번째 황제로 티베리우스를 그리고 세 번째 황제로 게르마니쿠스를 공식적으로 지명했다. 그 게르마니쿠스가 칼리굴라의 아버지다. 그런데 티베리우스가 황제 시절 게르마니쿠스는 동방(소아시아)의 최고사령관으로 시리아에 갔을 때 갑작스럽게 사망했다. 그때 칼리굴라는 겨우 일곱 살이었다.

게르마니쿠스는 로마 시민에게 대단히 인기가 높고 영웅으로 추앙받고 있었기에 온갖 억측과 소문이 로마를 휩쓸었다. 게르마니쿠스와 심한 갈등을 빚던 시리아의 로마 총독 피소가 독살했다는 설과 티베리우스 황제가 피소를 사주해서 독살했다는 주장이 널리 퍼졌다. 또 로마제국 지배층과 로마 시민은 게르마니쿠스가 다음 황제로 내정돼 있었는데 의문사했으니 그의 아들이 이어받아 황제가 되어야 한다고 주장했다.

티베리우스 황제는 그러한 소문과 그 아들이 다음번 황제가 돼야 한다는 주장을 외면할 수 없었다. 그리하여 게르마니쿠스의 아들 칼리굴라를 후계자로 결정하고 양아들로 입양했다. 그런데 티베리우스 황제가 당시로는 드물게 일흔이 훨씬 넘도록 장수하고 있어서 칼리굴라가 언제 황제에 등극할지 예측조차 할 수 없었다.

그러다가 티베리우스 황제가 창던지기 행사에 참여했다가 크게 다쳐 혼수상태에 빠졌다. 그의 나이 일흔일곱이었다. 모두 티베리우스 황제가 워낙 노령이어서 죽을 것이라 여기고 서둘러 칼리굴라의 황제 대관식을 준비했다. 하지만 티베리우스 황제가 다시 의식을 찾고 일어나자 근위대장이 담요로 덮어 누르고 질식사시켰다.

티베리우스 황제가 죽자 칼리굴라가 제3대 로마제국 황제로 등극했다. 그의 나이는 스물다섯 살이었다. 로마 시민은 칼리굴라를 압도적으로 지지했으며, 그는 즉위하자마자 로마 시민의 요구에 부응하는 정책을 폈다. 티베리우스 황제가 시행하던 재정 억제 정책을 완화해 식량을 나눠주었고, 티베리우스 황제가 폐지했던 검투사 경기를 부활시켰다. 검투사 경기는 별다른 오락이 없던 당시 로마 시민에게 최고로 흥미 있는 오락이었다.

칼리굴라는 황제가 된 지 7개월이 지난 37년 10월쯤 원인을 알 수 없는 고열과 심한 두통으로 쓰러져 심하게 앓았다. 그렇게 생사를 넘나들던 그는 회복된 후 완전히 다른 사람이 된 듯 행동했다. 그는 검투사 경기를 과격하고 참혹한 내용으로 바꾸고 화려한 만찬을 즐기고 도박을 일삼았으며, 자신의 마차를 끄는 마부에게 상상하기 어려운 거액을 주는 등 돈을 물 쓰듯이 퍼부었다. 당연히 재정이 파탄 나고 국고가 빠르게 탕진되었다. 누군가 목숨 걸고 재정을 걱정하자 그는 황족이나 귀족의 재물을 약탈하고 그들의 영지를 몰수했다.

여기저기서 불평·불만이 터져 나오고 민심이 빠르게 이탈했다. 그러자 칼리굴라는 느닷없이 반역 재판을 열어 티베리우스 황제를 질식사시켜 자신이 빨리 황제가 될 수 있게 했던 근위대장을 처형했고, 황제 후계자 자리를 놓고 자신과 대립했던 티베리우스의 손자를 반역죄를 덮어씌워 죽였다. 그리고 친족이라고 해도 자신의 목숨을 노리면 반역법에 따라 강하게 견제하거나 처벌했으며, 반대파들의 재산을 압류했고 자신의 고소를 거절한 법무관 등을 처형했다.

칼리굴라는 둘째 여동생 율리아 드루실라 부부를 후계자로 지명하고 특권을 주었다. 그러나 드루실라는 38년 로마를 휩쓴 열병으로 죽고 말았다. 그는 그녀를 율리우스 가문의 시조로 여겨진 미의 여신 비너스와 연계지어 신격화하고 국가장으로 애도를 표했으며, 그녀에게 여러 명예를 수여했다. 그뿐만 아니라 그는 제우스로 분장하고 신이라고 떠벌리는가 하면 자신의 조상들을 위해 예루살렘에 성전을 세우라고 명령했다(이것은 결국 이루어지지 않았다).

칼리굴라는 수없이 암살 음모에 시달렸다. 원래 로마의 원로원과 공화정 시기 귀족들은 아우구스투스가 제정(帝政)을 열었을 때부터 황제와 그 일가를 죽이려고 여러 번 시도했다. 칼리굴라 시대에도 그랬다. 칼리굴라는 원로원을 등에 업고 제위에 올랐지만, 서서히 자신의 세력을 구축하며 독자적으로 정치를 펼치려고 했다. 그리하여 39년 초부터 칼리굴라와 원로원의 대립은 본격적으로 전개되었다. 계속되는 칼리굴라에 대한 암살 미수는 피바람을 몰고 오면서 반역죄에 의한 처형이 잇달았다.

41년, 칼리굴라가 가족들과 함께 로마의 팔라티누스 언덕에 있는 경기장으로 가는 기회를 이용해서 근위대장과 여러 명의 근위대원이 칼리굴라와 그의 아내·딸을 모두 암살했다. 그의 통치 기간은 3년 10개월이었다.

역사에서 칼리굴라는 완전히 미치광이로 취급된다. 대책 없는 폭정, 비정상적인 통치와 끊임없는 부당한 처형과 국고 탕진, 상식을 벗어난 기행과 성도착적 행동 등을 근거로 내세운다. 그러나 20세기 이후 옛 로마제국의 영토에서 대대적인 유적과 유물 발굴, 새로운 비문의 발견과 해석 등이 이루어지고 그 내용이 로마사에 추가되면서 그동안 정설로 받아들여졌던 인물과 사건 등이 수정되고 있다.

칼리굴라는 동시대 정적 세네카, 후세대의 수에토니우스로 대표되는 고대 전승 기록에서 "속이 좁고 시기심이 많은 젊은 황제", "말년의 티베리우스가 보여준 통치 방식에 대한 반발로 광기에 휩싸인 사치, 폭력, 쾌락을 즐긴 황제" 등으로 서술되었다. 그러나 오늘날 세네카와 수에토니우스의 주장과 광기로 알려진 주장 모두를 그대로 믿는 역사학자들은 거의 없다. 칼리굴라가 변덕스럽고 잔인한 데다 불안정하며 흥분을 잘하는 젊은 황제여도 세네카, 수에토니우스 등으로 대표되는 원로원의 악의에 찬 평가를 받아들여야 하는지 의문이라는 것이다. 칼리굴라의 악행이나 근친상간 등은 대부분 그들의 기록과 재편집에 의한 것이었다.

물론 심한 병을 앓고 난 후 칼리굴라는 정신적으로 불안한 증세를 보였다. 그러나 그것으로 그의 모든 행동을 미치광이 짓으로 치부할 수 없다. 칼리굴라가 암살당하자 원로원이 공화정의 부활을 시도한 것에서도 황제와 원로원의 갈등, 공화정을 무너뜨린 왕조에 대한 불신 등을 엿볼 수 있다. 이처럼 당시 로마제국의 국내적 정치 상황, 황제와 원로원의 관계, 해외 원정에 따른 로마와 점령지 등 속지의 관계(문화 갈등) 등에 대한 심도 있는 연구 없이는 칼리굴라에 대해서도 올바로 평가할 수 없을 것이다.

네로
Nero

로마제국 폭군의 전형

로마제국 제5대 황제 네로(Nero Claudius Caesar Augustus Germanicus)는 아그리피나와 첫 남편 사이에서 태어난 아들이다. 열세 살의 아그리피나는 티베리우스 황제의 주선으로 집정관과 결혼을 했으나 남편은 범죄를 저질렀다는 혐의로 처형당했다. 네로는 어린 나이에 아버지를 잃고 홀어머니 밑에서 성장했다.

당시 황제는 클라우디우스였는데 아내 메살리나가 반역죄로 처형당하자 뜻밖에 아그리피나와 다시 결혼했다. 클라우디우스는 아그리피나의 아버지 게르마니쿠스의 친동생으로 조카와 결혼한 것이다. 네로에게는 작은할아버지였다.

권력욕이 남달랐던 아그리피나는 클라우디우스를 집요하게 설득해서 그의 아들 브리타니쿠스를 밀어내고 네로를 후계자로 만들었다. 그리고 네로는 작은할아버지인 클라우디우스의 양자가 되어 후계자의 위치를 단

네로 흉상

단히 굳혔다.

그런데 클라우디우스 황제가 너무 오래 사는 것이었다. 기다리다 못한 아그리피나가 남편이자 황제인 그를 독버섯 식중독으로 갑자기 죽은 것으로 위장해서 독살했다. 그리고 자신에게 호의적이었던 근위대장 부루스를 통해 근위대가 서둘러 네로의 황제 등극을 선포하도록 지시했다.

당시 황제를 측근에서 보호하는 근위대의 영향력이 대단했다. 황제를 죽이는 것도 그들이었다. 그러한 근위대장이 네로의 황제 등극을 선포하니까 정치적으로는 로마제국의 모든 국정을 결정하는 원로원도 어쩔 수 없이 네로의 황제 등극을 인정했다. 그때가 54년, 네로가 열여섯 살 때였다.

이렇게 황제가 된 네로는 아그리피나가 정치를 도맡아 할 일이 없었다. 그는 원래 감성적이었으며 예술적 감각을 지니고 있어서 연극을 무척 좋아했다. 자청해서 연극배우가 되어 연기하고 공연무대에서 노래를 불렀다. 연극 제작진도 황제를 통제할 수 없었다. 네로가 원하는 배역을 맡도록 하고 그가 하고 싶은 대로 연기하고 노래하도록 둘 수밖에 없었다. 네로는 스스로 로마의 영웅 역을 맡았다.

그러는 사이 아그리피나의 폭정과 정적 숙청은 더욱 심해졌고, 그에 대해서 네로의 불만이 커졌다. 어쨌든 황제는 자신이니까 아그리피나의 악행은 모두 황제의 탓이 되기 때문이었다. 네로가 충분히 황제로서의 소임을 수행할 수 있는데도 아그리피나가 좀처럼 권력을 놓으려 하지 않자 모자 사이의 갈등은 최고조에 이르렀다.

게다가 네로를 보좌하는 세네카와 부루스는 아그리피나의 독재와 만행에 노골적으로 반발하며 네로에게 황제는 당신이니까 이제 황제 뜻대로 하라고 부추겼다. 네로는 스승들의 격려에 자신감을 얻었다. 충분히 통치를 잘할 수 있을 것 같았다. 그는 아그리피나와 상의하지 않고 스스로 황제의 역할을 수행해나갔다.

네로 황제는 정치를 잘했다. 최고 의결기관인 원로원에 지금보다 더 많은 독자적인 결정권을 보장해주었고 귀족들의 횡포에 시달리는 많은 노예에게 소송할 수 있는 권리를 주었다. 비밀재판을 없애고 반역죄도 완화했다. 무분별한 사형제도를 폐지하고 살벌하기 그지없었던 검투사 경기에서 살육을 금지했다. 또 각종 운동경기와 경연대회를 자주 열고 연극이나 음악 등 공연예술을 지원했다. 대단한 선정(善政)이었다. 로마 시민은 환호했다.

그러다 59년 네로 황제는 정치적 간섭을 멈추지 않는 어머니 아그리피나에게 자객을 보내 죽였고, 62년에는 옥타비아 황후에게 간통 혐의를 씌워 외딴 섬으로 유배 보낸 뒤 살해했다. 그 후 그는 친구의 아내였던 포파이아 사비나(Poppaea Sabina)와 결혼했다. 그 과정에서 그녀의 남편이었던 마르쿠스 오토(Marcus Otho)를 속주 루시타니아의 총독으로 보내고 10년 동안 로마로 돌아오지 못하게 했다.

네로 황제는 아그리피나를 살해한 후 옳고 그름에 대한 감각을 잃고 성격이 갑자기 변해 이상증세가 나타나 성격장애, 감정조절 장애 등으로 야만적 행동을 하기 시작했다. 네로 황제는 점차로 국가 통치는 세네카와 부루스에 맡기고, 방탕과 무절제·향락에 빠져 국고를 마구 탕진했다. 더욱 어이없는 일은 자신의 청동상을 세운 것이었다. 높이가 무려 30미터나 되는 거대한 동상을 세우고, 자기가 거처할 황금 궁전을 짓는 대공사를 펼쳤다.

거대한 황금 궁전을 지으려면 엄청난 대지가 필요했다. 네로 황제는 대지를 확보하기 위해 원로원 의원, 귀족 등 가리지 않고 그들 소유의 토지를 몰수했다. 황금 궁전은 그 규모가 얼마나 큰지 가늠조차 하기 어려울 정도였다. 국고는 나날이 탕진되었다. 그러한 네로에게 귀족은 물론 로마 시민까지 크게 반발했지만, 그는 전혀 겁내지 않았다.

그런 혼란한 상황에서 네로의 근위대장 부루스가 죽었다. 그러자 정치적으로 고립된 세네카는 나이와 건강 등을 이유로 은퇴했다. 몇 년 후 세네카는 역모에 가담한 혐의로 고발되었고, 분노한 네로 황제는 세네카에게 정맥을 끊고 고통스럽게 자살하는 방식의 사형을 내렸다.

64년, 역사에 남은 대사건이 벌어졌다. 로마 전체가 불바다가 된 것이다. 무려 닷새 동안 불이 타올랐으며, 로마의 14개 구역 중 10개 구역이 화재로 상당한 피해를 입었는데, 특히 3개 구역은 완전히 불에 타버렸다고 한다. 그때 로마인 사이에는 네로 황제가 미쳐서 일부러 불을 질렀다는 소문이 돌았다. 여러 가지 증거와 상황이 그가 로마의 화재와 관련 없음을 보여주었지만, 흉흉한 민심은 쉽게 가라앉지 않았다.

그러자 네로 황제는 기독교도에게 로마 화재의 책임을 덮어씌웠다. 당시 로마에서는 기독교도를 그리 달갑게 여기지 않았다. 그들은 여러 축제나 신전에 이교도의 신들을 경배할 수 없다는 이유를 내세워 참석하

로마 대화재를 그린 〈서기 64년 7월 18일 로마 화재〉(1771년경)

지 않았고, 자신들은 이 세상 군대의 병사가 아니라 그리스도 군대의 병사라는 이유로 군대에도 가지 않았기 때문이다. 그런데 네로 황제가 로마 대화재의 방화범으로 기독교도를 지목한 것이다.

많은 기독교도가 체포되어 가혹한 고문으로 자백을 강요받았다. 로마 당국은 기독교도에게 짐승의 가죽을 덮어씌운 다음 사냥개를 풀어 물어 죽이게 하거나 십자가형이나 화형 등으로 참혹하게 처형했다. 이와 같은 잔혹한 처형은 네로 황제를 폭군으로 기록되게 하는 결정적인 원인이 되었다.

로마 대화재 후 네로 황제는 가연성 건축 자재의 사용을 금지하는 법을 만들고 궁전을 개방해 재산을 잃은 시민들에게 피난처로 제공하는 한편, 잿더미가 된 로마를 그의 취향대로 그리스식으로 재건하기 시작했다. 워낙 방대한 공사여서 국가 재정이 바닥이 날 정도로 엄청난 비용이 소요됐으며 수많은 시민이 중노동에 시달려야 했다.

그리하여 대화재 이후 네로 황제에게 로마의 모든 계층이 등을 돌리기 시작했고, 잇따른 실언과 로마 재건 사업 발표와 맞물리면서 그에 대한 평가는 더욱더 나빠졌다.

그런 와중에도 네로 황제는 그리스로 여행을 떠났다. 그가 가장 사랑하고 좋아하는 나라가 그리스였으며 그가 가장 탐닉하는 것이 그리스 문화였다. 따라서 언제 로마로 돌아올지 기약 없는 여행이었다. 그는 그리스 여행에서 마치 고행자처럼 헝클어진 머리와 허름한 옷차림에 맨발로 돌아다녀 정처 없는 방랑자나 거지처럼 보였다고 한다. 제정신이라고 보기 어려운 정신이상자의 괴이한 행동이었다.

네로 황제가 로마에 없는 사이 그를 축출하려는 반란세력이 뭉쳤다.

원로원 의원과 귀족은 물론 군 장교 그리고 여러 속주의 총독이 반란세력에 가담하며 조직적으로 반란을 도모했다.

67년 말, 네로 황제는 15개월 동안의 그리스 여행을 마치고 로마로 돌아왔다. 공공연히 반란이 일어날 것 같은 분위기였다. 원로원에서 네로 황제를 십자가에 매달아 채찍질해서 죽이는 처형을 결의했다. 이미 반란군이 조직되어 공세를 취하자 원로원이 그런 과감한 결의를 한 것이다. 반란군 지휘자는 히스파니아 총독인 세르비우스 갈바(Servius Sulpicius Galba)였다. 그리고 루시타니아 총독 마르쿠스 오토도 반란에 가담했다. 결국에는 근위대마저 네로 황제에게 등을 돌렸다.

상황이 그 지경에 이르자 네로 황제는 도망쳤다. 그는 붉은 머리에 낡은 옷으로 변장하고 자신의 노예 집으로 달아나 숨었다. 그곳에서 자신이 원로원에서 국가의 적으로 선포되었음을 알게 된 그는 최후를 직감하고 수행원에게 자기를 죽이라고 명령했다. 68년의 일이었다. 희대의 폭군이었던 네로 황제는 노예가 찌른 칼에 죽었지만 자살한 셈이었다.

네로가 죽고 황위에 오른 인물은 반란군 지도자 갈바였다. 하지만 로마제국 제6대 황제가 된 그는 7개월 만에 오토에게 살해당했으며, 제7대 황제로 오토가 등극했다. 네로 황제에게 아내를 빼앗겼던 그가 황제가 된 것이다. 그러나 오토는 큰 혼란 속에서 내전을 치러야 했다. 그리고 내전에서 라인강 지역의 로마 군대에게 패배하자 자살했다. 황제 즉위 겨우 3개월 만이었다. 황제의 암살, 독살, 자살 등 피로 얼룩진 로마제국 초기의 역사였다.

측천무후

則天武后

당의 황금기를 이끈 중국 유일의 여제

당 태종의 후궁, 고종의 황후를 거쳐 '주'의 황제에 오른 인물이 있다. 그녀를 황제의 지위에 맞게 성신황제(聖神皇帝)라고 표기해야 합당하지만, 이 글의 제목에서는 널리 알려진 측천무후(則天武后)라고 했다. 명나라까지 그녀에 대한 주된 평가는 황제가 되는 과정에 대한 비판과 그녀의 야욕·악행 등에 집중되어 있으나, 요즘에는 당나라 정치·사회·경제·문화 발전에 디딤돌 역할을 했다는 평가를 받기도 한다.

그녀는 624년 당의 개국공신 무사확(武士彠)의 딸로 태어났으며, 이름은 무조(武照)다. 그녀의 아버지는 농민 출신이었지만, 수나라 말기에 목재상으로 큰돈을 벌었고 당나라를 세운 이연(李淵, 당고조)이 수양제에게 맞서 반란을 일으킬 때부터 그를 지원하여 당의 건국에 공을 세웠다. 그녀의 어머니 양씨는 수나라의 재상을 지낸 양달의 딸로 명문 출신이었다.

무조는 용모가 빼어났을 뿐만 아니라 무척 총명했으며 학문은 물론

측천무후

온갖 기예와 무예까지 익혀 재색을 겸비한 여성으로 성장했다. 그러다가 636년, 그녀의 박학다식과 다재다능 그리고 빼어난 용모가 알려져 당나라 제2대 황제 태종(太宗)의 후궁으로 발탁되어 궁에 들어갔다. 당시 그녀가 후궁으로서 받은 품계는 그다지 높지 않은 재인(才人, 정5품)이었으며, 태종에게 무미(武媚)라는 별칭을 받았다. 그래서 사람들은 그녀를 '무미랑(武媚娘)'이라 했다.

태종은 그녀가 책 읽기를 좋아하는 것을 보고 서가 관리를 맡겼다. 그리고 그 역할로 무려 12년을 보냈지만, 품계는 변함없이 재인이었다. 태종은 황자 14명, 황녀 21명 등 모두 35명의 자녀를 두었으나, 무조와의 사이에서 태어난 자녀는 없었다. 그런데 649년 태종이 죽자 후사를 두지 못한 선제(先帝)의 후궁은 비구니가 되어야 한다는 황실의 법도에 따라 그녀는 머리를 깎고 감업사(感業寺)라는 절로 들어갔다.

그러다가 당나라의 제3대 황제에 오른 고종의 명으로 무조는 환속하여 소의(昭儀, 정2품)의 품계를 받고 궁으로 돌아왔다. 그녀가 받은 소의는 이전의 재인에서 무려 11품계가 올라간 위치였다. 고종이 무조를 후궁으로 삼은 것은, 그가 태자일 때 태종을 간호하던 무조를 보고 한눈에 반했고 무조 또한 그에 반했기 때문이라는 이야기가 있다. 고종이 650년 여름, 태종에게 분향하기 위해 감업사에 들렀다가 무조를 본 순간 바로 옛정이 떠올라 입궁을 명했다는 것이다.

무조가 다시 궁으로 돌아올 수 있었던 것은 황후 왕(王)씨의 도움을 받았기 때문이기도 했다. 그 무렵 황후 왕씨는 고종의 총애를 받는 숙비 소(蘇)씨를 견제하기 위해 무조를 이용하려 한 것이다. 선제의 후궁이 황제가 된 그 아들의 후궁으로 들어가는 것은 전례가 없는 일이었다. 고종은 무조가 태종과 관계를 맺지 않은 처녀라는 것 등을 합리화의 근거로 내세웠는데, 황후가 적극적으로 무조를 후궁으로 삼으라 하니 그보다 반가운 일이 없었을 것이다.

652년 무조는 고종의 장남을 낳았으며, 황후 왕씨와 결탁하여 숙비 소씨를 폐출시켰다. 그리고 655년에는 무조와 고종의 첫딸을 죽였다는 혐의로 황후 왕씨마저 내쫓고 황후 자리에 올랐다.

그렇게 황후가 된 무조, 즉 무황후는 자신이 황후가 되는 것에 결사적으로 반대했던 원로 대신들에게 곧바로 복수를 단행했다. 무려 20여

명을 지방으로 좌천시키거나 죽였다. 그리고 가장 앞장서서 반대했던 고종의 외숙부이자 승상인 장손무기(長孫無忌)를 유배 보낸 뒤 자결하도록 강요했으며 장손씨 일가를 몰살했다. 그리고 투옥된 폐비 왕씨와 소씨를 처형했다. 그녀들에게 곤장 100대를 치고 다리를 잘라 술 항아리에 가두어 죽였다고 한다. 이어서 무황후는 당시 황태자였던 이충(李忠)에게 여러 가지 죄를 뒤집어씌워 폐위시키고 자기의 장남 이홍(李弘)을 그 자리에 앉혔다.

그러자 고종도 마음이 흔들렸다. 고종은 은밀히 대신들을 불러 무황후를 폐위시킬 방안을 의논했다. 하지만 미리 그 사실을 알아낸 무황후가 선수를 쳤다. 무황후는 폐위된 황태자 이충을 황제로 옹립하려는 모반을 꾀했다는 이유로 대신들을 모두 처형했고, 그들의 가족과 일가친척을 모두 노비로 만들어버렸다. 이충은 귀양 보내졌다가 몇 년 후에 사약을 받고 죽었다. 정말 무서운 보복이었다.

황태자가 된 이홍은 총명하고 행실이 바르며 품성이 선량했다. 고종과 대신들도 그를 신임했다. 그런데 황태자 이홍이 어느 날 갑자기 죽었다(675년). 『십팔사략(十八史略)』에는 이홍이 유폐된 숙비 소씨의 두 딸이 시집 못 간 것을 알고 주선하여 시집 보내겠다고 한 일이 무황후의 심기를 건드려 독살당했다고 기록되어 있다.

자주 병을 앓았던 고종은 674년 자신을 천황(天皇), 무황후를 천후(天后)라 칭하며 무황후에게 많은 권력을 주었으며, 장남이 죽은 후에는 모든 것을 무황후에게 맡기고 뒤로 물러났다. 그리하여 그녀는 측천무후(則天武后)가 되었다. 측천무후는 '하늘의 뜻을 받드는 무씨(武氏) 천후'라는 뜻이다. 이제 모든 권력이 측천무후에게 집중되었다.

그 후 무황후는 자신의 둘째 아들 이현(李賢)을 황태자로 세웠다. 이현은 겸손하고 현명했으며, 특히 학문이 뛰어나서 학자들에게 뒤지지 않았다. 그는 황태자가 되었지만, 측천무후와 자주 갈등과 마찰을 빚었다. 측천무후는 황태자에게 여러 차례 경고를 보냈지만 듣지 않자 그가 여색을 밝혀 사생활이 문란하고 그가 거주하는 곳의 마구간에서 많은 무기가 발견되는 등 반역을 도모하고 있다는 이유를 들어 폐위시켰다(680년). 고종의 청으로 목숨만은 구했던 그는 고종이 죽은 후 684년 유배지에서 측천무후의 명령에 따라 자결했다.

683년 병약했던 고종이 쉰한 살의 나이로 죽자 측천무후는 셋째 아들 이현(李顯)으로 황제의 뒤를 잇게 했다(둘째 아들과는 한자가 다르며, 따라서 중국어 발음도 다르다). 그가 중종(中宗)이다. 그러나 측천무후는 3개월 만에 중종이 외척을 요직에 끌어들인다는 구실을 붙여 폐위시키고 막내아들인 이단(李旦)을 황제에 등극시켰다. 그가 예종(睿宗)이다. 그때부터 측천무후는 모든 권력을 장악하고 휘두르며, 도읍의 이름을 고치고 관제도 개편했다. 그러나 반대하는 세력도 적지 않아서 끊임없이 반란이 일어났다. 측천무후는 연이은 저항과 반란을 진압하고 반대파에 대한 밀고와 감시에 기초한 공포정치를 펼치며 권력을 강화해나갔다.

그러다가 드디어 690년 측천무후는 예종에게 황위를 넘겨받아 국호를 '주(周)'로 고치고 수도를 뤄양으로 옮겼다. 이렇게 그녀는 중국 역사상 유일무이한 여성 황제가 되었다. 그리고 15년간 황제로서 중국을 다스렸다. 그녀의 황제로서의 존호는 천책금륜성신황제(天冊金輪聖神皇帝)다.

성신황제는 제위에 오르자마자 자신의 세력을 키우는 한편으로 당나라의 종친과 대신들을 몰살시켰다. 그렇게 잔혹하게 황제의 지위에 올랐지만, 그녀는 정치가로서는 상당히 유능했다. 예를 들어, 국법을 엄격히 해 통치체제 구축과 사회 안정을 이루어나갔으며, 제도적으로 정착되어 있지 않았던 과거제도를 개편하여 국가에 필요한 인재를 등용했다. 더불어 당나라 때의 대신인 적인걸, 장간지 등도 중용했다. 그녀는 반대파를 가혹하게 감시하고 통제했지만, 민생 회복과 생산력 강화에 노력하여 백성의 생활은 상대적으로 많이 안정되었다. 일부 역사가들은 그녀의 치세를 '무주의 치(武周之治)'라고 한다.

만년에 이르러 그녀는 후계 문제를 고민할 수밖에 없었는데, 적인걸 등은 당나라의 복원을 원했다. 그리하여 698년 유폐되어 있던 이현(중종)이 황태자에 봉해졌다. 그 후 705년, 병으로 건강이 악화된 그녀가 이현에게 황제 자리를 물려줌으로써 주나라는 1대 만에 멸망하고 다시 당나라가 복원되었다. 그리고 그녀는 최초의 여성 태상황(太上皇)이 되었다. 그 해 11월, 그녀는 여든두 살의 나이에 파란만장한 생을 마감했다.

측천무후에 대한 평가는 매우 다양하다. 예를 들어 "묘비에 한 자도 새기지 말라"는 유언을 보자. 한편에서는 '자신에 대한 평가는 훗날의 역사에 맡긴다'라는 겸허함의 표현으로 해석하고, 다른 한편에서는 '자신의 공적이 너무도 커서 작은 비석 따위에는 다 새기기도 못한다'라는 자만심의 표현으로 해석한다.

역사가들은 그녀가 죽인 사람이 공식적으로 93명, 비공식적으로는 200여 명이며, 그녀의 명령으로 처형된 관리는 7천여 명에 이른다고 말한다. 황제를 비롯한 모든 사람을 자기 뜻대로 좌지우지했고, 거스르는 사람은 누구를 막론하고 혹독한 대가를 치렀다는 것이다.

또 첫딸의 질식사, 장남의 사망 등은 모두 그녀의 악행에 의한 것이며, 황제인 자식을 '왕'으로 깎아내리고 그 지위를 빼앗았다는 등 자식에 대한 사랑보다 권력욕에 눈 먼 비정한 악녀 중의 악녀로 묘사된다. 그리하여 그녀는 중국 최고의 폭군과 악녀로 손꼽히는 악의 대명사가 되었다.

그러나 장남의 죽음은 과로사일 것이라는 해석도 있고, 뛰어난 정치력과 행정 능력으로 국가를 다스렸다는 평가도 있다. 농업 생산력이 발전하여 인구가 크게 늘었고, 수공업과 상업 및 교통이 번영했으며, 문화도 흥성했다는 사실은 어떻게 설명할 수 있을까?

과연 그럴까? 진실은 무엇일까? 역사서를 바탕으로 했다지만, 소설 등의 창작물에서 과장되고 왜곡된 이미지는 없을까? 과연 어떻게 평가해야 역사적 진실에 가까울까?

서태후

西太后

세상 모든 악의 화신

중국 역사에서 악인·악녀를 꼽을 때 절대 빠지지 않는 인물이 서태후(西太后)다. 악질적이고 탐욕스럽게 국가의 이익보다는 자신의 권력과 사치·허영을 위해 중국의 마지막 제국 청나라의 멸망을 앞당겼다는 서태후다. 그런데 '서태후'는 처소가 쯔진청(紫禁城) 서쪽에 있었기에 붙은 별칭이며, 공식 명칭은 효흠현황후(孝欽顯皇后)다.

그녀는 1835년 만주족의 예허나라(葉赫那拉) 집안에서 태어났다. 이름은 란(蘭) 또는 행(杏)이라고 하지만, 분명하지는 않다. 그녀의 집안은 유복했고 여러 세대에 걸쳐 관리로 종사했다. 1849년 그의 아버지가 몽골 지역을 다스리는 지방관으로 임명됨에 따라 그녀의 가족은 몽골로 거처를 옮겼다.

1852년 봄, 그녀는 청 황실의 정기적인 간택에서 함풍제(咸豊帝)의 눈에 들어 궁으로 들어갔다. 하지만 그녀는 낮은 등급의 후궁이었다. 몇 년

서태후

후 그녀는 아름다운 노랫소리로 함풍제의 관심을 끌어 승은을 입었고, 1856년 아들을 낳자 처음으로 얻은 아들의 탄생에 함풍제는 크게 기뻐하며 그녀를 황후 바로 다음 서열인 의귀비(懿貴妃)로 책봉했다.

1861년 함풍제가 죽자 그녀의 아들이 황제(동치제)에 올랐고, 그녀는 황태후가 되어 서태후라는 이름으로 불리게 되었다. 그런데 함풍제는 죽기 전 겨우 다섯 살에 지나지 않는 황제의 섭정을 여덟 명의 대신에게 맡겼다. 이에 불만을 품은 서태후는 정실 황후인 동태후와 함풍제의 동생 공친왕과 연합해 대신들을 내몰고 섭정 체제를 확립했다. 그것을 신유정변(辛酉政變)이라고 한다. 그런데 그 섭정 체제의 실질적인 권력자는 황제의 생모인 서태후였다.

그러면서 계속 권력을 장악하려는 서태후와 친정(親政)을 하려는 동치제는 서로를 견제했다. 또 동치제는 엄격한 서태후보다 다정한 동태후를 더 좋아했는데 이것도 갈등의 원인이었다. 이러한 갈등은 동치제가 동태후가 추천한 후보를 황후로 간택하면서 더욱 커졌다.

서태후는 1873년 동치제가 친정을 하면서 물러나는 듯 보였다. 그러나 2년 후인 1875년 동치제가 죽자 다시 권력을 장악하기 위해 움직였다. 특히 서태후는 동치제의 후계자를 관례에 따라 동치제의 다음 항렬에서 구하면 자신의 권력이 사라질 것을 우려해 세 살 난 조카 재첨(載湉)를 입양한 뒤 황제(광서제)로 삼았다. 그리고 수렴청정이라는 명분 아래 실권을 휘둘렀다.

그 뒤 1881년 동태후가 급사했다. 물론 서태후에 의해 독살되었다는 소문도 있었다. 어찌 되었든 서태후는 유일한 황실 큰어른이자 사실상의 실권자로서 어린 황제를 방패로 청나라를 좌지우지하게 되었다.

서태후는 광서제를 엄격히 교육하는 한편, 사소한 부분까지 직접 신경 쓰며 겉으로는 돈독한 모자관계를 유지하려 애썼다. 하지만 처음부터 서태후는 광서제에게 이렇다 할 애정이 없었고, 자신의 기반을 공고히 하고자 또 다른 조카를 광서제의 황후로 간택했으며, 두 후궁인 근비와 진비도 직접 골랐다. 그러나 광서제가 친정을 시작하면서 사사건건 정무에 간섭하며 권력을 완전히 넘겨주지 않으려 하는 서태후와 점차 사이가 벌어졌다.

한편 친정을 시작한 광서제는 서태후에게 좌지우지되는 자신의 상황을 타개하기 위해 캉유웨이의 변법자강책(變法自彊策)에 관심을 보였다. 그리하여 1898년 광서제는 조서를 내려 캉유웨이의 개혁을 실행에 옮기려 했다(무술변법). 서태후도 처음에는 변법에 찬성했으나, 광서제의 목적이 권력 이양에 있음을 알고 무술정변을 일으켜 변법 세력의 핵심 인물들을 죽이고 변법 조치를 모두 취소했다. 그리고 광서제를 유폐시킨 뒤 황제의 병을 이유로 다시 섭정을 시작했다.

광서제가 유폐된 이후 서태후는 삶을 마칠 때까지 권력을 유지했다. 하지만 청나라는 이미 서구 열강의 반식민지로 전락해 멸망을 향해 가고 있었다. 1900년 의화단이 각국 공사관을 습격하자 8개국 연합군이 베이징으로 쳐들어온 사건이 벌어졌다. 그때 서태후는 광서제와 함께 시안으로 피난 갔다. 그런데 가면서 광서제가 마음을 터놓는 총애하는 후궁 진비를 우물에 빠뜨려 죽였다고 한다.

1902년 초 베이징으로 돌아온 서태후는 만주족과 한족 간의 통혼 금지 철폐, 전족의 철폐, 과거제 폐지, 신식 군대 확충 등의 조치를 단행했다. 하지만 이러한 조치는 크게 빛을 발휘하지 못했고, 청나라는 결국 회복 불능 상태에 빠졌다.

1908년 계속 유폐되어 있던 광서제는 죽었다. 실제로 후대에 시신을 조사한 결과 독극물인 비소가 다량 검출되어서 사인이 독살로 확인되었는데, 서태후가 광서제 독살을 직접 지시한 것으로 보인다. 그다음 날 서태후는 광서제의 동생의 아들인 두 살의 푸이(溥儀)를 황제로 지명하고

의화단 운동

생을 마쳤다.

국가의 이익은 전혀 아랑곳하지 않고 오직 자신의 권력욕만을 채우기 위해 황제보다 더 많은 권력을 행사한 것, 권력을 얻고 지키기 위해 황실의 중진들을 죽이고 황제를 죽이고 황후를 죽이고 며느리까지 죽인 것 등을 이유로 서태후는 희대의 폭군이자 악녀로 손꼽힌다. 그러나 최근에는 서태후의 노련한 정치적 능력이 장기집권을 가능하게 한 요인이라는 평가도 나온다. 특히 황족과 신하들 사이에서 권력 균형을 유지하는 것에 능했다는 것이다. 또 그녀가 권력을 잡은 시기에 중국 주권은 대내외적으로 위협을 받았는데, 그녀가 자신의 권력 유지를 위해 시행한 여러 조치는 비록 성공했다고는 할 수 없지만, 역사적 맥락에서 객관적으로 평가하면 대부분은 합리적이었다고 볼 수 있다는 것이다.

그러나 서태후의 사치스러움은 정도를 훨씬 뛰어넘는 지나친 수준이었으며, 당시 외세의 침략으로 나라가 무너지는 상황이었다는 점에서 더욱 비난받는다. 그녀의 사치와 허영심은 고종의 후궁이었을 때부터 나타났다고 한다. 아들을 낳은 후 그녀는 다시 함풍제의 사랑을 받기 위해 산후에 망가진 몸매부터 수습했다. 귀하고 값비싼 특수용품으로 세수를 하고, 매일같이 진주를 갈아서 마셨으며 두 명의 산모들이 공급하는 신선한 모유를 마셨다.

서태후는 중국 역사상 가장 사치스러운 여인이었다. 그녀는 진귀한 음식에 관심이 많았고 식탐도 대단해서 한 끼에 128가지나 되는 음식을 먹었다고 한다. 그러한 음식을 마련하는 데 당시 돈으로 100냥 정도 들었는데, 그것은 중국 농민의 약 1년치 끼니를 살 수 있는 금액이었다. 또 서태후가 전용 열차를 타고 지방에 갈 때는 16칸 열차에서 4칸이 주방이었고 수행 요리사만 50~100명이었다고 한다.

서태후는 옷 사치도 심했다. 금박의 비단옷 등이 무려 3천여 벌이나 되었고 옷을 담는 상자만 해도 700개가 넘었다고 한다. 또 옷은 물론이고 버선과 신발에도 굉장히 신경 써서 그녀의 옷과 버선·신발을 만드는 데만 매년 3천 명 이상 동원되었고, 그 비용은 매년 1만 냥 정도 들었다고 한다. 또 보석에 대한 욕심이 많았다고 하는데, 특히 비취와 진주를 좋아해서 그것들로 반지와 팔찌는 물론이고 손톱 보호대, 머리 장식, 망토 등을 만들었고, 식기와 악기도 비취로 만든 것이 있었다고 한다.

서태후의 사치스러움은 황궁 정원인 이허위안(頤和園)의 재건에서 최고조에 달했다. 원래 아편전쟁 때 불탄 이허위안을 초호화판으로 재건하면서 서태후는 엄청난 돈을 썼다. 심지어는 북방함대의 예산까지 가져다 썼다고 한다. 역사가들은 서태후가 북방함대의 예산을 이허위안 재건에 사용하는 바람에 병력이 크게 약해진 것이 패배의 한 원인이라고 지적하기도 한다.

1888년 서태후가 해군 예산 30만 은(銀)을 유용하여 아편전쟁 당시 약탈당하고 불탄 황궁 정원을 재건하고 '이허위안'이라 이름 붙였다. 의화단 운동 때 연합군에 의해 파괴된 부분을 1902년에 또다시 재건했다.

니콜라에 차우셰스쿠

Nicolae Ceauşescu

자신을 신(神)이라 여긴 독재자

헝가리, 불가리아, 우크라이나, 몰도바 등과 국경을 맞대고 있는 루마니아는 한반도보다 조금 큰 나라다. 루마니아는 우리나라와는 그리 친숙하지 않은 나라였지만, 1989년 12월 25일 루마니아의 독재자 차우셰스쿠가 총살당하는 모습이 생생하게 보도되면서 뉴스의 집중적인 조명을 받았다. 그런데 악명 높은 차우셰스쿠는 누구이며 그는 왜 총살을 당해야 했을까?

니콜라에 차우셰스쿠(Nicolae Ceauşescu)는 1918년 가난한 농민의 10남매 중 하나로 태어났다. 가정형편이 매우 어려웠으며, 아버지는 알코올 의존자였다. 열한 살 때 가출하여 부쿠레슈티에서 제화 수습공 등 온갖 잡일을 하던 그는 1932년 열네 살의 나이에 당시에는 불법 단체였던 공산당에 입당했다. 그는 공산당에서 적극적으로 활동했다.

차우셰스쿠는 어렸지만 선전·선동 활동에 앞장서서 활약하다가 1933

니콜라에 차우셰스쿠
(1965년)

년 11월에 처음으로 체포되었고, 1934년에는 공산주의 활동을 했다는 이유로 수감된 철도 노동자들을 위해 석방 탄원서 서명을 받다가 다시 체포되었다. 그는 이후에는 공산당 관련 임무를 수행하다가 수차례 수감되었다. 그는 감옥에서 스탈린주의에 빠졌다고 한다. 또 1940년 다시 투옥된 그는 1943년 이송된 강제수용소에서 나중에 루마니아 공산당 서기장이 된 게오르게 게오르기우데지(Gheorghe Gheorghiu-Dej)를 만나 그의 심복이 되었다.

제2차 세계대전이 끝나고 루마니아에 공산정권이 수립된 후 1948년

5월 차우셰스쿠는 농무부 차관에 임명되었고 1950년 3월에는 국방부 차관이자 육군 고등정치국장에 임명되었다. 그리고 1954년에는 루마니아 공산당 정치국의 정회원이 되었다. 그렇게 루마니아 공산당에서 승승장구하던 그는 1965년에 게오르게 게오르기우데지가 사망하자 루마니아 공산당 서기장 자리를 승계했다. 바야흐로 그의 독재 시대가 열린 것이다. 그는 1965년부터 1989년까지 25년 동안 루마니아의 절대적인 권력자였다.

차우셰스쿠는 공산당 서기장으로 집권당의 총수였지만 대통령이 되고 싶었다. 공산국가에는 대통령제가 없다. 그러나 그는 루마니아 헌법을 개정해서 스스로 대통령이 되었다. 그는 대통령으로서 초기에는 비교적 정치를 잘했다고 한다. 소련의 지나친 간섭에 노골적으로 반발하고 독자 노선을 걸으면서 서방국가와도 우호적인 관계를 맺으려고 노력했다.

그러던 차우셰스쿠의 태도가 갑자기 바뀐 것은 1971년부터였다. 그해에 그는 중국과 북한을 방문했다. 중국에서는 마오쩌둥 주석을 만났고, 이어서 북한에서는 김일성 주석을 만났다. 그때 그는 마오쩌둥과 김일성의 거의 완벽한 독재에 큰 감명을 받았다. 특히 북한 김일성이 우상화를 통해 신처럼 숭배되고 있는 것에 깊이 감동해 김일성과 의형제까지 맺고 귀국했다.

차우셰스쿠는 마오쩌둥이나 김일성이 인민에게 신처럼 숭배되는 것은 정적을 과감하고 확실하게 숙청하고 우상화를 지속했기 때문이었다고 판단하고 특히 김일성을 롤모델로 정했다. 이에 따라 그는 북한의 주체사상을 번역해서 보급할 것을 지시하고 자신도 자서전을 썼다. 물론 내용은 자신을 크게 미화시킨 것이었다. 그 책에서 그는 자신을 최고의 마르크스주의 사상가라고 선전했다. 또 국민을 통제하기 위해 '애국자위대'라는 비

1986년 8월 23일에 부쿠레슈티의 '8월 23일 경기장'에서 열린 매스게임의 모습.
우상화의 단면을 볼 수 있다.

밀경찰 조직을 대대적으로 강화해 철저한 감시체제를 마련했다. 그때 루마니아 전국에 약 300만 개의 도청기를 설치했고 2천만에 가까운 모든 주민을 실시간으로 감시했다고 한다.

그리하여 국민의 감시와 통제에 자신감을 얻은 차우셰스쿠는 자신을 본격적으로 우상화하기 시작했다. 자신의 호칭을 그냥 대통령이 아니라 '정열적이고 총명하며 매력적인 인격의 영원한 우리의 지도자'로 부르게 했다. 완전히 북한의 김일성을 흉내 낸 호칭이었다. 또 자신을 살아 있는 신(神)이라고 하면서 자기 생일과 부인의 생일을 국경일로 정했다. 역시 김일성의 생일이 북한의 국경일인 것을 따라서 한 것이다.

그 무렵 루마니아에 큰 위기가 닥쳤다. 하나는 그동안 국가 경제를 해외 차관으로 충당했는데 외채의 만기가 도래한 것이었다. 루마니아는 도저히 상환할 능력이 없었다. 하지만 차우셰스쿠는 자신의 위신을 생각해서 농산물을 모두 팔아 외채를 일부라도 상환하게 했다. 그 무렵까지 루마니아 국민의 주업은 농업이었다. 농산물을 모조리 공출당하니 막상 국민들이 먹을 식량이 크게 부족해서 큰 고통을 겪게 되었다.

또 다른 위기는 1977년에 루마니아의 수도 부쿠레슈티에 대지진이 발생한 일이었다. 그 지진으로 막대한 피해를 입었는데도 차우셰스쿠는 북한의 인민궁전을 본떠 짓고 있던 초호화판 인민궁전 공사를 차질없이 계속 진행하라고 지시했다. 그에 대해 국민이 큰 불만을 나타냈다. 여기저기 대자보도 나붙었다. 차우셰스쿠에 대한 불만이 담긴 대자보는 누가 작성했는지 알 수 없도록 타자기로 타이핑된 것들이었다. 그러자 차우셰스쿠는 마치 타자기를 숙청하듯 모두 없애버리라고 지시했다. 너무나 비상식적인 지시였으며 독재자의 횡포였다.

차우셰스쿠는 독재자다운 면모를 보인 엉뚱한 정책을 실행했다. 그가 중국 방문에서 느낀 대로 국력을 강화하려면 인구가 많아야 한다며 저출산이 아니라 '다출산 정책'을 시행한 것이다. 그를 위해 이혼 금지, 피임약 금지, 낙태 금지 등을 실시하는가 하면, 40세 이하 여성은 무조건 아이를 낳아야 하며, 여성이 40세 이하인데도 아이를 낳지 않으면 연봉의 30퍼센트를 중과세로 부과하는 등 강압적인 정책을 발표했다.

루마니아의 경제가 심각해진 원인으로는 외채 부담, 자연재해, 다출산 정책 등도 있지만, 차우셰스쿠가 농업국가를 공업국가로 바꾸려고 시행한 정책의 실패가 더 중요한 원인이다. 의도는 이해되지만, 전통적인 농업에서 공업을 국가의 기반으로 하자면 그만한 인프라와 인재가 있어야 한다. 그런 밑바탕이 없이 정책을 시행하니 결국에는 농업도 공업도 모두 위축되었고 교육 부재와 일자리 부족으로 숱한 실업자를 양산했다.

그러나 차우셰스쿠는 국가의 흥망에는 별로 관심이 없는 듯했다. 그가 시도한 것은 정책의 보완과 수정이 아니라 북한의 김일성처럼 자신의 권력 세습체제를 확고히 하는 것이었다. 그는 우선 1980년 아내를 공산당 제1서기 겸 부통령으로 선임했다. 부인 엘레나의 학력은 초등학교 4학년 중퇴였다. 그런데 그녀를 과학자로 둔갑시키고 화학과 관련된 논문을 100여 편이나 썼다고 과장했다. 그녀는 화학이 무엇인지 개념조차 잘 모를 것이다. 김일성 부자의 과장과 조작을 넘어서는 기막힌 우상화였다.

1982년에는 후계자로 점찍은 서른두 살의 막내아들을 국가중앙위원회 위원이자 루마니아 청년단 제1서기로 임명했으며, 가족을 모두 내각의 장관을 비롯한 국가의 요직에 앉혔다. 차우셰스쿠의 둘째 아들은 체육부 장관에 임명되었다.

루마니아 국민은 분노를 표출하기 시작했다. 경제정책 실패와 다출산 정책으로 심각한 경제난에 고통을 받고 있던 국민이 노골적으로 불만을 드러내며 적지 않은 소요사태를 일으켰다. 차우셰스쿠는 그 정도는 얼마든지 진압할 수 있다고 자신했다.

그런데 뜻하지 않은 사태가 발생했다. 루마니아와 헝가리 국경 근처 루마니아 영토에 헝가리의 마자르족이 모여 사는 지역이 있었다. 그곳의 목사가 인터뷰에서 “우리 헝가리인이 루마니아의 핍박을 받고 있다”라고 말한 것이다. 그러자 차우셰스쿠는 그 목사를 추방했다. 하지만 그곳 주민들이 크게 반발했다. 그들은 기다렸다는 듯이 소요사태를 일으켰고 학생들까지 시위에 참여했다.

차우셰스쿠는 제국주의자들의 책동으로 그런 소요사태가 일어난 것이며 그곳의 헝가리 후손들은 모두 간첩이라고 맹렬히 비난하며 무력진압을 지시했다. 그에 따라 루마니아 경찰이 시위대에 발포하여 여러 명의 사망자가 발생했다. 그러나 시위대에 참여하는 사람들의 숫자가 크게 늘었다.

그것은 도화선이었다. 그동안 불만을 억누르고 있던 루마니아 국민이 시위에 동조했다. 그런데 시위 군중의 규모가 차츰 커지자 차우셰스쿠는 어용 집회를 추진했다. 맞불 작전으로 나름대로 묘안이었다. 그 집회에는 차우셰스쿠를 지지하는 세력이 10만 명이나 모였다. 물론 조직적으로 동원된 주민이 대다수였다.

그러다 1989년 12월 21일, 차우셰스쿠가 직접 참가한 어용 집회가 생중계되었다. 이윽고 차우셰스쿠가 연설을 시작하자 갑자기 어수선해지더니 뒤쪽에서 "차우셰스쿠 물러나라!", "우리는 배고프다!"라는 함성이 들려왔고 차츰 사방으로 퍼져나가면서 예상과는 달리 차우셰스쿠 퇴진을 요구하는 집회가 되어버렸다. 그뿐만 아니라 누군가의 외침에 따라 인민궁전을 공격했다. 이 퇴진 시위는 들불 번지듯 삽시간에 전국으로 퍼져서 노동자까지 시위에 참여했다. 사태가 심상치 않자 공산당 원로들이 차우셰스쿠에게 정치 변화를 주문했다.

그러나 크게 당황한 차우셰스쿠는 원로들의 말은 듣지 않고 계엄령을 선포했다. 계엄령은 국방부 장관이 병력을 동원해야 한다. 그런데 루마니아 국방부 장관은 대통령인 차우셰스쿠의 명령을 따르지 않고 명령과는 정반대로 "각 병력은 모두 소속부대로 복귀하라"라는 지시를 내리고 자살했다.

군대가 명령을 따르지 않으니 폭발적으로 늘어나는 시위대를 막을 방법이 없었다. 차우셰스쿠는 난생처음 신변에 위협을 느꼈다. 그는 가족을 데리고 탈출하려고 헬리콥터를 불렀다. 가족과 측근이 탈출하기 위해서는 여러 대의 헬리콥터가 필요했다. 그런데 차우셰스쿠 일행이 기다리는 곳에 착륙한 헬리콥터는 한 대뿐이었다.

차우셰스쿠 부부가 헬리콥터에 탑승했다. 그러나 조종사는 대공포 사

총살되는 차우셰스쿠 부부

격이 있는 것 같다면서 거짓으로 헬리콥터를 이리저리 흔들리게 했다. 헬리콥터에서 내린 차우셰스쿠 부부는 도로를 달리던 승용차를 빼앗아 타고 우여곡절 끝에 어느 산림 감시원 숙소에 도착했다. 그러나 감시원들의 신고로 그들 부부는 체포되었다. 1989년 12월 23일이었다.

1989년 12월 25일 차우셰스쿠 부부에 대한 특별 군사재판이 열렸고, 6만 명 이상의 대학살과 국가전복 기도, 경제 파괴, 공공재산 착복, 도주 기도 등의 죄목으로 사형이 선고되었다. 그리고 오후 4시 차우셰스쿠 부부는 건물에서 끌려 나와 담벼락에 세워져 난사되는 총알을 맞고 쓰러졌다. 그 처참한 모습은 영상으로 전 세계에 전해졌다. 무려 25년 동안, 자신은 신이라며 수많은 사람을 처형하고 폭군으로 무소불위의 횡포를 자행하던 악랄한 독재자의 최후였다.

사파르무라트 니야조프

Saparmurat Niyazov

전 세계 투르크멘의 아버지를 자처했던 독재자

투르크메니스탄은 카자흐스탄, 우즈베키스탄, 이란, 아프가니스탄 등과 국경을 맞대고 있는 나라로, 면적은 한반도의 두 배가 조금 넘지만 드넓은 중앙아시아에서는 가장 작은 나라다. 더구나 국토의 약 80퍼센트가 사막지대다. 투르크메니스탄은 '투르크멘의 땅'이라는 뜻이다. 그들의 먼 조상은 흉노족과 함께 북방 아시아에서 융성했던 돌궐족인 것 같다.

투르크메니스탄을 설명하는 이유는 1990년부터 2006년까지 투르크메니스탄을 통치했던 세상에서 가장 황당한 독재자 사파르무라트 니야조프(Saparmurat Niyazov)를 살펴보기 위해서다. 흔히 독재자라면 온갖 만행을 자행하는 악랄한 폭군을 떠올리지만, 니야조프는 그야말로 웃기는 기행, 괴이한 행동, 엉뚱한 사고방식 등으로 유명했던 좀 색다른 독재자였다.

북방의 유목민이 세운 투르크메니스탄은 지난날 소련의 위성국가였다. 1940년생인 니야조프는 대학을 마치고 일찍이 공산당에 입당해서 적

사파르무라트
니야조프

극적인 활동으로 이름을 알렸으며, 1985년부터 1990년까지 투르크멘 소비에트 사회주의 공화국의 당 서기장을 지냈다. 그러다가 1991년 소련의 해체로 독립한 투르크메니스탄공화국의 초대 대통령으로 선출되었다.

그런데 그는 대통령이 되자마자 갖가지 괴이하고 엉뚱한 기행을 시작했다. 먼저 이름을 투르크멘바시 니야조프로 바꾸었다. '투르크멘바시'는 '모든 투르크멘의 아버지'라는 뜻이다. 그리고 세상에서 가장 특이한 공항을 짓겠다며 관제탑을 관제사들의 시야를 가리는 공항 건물 뒤 중앙에 설치했으며, 공항 이름을 '사파르무라트 투르크멘바시 니야조프' 국제공항으로 바꿨다(물론 지금의 이름은 아시가바트 국제공항이다).

그다음, 국토 대부분이 사막지대이며 날씨가 무척 덥고 건조한 나라인데 '위대한 얼음궁전'을 지으라고 지시했다. 또 자기가 시인이라며 새로운 독립국가의 국가(國歌) 가사를 직접 썼다. 이어서 『루흐나마(Ruhnama)』라는 2권짜리 경전까지 썼다. 그는 이 책이 쿠란·성경과 함께 3대 성서라고 자랑했다. 모든 국민은 이 책을 읽고 암송해야만 사회생활을 할 수 있었는데, 전국의 각급 학교에서 의무적으로 가르쳤으며 대학 시험이나 공무원 시험, 심지어 운전면허 시험에도 그 내용이 출제되었다.

또 그는 자신이 신(神)이라며 전국에 자신의 동상을 세우도록 했다. 그중에서 대통령궁 한복판에 서 있는 황금 동상은 태양을 바라보며 회전하는데, 그는 동상이 태양을 향해서가 아니라 니야조프를 존경하는 태양이 동상의 주위를 회전한다고 주장했다. 그리고 모든 가옥과 건물에 자기 초상화를 걸어놓도록 했다. 심지어 화장실까지 초상화를 걸어야 했다. 아울러 자신은 위대한 시인이라며 시상(詩想)이 떠오르면 TV의 정규 방송을 중단시키고 출연해서 자작시를 읊었다. 달력도 바꿨다. 투르크메니스탄 달력은 1년이 8개월로 바뀌었고, 매달 이름도 자신과 자신의 부모, 가족들 이름으로 바꿨다. 아무리 독재자가 모든 것을 제멋대로 한다지만 정말 해도 너무했다.

더욱 황당한 것은 투르크메니스탄에서 발레와 오페라 공연을 금지한 것이다. 가수들의 공연에서 립싱크를 금지했으며, 장발도 금지되었고 턱수염을 기를 수도 없었다. 투르크메니스탄 정서에 맞지 않는다는 것이 이유였다. 그뿐만 아니라 금으로 된 치아를 하지 못하게 금했다. 역시 정서

대통령궁 한복판에 서 있는
사파르무라트 니야조프의 황금 동상

에 맞지 않는다는 이유에서였다.

어처구니없는 일이 계속되었다. 외국에서 학위를 받은 사람은 필요가 없다며 추방했다. 그 때문에 전문인력이 크게 부족했다고 한다. 그리고 일반적으로 3년인 고등학교 과정을 2년으로 단축하는가 하면, 지방 사람들이 책을 읽지 않는다며 수도 아시가바트를 제외한 전국의 모든 도서관을 폐쇄했다.

괴이하고 황당하여 웃음을 참기 어려운 니야조프의 행각은 한도 끝도 없다. 갑자기 소나기가 쏟아져 비를 맞게 되자 기상청 직원들의 월급을 절반으로 삭감했으며, 자기가 먹은 과일 중 멜론이 가장 맛있다며 '멜론 기념일'을 지정했다. 자동차경주가 취미였던 그는 경기가 있는 날은 도로에 차가 못 다니게 했다. 그리고 투르크메니스탄 여성과 결혼하려면 미화 5만 달러를 미리 내도록 했다.

1999년, 니야조프는 법을 개정해서 종신대통령이 되었다. 그러나 2006년에 심장마비로 갑자기 사망했다. 1990년부터 2006년까지 16년 동안 모든 것을 제멋대로 했으며 죽는 날까지 대통령이었으니 그것도 종신대통령이었다고 할 수 있다. 사망 당시 그의 나이는 예순여섯 살이었다.

누가 봐도 웃음거리가 될 비정상적인 행위를 니야조프가 자기 마음대로 거의 즉흥적으로 명령하고 지시해도 투르크메니스탄 국민은 왜 대부분 반발하거나 집단행동을 하지 않았을까? 니야조프는 끊임없이 황당한 짓을 벌였지만, 사람을 죽이지는 않았다. 정적을 숙청하기 위해 살인하지도 않았을 뿐만 아니라, 1999년에는 투르크메니스탄에서 사형제를 폐지했다.

투르크메니스탄은 비교적 경제가 안정된 나라였다. 운 좋게도 석유매

장량이 소련에서 3위, 전 세계에서 44위였다. 거기다가 천연가스가 풍부해 경제적으로 여유가 있어서 니야조프는 충분한 복지정책을 추진할 수 있었다. 가스는 온종일 사용해도 우리 돈으로 100원이 채 되지 않았다. 대학까지 무상교육은 물론 전기료, 수도료, 소금 등을 전 국민에게 무료로 공급했다. 국민들은 일상생활이 여유로워 정부에 불만이 없었다. 니야조프의 황당한 기행쯤은 그냥 웃어넘길 수 있었기에 반정부 시위 따위는 전혀 생각도 하지 않은 것이다.

니야조프를 폭군이나 잔혹하고 가혹한 악마라고 할 수는 없다. 다만 그는 자기 멋대로 독재를 했고 자신을 지나치게 우상화했으며, 황당무계한 행동으로 투르크메니스탄 국민의 인권을 유린한 것은 틀림없다. 그런 의미에서 마땅히 악인이었으며 분명한 독재자였다.

엔베르 호자

Enver Hoxha

독재자의 완벽한 표본

알바니아는 발칸반도에 있는 인구 약 300만 명의 작은 나라다. 북쪽으로는 코소보와 몬테네그로, 동쪽으로는 마케도니아, 남동쪽으로는 그리스, 서쪽으로는 아드리아해를 사이에 두고 이탈리아반도와 마주 보고 있다. 알바니아는 유럽에서 가장 가난한 나라로 국민소득도 유럽에서 가장 낮다. 여러 가지 원인이 있겠지만, 독재자의 표본이라고 할 수 있는 엔베르 호자(Enver Hoxha)의 폐쇄정책과 철권통치·공포정치 등도 그 하나로 꼽을 수 있다.

엔베르 호자는 1908년에 태어났다. 1930년 국비장학생으로 프랑스에서 철학과 정치학을 공부한 그는 알바니아로 돌아와 고등학교에서 프랑스어와 윤리 과목을 가르치는 교사로 일했다. 그러다 1939년 제2차 세계대전이 발발하면서 알바니아에 침공한 이탈리아의 파시스트를 상대로 파르티잔(Partisan) 활동을 펼쳤다. 파르티잔은 비정규군 또는 자원자들로 조

엔베르 호자

직된 소규모의 유격부대나 게릴라를 뜻한다. 파르티잔이 늘어나자 엔베르 호자는 그들을 규합해서 '알바니아 민주전선' 및 민족해방전선을 결성했다.

그들은 마침내 이탈리아 파시스트들을 물리치며 알바니아 독립운동에서 주도권을 잡았으며, 1943년 이탈리아의 무솔리니가 축출되자 알바니아 정국을 장악하기 시작했다. 이후 알바니아에 주둔한 나치 독일군과 나치 독일을 지지하는 극우 민병대를 알바니아에서 몰아내는 데 성공했다. 엔베르 호자가 이끄는 파르티잔은 공산주의를 지향하면서 통합된 공산주의 조직을 결성했고, 철저한 스탈린 숭배자인 엔베르 호자가 초대 서기장으로 선출되었다.

1945년 나치 독일의 패망 직후 알바니아는 소련 스탈린의 지시에 따라 총선거를 치렀고, 1946년 알바니아인민공화국을 수립했다. 그 과정에서 엔베르 호자는 파르티잔 경력을 내세워 최고 자리에 올랐고, 실권을 장악하자마자 알바니아에서 대대적으로 파시스트를 색출하고 나치 독일에 부역한 자들을 색출해서 처단했다.

1947년, 소련의 스탈린은 현재 알바니아의 공산혁명 단계는 인민민주주의이며 산업발전 수준도 매우 낮은 상태의 농업국가이기 때문에 통일전선을 지도하는 정당의 명칭도 공산당이 아닌 노동당이어야 한다고 지시했다. 엔베르 호자는 스탈린의 지시를 수용하여 알바니아 공산당의 명칭을 알바니아 노동당으로 바꾸었다. 또 열렬한 스탈린 숭배자였던 그는 동유럽에서는 가장 강력하고 엄격한 스탈린주의 정책을 펼쳤다.

스탈린주의(Stalinism)는 일국사회주의, 사회주의적 애국주의, 프롤레타리아 단일 정당의 절대적 우위, 프롤레타리아 도덕주의 등을 특징으로 한다는 측면에서는 마르크스·레닌주의와 크게 다르지 않다. 그러나 스탈린 집권기에 진행된 전체주의 정치, 비밀경찰의 상시 운영, 관료 조직의 비대화, 강력한 통제 등의 측면에서는 스탈린주의와 마르크스·레닌주의는 별개의 의미로 사용된다. 즉 독재체제에 맞게 부분적으로 마르크스 이념을 왜곡시킨 것이다. 따라서 원칙은 마르크스·레닌주의지만 정책을 시행하는 과정에 스탈린의 독자적인 견해가 포함되어 있었다.

엔베르 호자는 철저한 스탈린 숭배자였다. 따라서 스탈린처럼 알바니아를 통치하려고 했다. 스탈린이야말로 모든 독재의 표본이라고 할 수 있다. 정적을 비롯한 반대세력의 씨까지 없애는 숙청과 살해, 우상화, 빈틈없는 감시와 통제, 악독한 고문과 오지로의 추방, 강제수용소, 사상범 교화소 등을 통한 고통 주기로 사상을 세뇌하는 것은 스탈린 독재의 기본적인 방식이었다. 모든 시설의 국유화, 배급제 등 공안 통치와 공포정치로 숨 쉴 수 없을 정도로 억눌리고 굶주림으로 고통받으면서도 독재자를 울며 겨자 먹듯 찬양해야 하는 1인 독재의 사회주의 국가를 만든 것이 스탈린이었다.

정치범 수용소. 호자가 집권하는 동안 정치적 처형은 흔했다.
988명이 정권에 의해 살해되었고 더 많은 사람이 노동수용소로 보내지거나 박해를 받았다.

엔베르 호자는 그런 스탈린을 숭배하며 그와 똑같이 알바니아를 독재적으로 통치하려고 했다. 그리하여 '시구리미(Sigurimi, 국가안전국)'를 조직했다. 이 기구는 3만 명의 비밀경찰과 병력을 가동할 수 있는 5개의 기계화 연대로 구성된 거대한 조직이었다.

그들은 알바니아 국민을 철저하게 감시하면서 자본주의자들을 서방의 간첩으로 몰아 처형하고 사상·문화·서적을 검열했다. 사상범으로 의심되면 체포해서 가혹하게 고문하며 자백을 강요하고 강제수용소로 보냈다. 또 서방국가, 특히 인접한 그리스로의 탈출을 막기 위해 국경에 많은 비밀경찰을 배치했다.

1953년 스탈린이 급사하고 흐루쇼프가 소련의 통치자가 되었다. 그는 스탈린과 스탈린주의를 맹렬히 비난하면서 탈스탈린주의 정책을 펴겠다고 공언했다. 그러자 엔베르 호자가 당 차원에서 공식적으로 흐루쇼프를 비난했다. 그로 인해 소련과 알바니아의 관계는 급속히 악화되었다. 그 대신 엔베르 호자는 마오쩌둥의 공산주의 중국과의 관계를 강화했다. 중국에서 문화대혁명이 전개되자 그는 알바니아에도 문화대혁명이 필요하다며 추진 계획을 세웠다. 하지만 중국의 문화대혁명이 실패로 끝나면서 중국 공산당이 수정주의와 부분적으로 자본주의 노선을 수용하자 엔베르 호자는 중국을 노골적으로 비난했다. 그리하여 알바니아와 중국의 관계 또한 멀어졌다.

1970년대에 들어서면서 사회주의 국가들, 특히 소련의 영향권에 있는 동유럽 사회주의 국가에 많은 변화가 일어났다. 이러한 변화는 1960년대 말 중국 공산당이 시대적 요구를 외면할 수 없어 부분적으로나마 자본주의를 수용하고 수정주의를 채택한 것과 무관하지 않았다. 사회주의국가의 통치 이념인 마르크스주의, 마르크스·레닌주의, 스탈린주의에 많은 오류가 있다는 것을 깨달은 것이다.

그들이 신봉하는 이데올로기에 따르면, 국가는 나날이 발전하고 모든 인민은 평등하게 윤택한 생활을 누릴 수 있어야 했다. 그러나 현실은 그와 정반대였다. 국가 경제는 수십 년이 지나도 침체에서 벗어나지 못했고 인민은 다 같이 잘사는 것이 아니라 다 같이 못살게 되었다. 이 때문에 자신의 이데올로기를 무조건 옳다고 주장하며 그것만 따를 것이 아니라 수정할 필요가 있다는 수정주의(修正主義)가 대두했다. 그리고 많은 사회주의국가가 수정주의를 채택했다. 특히 소련의 영향을 크게 받는 사회주의국가이지만 비교적 느슨한 동유럽 국가들은 거의 모두 수정주의 노선으로 전환했다.

하지만 엔베르 호자는 수정주의를 맹비난하며 탈수정주의, 스탈린주의 그리고 일방적이고 독단적이며 무비판적인 교조주의를 고집했다. 그러면서도 "북한의 김일성은 사이비 마르크스주의자다. 소심하고 과대망상적인 수정주의자다"라고 비판했고, 소련과 중국에 대해서도 "소련과 중국은 오직 자기들의 이익만 추구하고 다른 나라 인민의 이익에 대해서는 전혀 관심 없다"라고 비판했다.

그의 탈수정주의와 스탈린주의, 교조주의 고집으로 알바니아 경제는 날이 갈수록 침체해서 국민은 가난의 늪에서 헤어나오지 못하고 유럽에서 가장 못사는 나라가 되었다. 엔베르 호자가 무려 45년 동안이나 장기 집권하며 독재자로 군림하는 동안 알바니아는 정치, 경제, 사회, 문화 등 거의 모든 면에서 개선되고 발전한 것이 거의 없다.

그는 알바니아 국민이 한결같이 가난에 허덕이고 있는 것을 외면하고 엉뚱한 공포정치를 계속했다. 그중 하나가 종교 탄압이었다. 탄압이 아니라 종교 말살 정책이었다. 종교 시설 자체를 모두 철거했으며, 종교적인 언사만으로도 사상범으로 취급되어 탄압을 받았다. 그는 "알바니아인의 유일한 신앙은 알바니아주의다", "종교는 모든 악의 불을 피우는 연료다"라고 비난하며 알바니아에서 모든 종교를 서슴없이 파괴했다.

알바니아는 헌법으로 어떠한 종교도 인정하지 않고 모든 유형의 종교 형성을 명시적으로 금지했다. 그리하여 엔베르 호자가 본격적으로 종교 말살 정책을 펼친 1967년 2월부터 5월까지 3개월 동안 교회와 이슬람 사원 2,169개가 철거되었으며, 신자들은 모두 재교육센터에서 짧게는 6개월, 길게는 3년 동안 무신론 및 진화론 교육을 받아야 했다. 같은 해 말에는 알바니아는 세계 최초로 무신론 국가를 선언했다. 1992년 사회주의 알바니아가 붕괴할 때까지 약 2만 6천 명의 종교인이 노동교화소 및 정치범수용소에 보내졌다고 하며 그중 7천여 명이 고문과 사형 등으로 사망한 것으로 추정된다.

또 엔베르 호자의 강력한 폐쇄정책으로 알바니아는 유럽에서 가장 높은 실업률과 빈곤율로 큰 고통을 겪어야 했다. 또 엔베르 호자의 극단적 폐쇄정책으로 알바니아는 1972년부터 1988년까지 올림픽에도 출전하지 않았다.

1997년에는 알바니아에서 규모가 큰 금융 사기 사건이 발생했다. 폐쇄정책으로 세계의 경제 흐름, 자본주의의 성향을 국민이 전혀 모르기 때문에 금융 사기가 가능했으며 많은 국민이 큰 피해를 입었다. 격분한 국민이 봉기했다. 엔베르 호자는 경찰과 군대를 동원해서 그들과 맞서 내전을 벌였다. 이 내전으로 약 2천 명이 사망했다고 한다.

엔베르 호자는 1985년 일흔여섯 살의 나이에 심근경색으로 사망했다. 그리고 곧이어 소련이 개혁과 개방을 실현하자 엔베르 호자가 철권통치하던 공산국가 알바니아도 붕괴했다. 하지만 무려 40여 년간의 강력한 독재, 공포정치, 폐쇄정책 등으로 알바니아는 지나치게 낙후돼 좀처럼 큰 변화를 일으키지 못한 채 여전히 유럽에서 가장 가난한 나라로 남았다.

엔베르 호자는 독재자의 표본이었으며 모든 독재행위의 종합판이었다. 그는 죽어서 제2차 세계대전에서 싸웠던 파르티잔 대원들이 묻힌 국립열사묘지에 안장되었다. 그러나 공산정권이 붕괴된 뒤 성난 알바니아 국민이 그의 무덤을 파헤쳐 결국 시내의 공동묘지로 이장했다. 그런데 최근 그의 무덤을 찾는 관광객이 적지 않아 초라했던 무덤을 새롭게 단장했다.

이디 아민

Idi Amin

잔혹함과 탐욕의 끝을 보여준 '검은 히틀러'

'검은 히틀러'라는 별칭으로 전 세계 신문에 오르내리던 이디 아민 다다 오우메(Idi Amin Dada Oumee)는 악독하고 악랄하고 잔인하기로 손꼽히는 독재자이자 학살자였다. 그에게는 법이나 법률이 존재하지 않으며, 오직 자기 생각과 판단에 따라 제멋대로 행동하는 독재자였다. 8년 동안 우간다를 지배하면서 그는 무려 30만~50만 명을 살해한 것으로 추정된다. 가히 특기가 '사람 죽이기'라고 할 만하다.

1924년생인 이디 아민은 우간다의 작은 부족 출신으로, 1931년 부모의 이혼으로 홀어머니 밑에서 성장했다. 가정형편이 어려워 학교에도 제대로 다니지 못했다. 초등교육을 4년쯤 받았다고도 하고 공식 교육을 받은 적이 전혀 없다고도 하는데, 어쨌든 그는 문맹에 가까웠다. 키가 크고 체격이 무척 건장했던 그는 어려서부터 갖가지 잡일을 했다.

1946년 이디 아민은 당시 우간다를 지배하던 영국 육군의 식민지 부

이디 아민

대 '왕립 아프리카 소총부대(King's African Rifles)'의 보조 요리사로 입대했다. 그곳에서 그는 누구보다도 열심히 일해 영국군에게 성실함을 인정받아 소위로 임명되었다. 흑인으로는 처음으로 장교가 된 것이다. 1953년부터 1956년까지 영국 육군 소속으로 케냐에서 일어난 독립운동의 진압 작전에 투입되었으며, 1961년 중위로 진급했다.

이디 아민은 그 무렵에 이미 잔혹성을 드러냈다. 1962년 3월 아민은 케냐에서 우간다로 들어온 한 무리의 소도둑 떼를 발견하고는 부하들을 동원해 투르카나족을 1천여 명이나 잡아들여 가혹하게 구타하고 처형했다. 특히 이디 아민은 그들을 직접 고문하고 칼로 찌른 후 죽을 때까지 그대로 방치했다. 그러나 그 일로 고발되어 재판을 받았지만 그는 운 좋게도 풀려났다.

우간다는 1962년 10월 영국으로부터 독립했으며, 1964년 이디 아민은 대령으로 진급했다. 고속 승진이었다. 그런데 독립 이후 혼란에 휩싸여 있던 우간다에서 쿠데타가 일어났다. 1966년 밀턴 오보테(Milton Obote) 총리는 대통령을 축출하고 자신을 새로운 대통령으로 선포했다. 그러고는 이디 아민에게 대통령궁을 공격하라고 지시했다. 이디 아민은 명령에 따라 이틀간 대통령궁을 포위 공격한 후 불태웠다. 이후 오보테는 종신대통령을 선언했고, 모든 기간산업을 국유화하는 등 사회주의 독재체제를 분명히 했다. 1967년 이디 아민은 육군 사령관이 되었지만, 콩고민주공화국에서 반란이 일어났을 때 반란군을 지원했다가 좌천되었다.

그런데 1971년 1월 25일, 오보테 대통령이 싱가포르에서 열린 국제회의에 참석한 틈을 타 이디 아민은 쿠데타를 일으켰고 성공했다. 결국 오보테는 잠비아로 망명했다. 서방의 자유주의 국가들은 이디 아민의 쿠데타를 곧바로 인정했고 영국과 이스라엘은 아민 정권을 바로 인정했다. 냉전이 한창인 당시 상황에서 누가 되었든 좌파 정권을 몰아냈기 때문이다.

이디 아민은 쿠데타 성공 후 의회 건물은 물론이고 공항 활주로까지 가시철조망을 쳤다. 우간다를 방문한 외국 관광객은 호텔에 감금되었으며, 공항 대기실에 원인을 알 수 없는 폭발이 일어나 가톨릭 사제 2명이 사망했다. 이디 아민은 쿠데타 직후 자신은 정치인이 아니라 군인에 불과하며, 군사 정권은 상황이 정상화되면 물러날 임시 정부라고 말했다. 그리고 모든 정치범을 석방할 것이며, 국가를 민주주의로 되돌리기 위해

1973년 3월에 민선을 약속했다.

물론 이 약속은 하나도 지켜지지 않았다. 쿠데타가 성공하고 일주일쯤 지나자 이디 아민은 우간다 대통령, 육군 총사령관, 육군 참모총장, 공군 참모총장을 겸임했다. 그리고 헌법 일부를 중지시키고 의회를 없앴으며, 모든 집회와 시위, 정치 활동을 금지한 채 민사재판소보다 군사재판소에 큰 권한을 주는 한편 정부의 요직과 국영기업 책임자를 모두 군인으로 임명했다. 바야흐로 군사독재 시대가 열린 것이다.

특히 큰 불만을 산 것은 군사재판소 의장에 육군 중령 주마 부타비카(Juma Butabika)를 임명한 것이다. 육군 최고사령관이기도 했던 그는 어찌나 악랄한지 친구들조차 미치광이 취급하는 악독한 인물이었다. 그는 이디 아민 아버지의 사촌이라고 한다. 이디 아민은 군인들에게 초법적으로 제한 없는 체포와 수색 권한 그리고 필요할 경우 총을 쏠 수 있는 권한까지 부여했다. 그에 따라 군인들은 정적으로 찍힌 사람들은 물론 조금이라도 눈에 거슬리거나 불만스러운 행동을 하는 국민을 영장도 없이 마구 체포해서 고문했다. 항의하면 사살했다. 완전히 공포 분위기의 군인 천하였다.

이디 아민은 우간다를 완전한 통제국가로 만들었다. 모든 언론이 폐쇄되고 모든 우편물이 검열당했으며 모든 전화가 도청되었다. 조금이라도 의심이 가는 통화는 아예 전화를 끊어버렸다. 또 여성의 도덕적 해이를 이유로 가발과 미니스커트, 바지 등의 착용을 금지했다. 화장품 사용도 금지되었다. 국민은 어떠한 이유로도 해외에 나갈 수 없었으며 국내에서 다른 지역으로의 이동도 허가를 받아야 했다. 제 세상을 만난 군인들의 강간행위가 크게 늘자 미혼 여성에게는 결혼을 강요했다.

한편 이디 아민은 자신의 은인이기도 했던 오보테를 쿠데타로 쫓아냈을 뿐만 아니라 그를 지지하던 세력을 색출해서 처형하기 시작했다. 그에 따라 무려 3천 명 가까운 정치인과 군인이 살해당했다고 한다. 오보테를 지지하던 마을의 주민은 모조리 학살당했고 마을은 흔적도 없이 사라졌다고 한다.

이디 아민의 무자비하고 잔악한 폭정을 피해 수단으로 탈출하려던 주민 약 600여 명이 발각되어 한꺼번에 학살당하기도 했다. 우간다의 지식인이나 학자, 성직자, 언론인 등도 예외가 아니었다. 오보테 대통령 시절 장관을 지낸 7명의 관료와 육군 참모총장이 살해되었고, 유명 대학의 부총장, 영국성공회 대주교, 이디 아민의 무자비한 학살을 취재하던 미국 기자 2명도 살해되었다. 그 밖에도 수많은 법관이 살해되었다. 오보테를 지지했던 군인들도 살해되어 우간다 군인 가운데 불과 3분의 1만 남았다고 한다.

분명한 이유를 알 수 없지만, 이디 아민은 오보테를 광적으로 증오했다. 이디 아민과 오보테는 1924년생 동갑이며 오보테는 항상 아민을 옹호했다. 그런데 오보테를 지지하는 모든 사람을 살해했는가 하면, 그를 지지했던 마을 주민도 모조리 학살했고, 나아가 오보테가 태어난 부족까지 말살시킬 계획을 세우기도 했다. 더욱 어처구니가 없는 것은 오보테가 알파벳 'O'로 시작되므로 성씨에 알파벳 'O'가 들어가면 오보테 지지자일 것으로 판단하고 아무 잘못 없는 주민이라도 성씨에 'O'자가 들어갔다는 이유로 살해되었다. 오보테를 지지했던 부족을 급습했다가 청년이 도망치자 그의 어린 아들을 들어 올려 두 다리를 잡고 나무에 마구 내려쳐 죽였다고 한다.

무자비한 숙청과 살해가 일상이 되었다. 모두 이디 아민 마음대로였다. 공정한 재판이 있을 수 없었다. 기분에 따라 똑같은 혐의에도 어떤 자는 무죄로 석방되고 어떤 자는 끔찍한 고문을 당하다가 총살당했다. 심지어는 잔인하게 쇠망치로 때려죽였다고 한다.

자료에 따르면 이디 아민의 쿠데타 성공 이후 3개월 동안 약 1만 명, 1년 반 만에 약 15만 명을 살해했다고 한다. 어떤 대학생은 여자친구 집에 산탄총과 권총을 숨겨놨다가 게릴라 활동에 참여했다는 이유로 공개적으로 처형당했다고 한다.

우간다의 대법원장은 호텔에서 전화번호부를 훔쳤다는 죄목으로 체포된 영국인 사업가에게 체포 권한이 없는 군인에게 체포되었기 때문에 무죄 석방한다는 판결을 내렸다. 그러자 이디 아민은 부하를 보내 재판 중인 그를 총살하라고 지시했다. 대법원장은 총에 맞고 신발이 벗겨질 정도로 질질 끌려나간 후 군용교도소에서 살해되었는데, 그 시신은 눈 뜨고 볼 수 없을 정도로 크게 훼손되었다.

이와 같은 잔혹한 만행으로 이디 아민이 권좌에 있던 8년 동안 무려 30만~50만 명에 이르는 우간다 국민이 희생당했다고 하는데, 이는 당시 우간다 국민의 2~4퍼센트에 달하는 엄청난 수치였다. 희생자 대부분은 비이슬람교도이거나 교육을 받은 지식인이었는데, 그 결과 대학교는 말 그대로 텅 빈 상태가 되었다. 실제로 아민이 축출될 무렵 우간다 국민 대부분이 가까운 사람을 잃었다고 느꼈을 정도였다고 한다.

이디 아민의 명령으로 세워진 옛 궁궐 안의 강제수용소는 그야말로 끔찍하고 참혹했다. 강제수용소의 입구와 복도는 전류가 흐르는 물웅덩이여서 만약 탈출하려다가는 그 자리에서 감전사하게 되어 있었다. 또 창

아민의 명령으로 세워진 옛 궁궐 안의 강제수용소 내부

문도 환기장치도 없는 비좁은 감방에 100명씩 갇힌 수감자들은 일주일에 고작 한 끼만 먹으며 굶어 죽거나 질식사했다고 한다.

이디 아민이 벌인 온갖 잔혹한 만행을 일일이 서술하는 것은 불가능하다. 구타하고 짓밟고 채찍질하고 고문하고…. 체격이 크고, 우간다 라이트 헤비급 복싱 챔피언이기도 했던 이디 아민이 마구 짓밟아 죽인 죄수만 무려 200여 명, 또는 2,000여 명에 달한다고 한다. 이디 아민은 정적을 죽일 때는 특수한 고문 기구를 만들어 온갖 고통을 주다가 죽였다. 총알이 아깝다는 이유로 곤봉과 쇠지렛대로 머리를 쳐서 죽이는 것조차 밋밋(?)해 보일 정도로 상상할 수 있는 모든 잔인한 수법이 동원되었고 상상할 수 없는 악랄한 방법이 동원되었다(자세한 서술은 하지 않겠다).

식은 죽 먹듯 사람을 마구 죽이고, 입 밖으로 내기조차 힘든 참혹하고 야만적이고 엽기적인 이디 아민의 행위에 대해 국제사회의 비난이 쏟아졌다. 그를 '검은 히틀러'라며 세계 최악의 지도자로 손꼽았다. 그러자 이디 아민은 자신에 대한 비난을 비웃듯, 이스라엘을 적이라고 공언하고 히틀러를 찬양하고 유대인 학살을 미화하며 우간다에 있는 유대인은 모두 우간다를 떠나라고 명령했다.

그리고 그는 '아프리카화 캠페인'이라며 우간다의 아시아인, 특히 인도인을 내쫓았다. 우간다에는 많은 인도인이 진출하여 경제부문에서 중요한 비중을 차지하고 있었다. 그들을 추방함으로써 우간다의 경제권을 되찾겠다는 것이었다. 우간다인은 환호했다. 인도인이 운영하던 각종 공장이나 상업시설을 우간다인이 거의 공짜로 차지했다.

하지만 기술력이 없는 그들은 공장을 제대로 운영할 수 없었다. 또 자본주의의 메커니즘을 잘 모르기 때문에 상업시설도 효과적으로 운영할 수 없었다. 그 때문에 우간다의 경제가 빠르게 침체했으며, 설상가상으로 농업 역시 크게 부진해서 경제가 거의 파탄 수준에 이르렀다.

세계 최악의 독재자로 군림하며 수십만 명을 마치 도살하듯 마구 죽인, 아무도 흉내 낼 수 없을 정도로 잔인하고 악독한 엽기적인 독재자 이디 아민. 우간다 국민은 그가 독재를 휘두르는 동안 최악의 상태에서도 제대로 시위 한번 해보지 못했다. 그러나 사람이 숨을 쉬지 못하면 죽는다. 신음하던 우간다인들이 탄자니아에서 '우간다 국민해방전선'을 결성해 이디 아민에게 저항하기 시작했다.

1978년 10월 이디 아민은 군 내부의 반역 음모를 무마하기 위해 탄자니아 침공을 명령했다. 그러나 탄자니아군은 우간다군보다 우위에 있었다. 여기에 우간다 국민해방전선군이 우간다군에 맞서 게릴라전을 전개했다. 결국 우간다군은 그들의 협공에 밀려 패퇴하기 시작했고, 1979년 4월 11일 탄자니아군과 국민해방전선은 우간다의 수도 캄팔라를 점령했다.

이에 이디 아민은 네 명의 아내와 서른여 명의 자녀를 데리고 헬리콥터를 타고 도망쳤다. 그는 처음에는 리비아로 도망쳤다가 이라크로 향했다. 그리고 결국에는 사우디아라비아로 망명했다. 사우디아라비아는 정치에 관여하지 않는다는 조건으로 그가 살 빌라를 내어주었다.

이디 아민은 사우디아라비아에서 자신이 저지른 온갖 악행과 만행에 대해 후회하거나 반성하는 기미도 전혀 없이 호화스럽게 생활하면서 오히려 우간다를 다시 탈환할 계획을 시도했다고 한다. 그는 결국 2003년 8월 16일 사우디아라비아의 한 병원에서 고혈압과 신부전증으로 고통받다가 죽었다.

로버트 무가베

Robert Mugabe

독립운동의 영웅에서 독재자로

짐바브웨는 잠비아, 보츠와나, 모잠비크, 스와질랜드 등에 둘러싸인 남아프리카의 내륙국가다. 19세기 말 영국의 식민지가 되었다가 1960년대 아프리카의 식민지 국가가 대부분 독립하던 시기에 독립의 기회를 얻지 못했다. 이후 기나긴 투쟁의 과정을 거쳐 1980년 짐바브웨공화국으로 독립했다. 짐바브웨는 쇼나족(Shona)의 쇼나어로 dzimba(큰 집, 여러 개의 집)와 mabwe(돌)가 합쳐진 말로 '돌로 된 큰 집'이라는 뜻이다. 쇼나족이 세운 짐바브웨 왕국에는 여러 개의 거대한 석조 도시가 있었다고 한다.

1924년 가난한 집안에서 태어난 로버트 무가베(Robert Gabriel Mugabe)는 가톨릭교회에서 세운 학교에서 공부한 후 교사로 일했다. 1949년 장학금을 받아 남아프리카 연방의 포르 하레 대학교에서 교육학을 전공했는데, 그 무렵 '아프리카 민족회의(African National Congress)'에 가입하면서 반식민주의와 인종차별에 눈뜨게 되었다. 1952년 고향으로 돌아온 그는 사범대

로버트 무가베

학 교수로 재직하다가 1956년부터 가나에서 교사로 일하며 가나의 독립을 지켜보았다. 그 시기에 그는 민족주의, 마르크스주의 등을 깊이 공부하며 점차로 과격해졌다.

1960년 고향에 돌아온 무가베는 짐바브웨 독립운동에 본격적으로 뛰어들었다. 1963년 짐바브웨 아프리카 민족연맹(ZANU) 창립에 참여하여 간부가 되었고, 1964년 백인 정부를 상대로 게릴라전 등 과격한 무장투쟁을 펼치다가 체포되어 10년간 옥고를 치렀다. 감옥에서 그는 수감자들에게 기본적인 문해력, 수학, 영어 등을 가르치는 일을 주도했고, 방송 통신 과정으로 유니버시티 칼리지 런던(UCL)에서 경제학, 행정학, 법학 등 일곱 개의 학위를 취득했다.

그런데 1965년 11월, 소수 백인이 아닌 흑인 대다수가 원하는 독립을 허용하자는 영국 정부의 방침에 반발한 이언 스미스(Ian Douglas Smith)가 일방적으로 독립을 선언하며 극단적 백인우월주의 정권인 남로디지아공화국을 세웠다. 이에 흑인 민족주의 단체들은 무장투쟁으로 전환했다. 1974년에 석방되어 ZANU 의장에 취임한 무가베는 모잠비크에서 망명 생활을 하면서 짐바브웨의 게릴라 전쟁을 지휘했다. 물론 무가베는 군사 지도자가 아니었으므로 군사 작전을 지휘하지는 않았다. 1976년에는 ZANU와 짐바브웨 아프리카 인민연맹(ZAPU)이 연합하여 '애국전선'이 결성되었으며, 애국전선은 모잠비크, 잠비아, 앙골라 등지에 근거지를 두고 로디지아의 백인 정권에 대해 무장투쟁을 전개했다. 수많은 흑인이 무가베의 연설과 라디오 방송을 통한 호소에 응해서 게릴라전에 참전하여 백인 정권과 처절한 전투를 벌였다. 그것은 3만여 명의 사망자를 낸 참혹한 전쟁이었다.

1978년 3월, 궁지에 몰린 백인 정권은 애국전선을 배제하고 흑인 온건세력과 평화협상을 맺고, 1979년 총선거를 통해 흑백 연립정권(짐바브웨-로디지아)을 수립했다. 그러나 애국전선은 총선 무효화를 주장하며 무장투쟁을 계속 이어갔다. 그리하여 1980년 2월 새로운 총선이 실시되었고 무가베가 이끄는 ZANU가 최대 의석을 확보했다. 1980년 4월 짐바브웨공화국이 선포되었고, 무가베는 초대 총리로 실권을 잡았다.

무가베는 집권 초기에는 애국전선과의 연정으로 정치를 안정시켰고 백인의 정치 참여도 보장하는 등 유화적 정책을 펼쳤다. 유럽 국가들과도 원만한 관계를 유지해서 유럽에서는 그를 유능한 지도자로 인정했고, 영국의 엘리자베스 여왕은 그에게 작위까지 수여했다.

새 정부의 조직에도 독립투쟁을 해온 여러 세력을 골고루 기용해서 불만이 없게 했으며 백인의 사유재산을 보호하고 백인 공무원의 연금도 차질 없이 지급함으로써 큰 호감을 얻었다. 특히 교육정책에 중점을 둬 2퍼센트에 불과했던 중·고교 진학률을 70퍼센트까지 높였으며 문맹률을 크게 낮췄다. 보건복지정책도 국제적으로 찬사를 받았으며 짐바브웨를 아프리카 제조업의 중심지로 만들었다.

그처럼 호평을 받던 무가베가 돌변했다. 바야흐로 그의 독재가 본격적으로 시작된 것이다. 1987년 무가베는 여러 정당의 활동을 불법화하며 일당 독재체제를 구축하고 의원내각제에서 대통령제로 바꿔 모든 권한을 대통령에게 집중시킨 뒤 대통령에 취임했다.

무가베는 야당이나 정적 등을 숙청하기 시작했다. 하찮은 트집이라도 잡아 가혹하게 고문했다. 사람을 쇠갈고리에 걸어서 며칠씩 달아놓기도 하고, 가죽 채찍으로 하루에도 수십 대씩 때려 등을 피투성이로 만들었다. 쇠갈고리를 입안에 넣어 들어 올려 입이 찢어지게 하는 고문, 의도적으로 욕창이 생기게 해서 살이 썩으며 천천히 죽게 하는 고문, 전혀 음식을 주지 않아 굶어 죽게 하는 고문, 산 채로 땅에 묻어 죽이는 고문 등 그 잔혹성은 일일이 지적할 수도 없다고 한다.

2011년 영국 BBC 방송에 따르면 잠바브웨군과 경찰이 운영하는 특별수용소에서는 수감자들에 대한 구타와 여성 성폭행은 일반적이고 사나운 개를 풀어 물어 죽이게 하거나 가혹한 고문이 계속되고 있다고 지적했다. 풀려나고 싶으면 도저히 감당할 수 없는 거액을 교도소에 내야 한다는 것이다. 이 수용소의 책임자는 무가베의 친구였다고 한다.

무가베의 무자비한 독재와 반대세력에 대한 끝없는 살해, 가혹한 고문으로 희생되는 사람들이 많아지고 외국 언론에 그 참상이 잇따라 보도되자 짐바브웨 국민도 크게 분노했다. 그 때문에 무가베의 공포정치에 반발하는 사람들이 갈수록 늘어났다. 그에 따라 숙청이 더 강화되었다. 반발하는 사람을 색출해서 무조건 처형했다.

무엇보다 참혹했던 것은 짐바브웨 인구의 약 20퍼센트를 차지했던 은데벨레족(Ndebele) 학살이었다. 이 부족은 지속적으로 무가베의 인민동맹과 양대 독립투쟁 조직이었던 '짐바브웨 아프리카 민족동맹·애국전선(ZANU-PF)의 지도자 은코모(Nkomo)를 지지해온 부족이었다. 은코모는 짐바브웨가 독립하고 무가베가 정권을 잡았을 때 실권이 없는 부통령이 되었으나 곧바로 숙청당했으며 무가베를 반대하는 야당 세력을 이끌고 있었다.

짐바브웨 제5여단은 은데벨레족이 모여 사는 지역에 들어가 2천여 명을 잔혹하게 학살했다. 수십 명의 민간인을 학교 등의 공공시설에 모아놓고 구덩이를 파서 생매장하거나 교회에 몰아넣은 뒤 불을 질러 학살했으며 여학생들을 강간하고 죽였다. 또 가족이나 친구가 고문당하고 총살당하는 것을 돕게 했으며, 눈물을 흘리면 그 자리에서 사살했다. 이 대학살로 약 3만 명이 죽었다고 한다.

이러한 상황에서 짐바브웨의 경제는 갈수록 침체되어 국민의 불만이 한층 더 높아질 수밖에 없었다. 직장을 잃고 굶주림에 시달린 국민은 무가베의 공공연한 선동에 따라 백인들이 소유하고 있는 농장이나 시설을 습격하는 유혈사태가 발생했다. 수많은 백인이 사망했다.

그러자 무가베는 백인들의 농장을 강제로 모조리 압수하고 백인 농장주들을 추방했다. 아울러 농장들을 짐바브웨 농민들에게 분배했다. 국제사회에서는 즉시 제재 조치를 취했다. 우선 남아프리카공화국과 나미비아에 대해 무가베의 짐바브웨와 관계를 단절할 것을 요구했다. 이에 무가베는 자신은 백인과 싸운 흑인 투사라며 자신을 옹호해줄 것을 아프리카의 다른 국가들에 호소했다. 사실 대부분 유럽 열강의 식민지였던 아프리카 국가들은 무가베를 흑인의 영웅으로 항상 옹호해왔다. 그들은 또다시 무가베를 옹호했다.

그 덕분에 무가베는 더욱 기고만장했다. 그는 자신을 비난하는 유럽과 미국 등을 비웃듯이 백인을 노골적으로 탄압했다. 그는 흑인 우월주의를 당당하게 선동하며 백인이 자행했던 인종차별에 복수할 것을 선동했다. 백인 농장을 강제로 빼앗을 때 백인들이 민병대를 만들어 대항하자 무가베는 경찰과 폭력배를 동원해서 몽둥이로 때려죽이거나 그들의 집까지 불태워버렸다. 그리고 2001년 짐바브웨에서 모든 백인 소유 농장을 보상 없이 몰수하는 것을 허용한다는 대통령령을 발표했다.

2008년, 짐바브웨에 총선거가 있었다. 무가베는 84세였다. 30년 가까이 장기집권하면서도 또 출마했다. 투표제도가 무가베에게 일방적으로 유리하게 개정되었다. 선거인명부도 철저하게 조작되었다. 총 유권자 550만 명 가운데 3분의 1이 이미 죽은 사람이었으며 한 사람이 여러 명의 이름으로 등록되고 가공인물을 만들어내는 등 너무 속 보이는 부정선거였다.

무가베를 비롯해 야당후보 등 모두 4명이 대통령 후보로 출마했다. 1차 투표에서 무가베와 야당 후보 모건 창기라이가 당선되어 결선투표를 실시했다. 당황한 무가베 측은 완벽한 부정선거를 하기 위해 외국 언론의 입국을 봉쇄했고 야당 인사나 야당 지지자를 무차별 폭행했다. 국민은 경찰이나 폭력배의 폭행이 두려워 잠을 못 잘 정도였다.

창기라이는 더 이상의 희생을 막기 위해 스스로 사퇴했다. 무차별 폭력사태를 막기 위해서였다. 무가베는 자신을 지지하지 않으면 식량 배급을 중단하겠다고 국민을 협박했다. 그 결과, 결선투표에서 무가베가 무려 85.5퍼센트의 압도적 득표로 당선되었다. 너무나 분명한 부정선거는 국제적으로도 큰 논란이 되었다.

서방 국가들은 1차 규제로 짐바브웨의 주요 수출품인 다이아몬드 수출을 금지했다. 그러나 이번에도 아프리카의 다른 국가들이 아프리카에서 백인을 몰아낸 투사 무가베를 옹호하고 적극적으로 중재하여 무가베는 위기를 벗어날 수 있었다.

그러나 무가베의 위기는 거기서 끝나지 않았다. 선거가 끝나자마자 짐바브웨에 콜레라가 발생해서 수천 명이 희생되었다. 그러나 국민이 전염병 창궐의 공포에 떠는 것도 큰 문제가 아니었다. 무가베가 상상을 초월한 가혹한 독재와 사치 향략 그리고 부정선거 획책에 골몰하면서 국가 경제에 너무 소홀했던 탓에 나라가 파탄 날 위기에 몰렸다.

걷잡을 수 없는 초고속 인플레로 물가가 무려 800퍼센트가 올랐다. 무능한 경제정책으로 국민 약 80퍼센트가 실업자가 되었다. 백인에게서 몰수했던 농장들을 흑인이 차지했지만, 경영 미숙, 기술 부족 등으로 그 넓은 농장들이 거의 폐허가 되었다. 그리고 그들은 모두 실업자가 되었다. 기존의 농업정책도 실패해서 곡물 생산량이 크게 줄었다. 수많은 국민이 굶주림에 허덕였지만, 무가베는 짐바브웨에 굶어 죽는 사람은 없을 것이라고 큰소리쳤다.

2008년 4월 완공된 무가베의 별장. 2개의 호수, 25개의 침실, 30명 이상을 수용할 수 있는 거대한 식당, 큰 침대가 있는 무가베 전용의 대형 침실 등을 갖추고 있다.

전염병은 콜레라 창궐이 문제가 아니었다. 에이즈 환자는 무려 약 200만 명이었다. 평균수명은 세계에서 꼴찌였다. 어느 통계 자료에는 짐바브웨 평균수명이 39세라고 나와 있다. 2018년 유엔이 발표한 통계자료에는 짐바브웨 국민 평균수명은 44세다. 미국의 유력지 《워싱턴 포스트》는 이러한 짐바브웨의 현실을 지적하며, 무가베를 현존하는 지도자 가운데 최악의 독재자로 선정했다.

무가베가 2018년 선거에도 출마할 뜻을 밝히자 짐바브웨 국민은 말할 것도 없고, 무가베를 지지하던 군부조차 더 이상 참지 못했다. 무가베는 선거에서 당선되어 아내에게 대통령직을 물려줄 계획을 세우고 국민의 지지를 받던 부통령을 엉뚱한 이유로 해임했다. 부통령이 마법(魔法)을 이용해서 반역을 꾀했다는 것이다.

무가베에게 충성했던 군부가 크게 반발하면서 쿠데타를 일으켰다. 군부의 모든 파벌이 일치단결했다. 그만큼 무가베 축출에 한마음 한뜻이었다. 국민까지 전폭적으로 지원한 쿠데타가 성공해서 무가베는 가택연금을 당했다. 쿠데타에 성공한 군부에서는 무가베가 독립투쟁의 영웅이었던 점 등을 감안해 사형을 면제했다. 그 대신 집권당에서 당 대표직을 박탈했다.

무가베는 결국 대통령직에서 내려올 수밖에 없었다. 군부에서는 수명이 얼마 남지 않은 그가 편안하게 노후를 보낼 수 있도록 모든 편의를 제공했다. 무가베는 건강 악화로 싱가포르의 병원에 입원했다가 2019년 9월 6일 금요일에 사망했다. 그의 나이 아흔다섯, 1987년 대통령에 취임한 이후 개헌과 부정선거를 거듭하며 총 37년 동안 집권하여 '세계 최장기 독재자'가 된 무가베의 최후였다.

사담 후세인
Saddam Hussein

스스로 독재를 과시한 독재자

이라크는 오랜 역사를 지닌 나라다. 무엇보다 기원전 3500년경 세계 4대 문명의 발상지 중 하나인 메소포타미아 지방이 대부분 이라크 땅이다. 인류 최초로 문명을 이룩한 나라다. 그 뒤 아카드제국, 바빌로니아, 아시리아 등의 영역이었다가 기원전 550년경 페르시아에 정복당했다. 이슬람의 흥기 이후 아랍인에게 정복되었고, 13세기에는 몽골제국, 17세기에는 오스만제국에 정복당했다.

그리고 제1차 세계대전과 제2차 세계대전이 벌어지고 있을 무렵에는 영국에 점령당해 식민지가 되었다. 제2차 세계대전 후 영국은 이라크에 군주제를 부활시키려고 했지만, 1958년 아랍민족주의에 영향을 받은 장교위원회가 군사 쿠데타로 왕정을 무너뜨리고 공화국 정부를 세워 독립했다. 하지만 근래에 이르러서도 탈레반, IS 등 무장테러 조직들의 근거지로 몸살을 앓고 있다.

이라크의 고대 유적지 바빌론

다시 말해 이라크는 일찍이 인류 최고의 문명이 발생한 곳임에도 불구하고 수천 년 동안 외세에 시달렸다. 1968년 독립 후에도 큰 혼란과 정치적 소용돌이 속에서 방황하기는 마찬가지였다. 그 무렵 이라크에서 두각을 나타낸 인물이 아흐마드 하산 알바크르(Ahmad Hassan al-Bakr)와 사담 후세인(Saddam Hussein)이었다.

1937년 가난한 시골 마을에서 태어난 사담 후세인은 열 살 무렵 집을 떠나 외삼촌 슬하에서 살며 그의 도움으로 교육을 받았다. 그는 막노동과 담배 행상 등으로 학비를 보탰다. 1955년 중앙 정부의 교육장관이 된 외삼촌과 함께 바그다드로 갔고, 2년 뒤 바트당(Hizbul-Ba'ath, 아랍부흥사회당)에 입당했다. 바트당은 모든 아랍 국가를 하나로 통일하는 동시에 당시 아랍 지역을 지배하던 서구 식민 지배에 투쟁하기 위해 결성된 정당으로 아랍사회주의, 아랍민족주의, 범아랍주의 세속주의 등을 정치적 주장

사담 후세인

으로 내세웠다.

1958년 이라크에서 쿠데타가 일어나 왕정이 축출되고 공화국이 수립되었으나, 수상인 된 압둘카림 카심은 아랍민족주의에 회의적이었다. 이에 1959년 바트당은 수상 암살 사건을 일으켰고, 실행범으로 관여한 사담 후세인은 시리아에 망명했다가 이집트로 피신했다. 그는 궐석 재판에서 사형을 선고받았으며, 이집트에 피신해 있을 때 카이로 법과대학에 들어가 공부했다.

그 후 1963년 이라크에서 일어난 쿠데타로 카심 정권이 무너지자 사담 후세인은 귀국해 바트당의 농민국장이 되었다. 그리고 그해에 외삼촌의 딸 사지다 하이랄라와 결혼했다. 그러나 바트당 정권은 당내 권력투쟁으로 정권을 잃었다. 1964년에 그는 대통령의 암살을 계획했지만 사전에 발각되어 체포·투옥되었으나 2년 뒤 탈옥해 지하활동을 벌였다. 그러다 1968년 7월 17일 아흐마드 하산 알바크르가 이끄는 바트당 주도의 쿠데타가 성공하여 바트당이 다시 정권을 잡았다. 알바크르는 대통령에 올랐고, 사담 후세인은 이듬해인 1969년 혁명지도평의회 부의장에 임명되었다. 그들은 1972년 이라크의 주요 수입원인 석유산업을 국유화했다. 1979년 알바크르가 사임하면서 사담 후세인이 대통령에 취임했으며 혁명평의회 의장과 총리를 겸임했다.

사담 후세인은 마침내 독재자의 길에 들어섰다. 대규모 비밀경찰을 창설하고 반발세력을 완전히 무마시켰다. 그런가 하면 이라크 국민에게 자신을 숭배하도록 우상화를 촉진했다. 전형적인 독재자의 면모를 드러낸 것이다. 그는 상당한 야심가로 자신을 과시하고 관심 끌기를 좋아하는 성품이었다. 그는 이라크의 대통령이었지만 국제사회에는 잘 알려지지 않아 무엇인가 자신의 존재감을 높이고 국제적으로 관심이 집중될 상황을 만드는 것이 필요했다.

그런데 사담 후세인이 이라크 대통령으로 취임한 1979년에 국경을 맞대고 있는 이란에 이슬람 혁명이 일어나 미국의 강력한 지원을 받던 팔레비 왕조가 무너지고 이슬람 지도자 호메이니가 실권을 장악해 신정(神政)국가가 수립되었다. 사담 후세인이 7월에 대통령에 취임했는데 호메이니는 그보다 다섯 달 앞선 2월에 이란의 실권자가 된 것이다.

이슬람에는 시아파와 수니파라는 두 종파가 서로 대립하고 있다. 이

1979년 이란 혁명으로 팔레비 왕조가 무너지고
이슬람 종교 지도자가 최고 권력을 가지는 이슬람 공화국이 수립되었다.

란은 시아파의 종주국, 사우디아라비아는 수니파의 종주국이라고 할 수 있다. 호메이니는 당연히 시아파 지도자였고, 사담 후세인은 수니파였다. 이라크 국민은 시아파가 다수였지만 소수의 수니파가 권력을 장악하고 지배했다. 호메이니는 그것이 못마땅했다.

이라크와 이란의 국경을 흐르는 샤트 알아랍(Shatt al-Arab)이라는 작은 강 유역은 농토에 물을 공급하는 중요한 수로 역할을 하고 있다. 그 때문에 오래전부터 이라크와 이란은 이 수로의 영유권을 놓고 분쟁이 끊이지 않았다. 1937년 이라크를 지배하던 영국과 이란이 협상을 벌여 이라크에

귀속하기로 합의했지만, 1968년 영국이 이라크에서 완전히 철수하면서 다시 영유권 분쟁이 벌어졌다. 그 당시에는 이란의 군사력이 우세해서 이라크가 양보해서 서로 50퍼센트씩 영유권을 갖게 되었다.

사담 후세인은 원래 이 수로의 영유권은 이라크에게 있다면서, 이란이 가지고 있는 50퍼센트의 영유권을 돌려달라고 요구했다. 그러나 이란의 호메이니가 들어줄 리 없었다. 더구나 그는 이라크가 소수의 수니파에 의해 지배되는 것에 불만이 커서 시아파 이라크 국민에게 봉기할 것을 강력히 촉구하는 상황이었다. 물론 사담 후세인도 그것을 모를 리 없었다. 하지만 그는 강력한 미국의 지원을 받던 이란의 팔레비 왕조가 무너지고 미군이 철수하면서 이란 군대도 재편되는 상황임도 알고 있었다. 이란의 군사력이 그만큼 약한 시기라고 분석했다.

드디어 1980년 9월 22일, 사담 후세인의 이라크군이 선전포고도 없이 이란을 기습적으로 공격했다. '이란·이라크 전쟁'이 시작된 것이다. 사담 후세인은 이라크 군사력이 훨씬 우세하기 때문에 속전속결로 전쟁을 끝낼 생각이었다. 역시 그의 예상대로 초반에 이라크가 압도적으로 우세해서 일주일 만에 샤트 알아랍강 일대의 중요 거점을 모두 점령했다. 그리고 이란 측에 협상을 요구했다.

하지만 호메이니가 협상을 거부하고 대규모 민병대를 투입하면서 전쟁은 장기전·소모전이 되고 말았다. 전쟁이 개시될 당시 이라크 병력은 약 20만 명, 이란은 11만~15만 명이었다. 그런데 전쟁이 최고조에 달했을 때 이라크가 약 150만 명, 이란이 60만~70만 명 병력으로 늘어났다. 두 나라 모두 총동원령을 내렸던 것이다.

미국과 서방 국가들은 사담 후세인을 적극적으로 지원했다. 이슬람

지도자 호메이니가 친미적인 팔레비 왕조를 무너뜨렸기 때문이었다. 사우디아라비아, 요르단, 쿠웨이트 등 수니파 왕정 국가도 사담 후세인의 이라크를 적극적으로 지원했다. 사우디아라비아와 쿠웨이트는 신무기를 구입해서 이라크에 지원하며 왕정국가에서 이슬람 시아파의 전체주의 국가로 된 이란의 파멸을 바랐다. 그러나 장기 지구전으로 변한 전쟁은 무려 8년이나 계속되었다. 1980년부터 1988년까지 그들은 매일같이 싸웠다. 그러다 결국 1988년 8월 20일 꼬박 8년 만에 유엔의 중재로 휴전했다.

사담 후세인은 자기가 바라던 대로 국제적으로 집중조명을 받아 전 세계에 자신의 존재감을 크게 높였지만 대가는 엄청났다. 이 전쟁으로 두 나라의 군인과 민간인 50만~100만 명이 사망했으며 부상자도 100만~200만 명에 달했다. 경제적 피해는 더욱 엄청나서 두 나라가 각기 약 5,000억 달러의 피해를 입었다.

대통령으로 취임한 지 불과 1년 만에 결과적으로 이라크에 큰 피해를 입힌 사담 후세인은 전쟁 후유증으로 고통받고 혼란에 빠진 민심을 모아야 했다. 또 경제적 타격을 만회할 대책이 필요했다. 더욱이 그는 이라크가 아랍세계의 지도국이 되고, 자신이 이라크뿐만 아니라 아랍의 지도자가 되고 싶었다. 그러자면 먼저 페르시아만에서의 주도권을 장악하고 석유사업을 활성화해 충분한 경제력을 확보해야 했다.

사실 이라크는 지정학적으로 강대국이 되기에 결코 유리한 조건은 아니었다. 북서쪽으로는 시리아, 남서쪽으로는 요르단, 남쪽으로는 사우디아라비아, 동쪽으로는 이란, 북쪽으로는 튀르키예로 둘러싸여 있다. 요르단이나 시리아는 경계대상이 아니었지만, 사우디아라비아·이란·튀르키예 등은 만만한 나라가 아니었다. 그뿐만 아니라 서부와 남부는 광활한 사막지대였다. 이라크가 숨통 트일 활로는 남쪽의 페르시아만뿐이었다. 그런데 페르시아만을 통과하려면 바다를 사이에 두고 양쪽으로 사우디아라비아와 이란을 통과해야 했다. 또 이라크의 페르시아만 출구에는 쿠웨이트가 있었다.

사담 후세인은 석유 매장량이 풍부한 쿠웨이트 유전을 확보하기 위해 그 유전의 영유권이 이라크에 있다고 주장하며 1990년 8월 2일 쿠웨이트를 침공했다. 이란·이라크 전쟁이 휴전으로 끝난 지 겨우 2년 만에 또다시 전쟁을 일으킨 것이다.

유엔안전보장이사회는 바로 그다음 날 이라크에 쿠웨이트에서 철수할 것을 요구했다. 사담 후세인이 유엔의 요구를 무시하자 8월 6일 이라크에 대한 전 세계의 무역 금지 조치를 선포했다. 그뿐 아니라 나토가 이라크의 공격을 막기 위해 사우디아라비아에 군대를 파견하고, 이집트를 비롯한 많은 아랍 국가가 쿠웨이트 침공에 반대하는 연합군을 편성하고 군대를 파견했다.

드디어 1991년 1월 16일 '페르시아만 전쟁'이 터졌다. 그리고 불과 6주일 만에 미국이 주도한 연합군이 이라크군을 쿠웨이트에서 몰아냈다. 사담 후세인은 이 전쟁에서 대패하고 국제사회에서 악명만 높이면서 더욱 궁지에 몰렸다. 설상가상으로 이란의 호메이니가 주장했던 대로 이라크의 시아파와 쿠르드족이 반란을 일으켰다.

사담 후세인은 간신히 반란을 진압했지만, 그의 위상은 크게 추락했다. 무모한 두 차례의 전쟁으로 나라를 완전히 거덜낸 그는 그때부터 분풀이하듯이 독재자의 횡포를 자행하기 시작했다. 특히 사담 후세인의 독재에는 두 아들을 비롯한 그의 가족과 일가친척이 가세해서 독재의 만행을 함께 저질렀다.

사담 후세인이 1979년 대통령이 되었지만, 이라크에는 반대세력이 만만치 않았다. 사담 후세인이 이슬람 수니파이기 때문에 이라크 국민의 절반이 훨씬 넘는 시아파가 크게 반발했다. 후세인은 이란·이라크 전쟁으로 정신이 없을 때도 강하게 반발하는 세력을 대량으로 학살했다. 자신의 사촌이 지휘하는 비밀경찰(공안부대)을 시켜 시아파를 한곳에 몰아넣고 독가스를 주입해서 죽이는 등 참혹한 학살을 자행했다. 그 무렵 이라크의 시아파가 수없이 희생되고 처형되었다.

자신을 과시하기 좋아하는 사담 후세인은 우상화를 강화하면서 곳곳에 자신의 동상을 세우고 마치 영화의 주인공처럼 권총을 차고 거들먹거렸다. 노골적으로 불만을 나타내는 사람은 재판도 없이 직접 권총으로 사살했다. 그의 아내 사지다는 남편의 정적을 구체적으로 지적하며 그들을 심하게 고문하라고 지시했다.

사담 후세인에게는 두 명의 아들이 있었는데 그들의 횡포는 아버지에 조금도 뒤지지 않았다. 장남 우다이 후세인은 나이트클럽에서 춤을 추다가 천장에 마구 총을 쏘기 일쑤였으며, 이집트 영부인까지 참석한 만찬에서 사담 후세인에게 둘째 아내를 소개한 최측근 카멜 한나를 지팡이로 기절할 때까지 두들겨 패고 전기톱 같은 음식 자르는 전동식 칼로 죽여버렸다고 한다. 나중에 그렇게 잔혹했던 이유를 물으니까 어머니가 복수하라고 지시했다는 것이다.

30대에 불과한 우다이 후세인은 이라크 올림픽위원장까지 맡고 있었는데, 이라크 축구팀이 국제대회에서 패배하자 선수들에게 콘크리트 덩어리를 맨발로 차라고 고문한 악랄한 행위는 해외에도 보도되었다. 그는 잔혹한 고문을 크게 즐겨 자기 집 지하에 감옥을 만들어놓고 정치범들을 수시로 고문했다고 한다.

그의 저택에는 개인 동물원이 있었는데, 심한 고문으로 초주검이 된 정치범을 표범에게 던져줘 잡아먹게 했다고 한다. 워낙 악행을 수없이 자행한 그는 테러를 당해 총알 세례를 받고 죽지는 않았지만 절름발이가 되었다. 그는 수없이 여자를 갈아치우며 쾌락을 즐긴 것으로도 유명했다. 둘째 아들 쿠사이 후세인은 시아파 반란을 강압적으로 진압하는 데 앞장섰다. 수천 명의 시아파를 체포해서 한꺼번에 처치하는 등 악독한 만행으로 악명을 떨쳤다.

사담 후세인의 사위들은 장남 우다이 후세인과 갈등을 빚었다. 우다이는 툭하면 죽일 듯이 권총을 뽑아 들었다. 큰사위는 목숨의 위협을 느끼자 아내를 데리고 요르단으로 망명했다. 그러자 사담 후세인은 그가 미국 측에 자신의 독재 횡포와 무기개발을 폭로할 것이 두려워 목숨은 보장할 테니 귀국하라고 종용했다. 그 말을 믿고 귀국한 그는 곧바로 강제로 이혼당하고 사담 후세인이 보낸 측근에게 살해되었다.

사담 후세인은 노골적인 반미주의자로 이슬람 반대세력 그리고 제국주의자들과 맞선다는 명분으로 독가스·세균 등의 생화학무기를 비밀리에 개발하고 있었다. 만일 사담 후세인이 또 전쟁을 일으켜 생화학무기를 사용한다면 어떤 사태가 오게 될지, 서방국들이 지켜보고 있었다. 마침내 유엔이 이라크에 경제 제재 조치와 함께 생화학무기와 핵무기의 개발과 생산을 금지했다.

사담 후세인은 유엔의 무기 사찰을 즉각 거부했다. 미국과 영국은 그럴 줄 알았다는 듯이 1998년 말에 4일 동안 이라크를 폭격했다. 그리고 점점 잔혹해지는 사담 후세인 독재정권을 축출하겠다고 공언했다. 사태가 그 지경에 이르자 사담 후세인은 유엔의 무기 사찰을 받아들였다. 하지만 유엔의 사찰단은 대량살상무기를 찾아내지 못했다.

그러자 미국의 부시 대통령은 사담 후세인이 사용이 금지된 무기들을 숨기고 있다면서, 2003년 3월 17일 사담 후세인에게 48시간 이내에 대통령직에서 물러나 이라크를 떠나라고 발표하고, 만약 이를 거부하면 이라크와 전쟁을 하겠다고 선포했다. 아울러 사담 후세인이 대통령직에서 물러나더라도 이라크를 안정시키고 대량살상무기를 찾기 위해 미군이 계속 주둔하겠다고 말했다.

사담 후세인은 자신과 이라크의 운명을 바꿀 부시 대통령의 요구를 여유만만한 표정으로 웃으며 거부해서 국제사회의 집중조명을 받았다. 하지만 그것은 어디까지나 허세였다. 미국과 동맹군은 불과 사흘 뒤인 3월 20일 이라크 공격을 개시했다.

제2차 페르시아만 전쟁이 일어난 것이다. 전쟁은 일방적이었다. 4월 9일 이라크의 수도 바그다드가 미군에게 함락당했고, 5월 1일에는 미군과 연합군이 이라크를 완전히 점령했다. 사담 후세인과 그의 악명 높은 두 아들이 도망쳤다.

그러나 두 아들, 우다이 후세인과 쿠사이 후세인 그리고 쿠사이의 아들인 무스타파 후세인이 뒤쫓는 미군과 이라크 제2의 도시 모술에서 맞부딪쳐 치열한 교전을 벌이다가 두 아들은 아파치 헬기의 집중공격으로 처참하게 죽었고 손자는 끝까지 버티며 총격전을 펼치다가 사살되었다.

사담 후세인은 무려 8개월의 도피 끝에 2003년 12월 13일 그의 고향 근처에서 붙잡혔다. 그는 지저분한 하수도에 숨었다가 발각되어 맨홀 뚜

2005년 12월, 바그다드 특별법정에서 재판받는 사담 후세인

껑을 열고 나왔다. 한때 세상을 호령하던 독재자답지 않게 덥수룩한 수염의 초라한 모습이었다.

곧이어 사담 후세인과 측근들, 가족, 일가친척 등에 대한 재판이 열렸다. 그들은 학살, 가혹한 고문, 정적 살해 등의 혐의로 대부분 사형을 선고받고 몇 개월 뒤에 처형되었다. 중형을 언도받고 투옥되어 있다가 옥사한 사람들도 있었다. 사담 후세인의 무자비한 독재에 편승해서 온갖 만행을 저질렀지만 도망쳐 다른 나라에 숨어 사는 사람들도 있었다.

사담 후세인의 가족, 가까운 일가친척 가운데 남성은 모두 죽어 가문의 대가 끊겼다고 한다. 가족 중 사담 후세인의 부인이 살아 있지만, 그녀가 어느 나라에 숨었는지 아직도 찾아내지 못하고 있다. 또 사담 후세인에게는 딸이 많았는데, 몇몇은 살아남아 부정 축재한 많은 재산으로 공공연히 이슬람 무장단체들을 돕고 있는 것으로 알려졌다.

마침내 2006년 11월 5일 사담 후세인도 재판정에 섰다. 체포될 때의 초라한 모습 거의 그대로였다. 몇 차례의 재판 끝에 여지없이 그에게도 전쟁범죄와 대량학살, 정적 살해 등의 혐의가 적용되어 사형이 선고되었다. 12월 항소심에서도 사형선고가 확정되어 12월 26일 교수형이 집행되었다.

165

4,

흑인 노예

23

인판트 동 엔히크

Infante Dom Henrique

흑인 노예무역의 개척자

서아프리카 연안과 대서양 섬들에 관해 탐사하고 새로운 항로를 탐색하는 등 대항해시대 초기에 포르투갈의 탐험 및 다른 대륙들과의 해상무역 개발을 이끌었던 사람이 인판트 동 엔히크(Infante Dom Henrique)다. 그러한 업적으로 그를 항해왕자, 항해왕이라고도 부른다. 사실 그는 중세 유럽에서 대항해시대를 연 최초의 인물이라고 해도 과언이 아니다. 그런데 그는 처음으로 아프리카에서 흑인 노예를 유럽에 들여온 인물로 흑인 노예무역의 개척자이기도 하다.

엔히크는 1394년 포르투갈 국왕 주앙 1세의 셋째 아들로 태어났다. 엔히크는 셋째 왕자였기 때문에 정치에는 별 관심이 없었고 포르투갈의 해양 진출에 더 관심이 많았다. 그것은 시대적 요구였으며 그의 적성에도 잘 맞았다. 1415년 그에게 좋은 기회가 찾아왔다. 주앙 1세는 아들들에게 작위를 수여해서 위상을 높이려면 무엇인가 그럴 만한 공적을 쌓아야 한

인판트 동 엔히크

다고 판단했다. 그런 방침에 따라 아프리카의 최북단, 지금의 모로코 세우타를 정복하기로 했다.

세우타는 전략적으로 요충지였으며 해적의 기항지였다. 또 이슬람 상인의 무역항인 세우타를 정복하면 경제적으로도 많은 이익을 얻을 수 있었다. 더욱이 가장 거리가 가까운 에스파냐가 호시탐탐 노리고 있는 항구였다. 주앙 1세는 이 중요한 정복 전쟁을 빈틈없이 준비했다. 준비에만 4년이 걸렸다. 그리고 군함 200척과 병력 2만 명을 동원해서 기습적으로 세우타를 공격했다. 아프리카 모로코 왕국을 침략한 것이며 이슬람과의 싸움이었다. 왕자들은 전투에 앞장서서 용감하게 싸웠다. 엔히크는 부상을 입었지만 끝까지 싸워 마침내 세우타를 함락시켰다.

이것은 포르투갈이 최초로 해외 영토를 확보한 의미 있는 전쟁이자 아프리카 진출의 교두보를 마련한 전쟁이었다. 이로 인해 아프리카 내륙에 관한 많은 정보를 얻을 수 있어서 해양 탐험에 큰 도움이 되었다. 또 끊임없이 출몰하는 해적을 저지해서 선박들을 보호할 수 있었다. 포르투갈은 세우타에 약 3천 명의 병력을 주둔시키고 셋째 왕자 엔히크를 세우타 총독으로 임명했다.

엔히크는 그 공로로 최고의 작위까지 받았고 세우타 총독이 되었지만

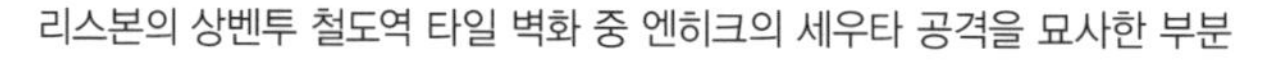

리스본의 상벤투 철도역 타일 벽화 중 엔히크의 세우타 공격을 묘사한 부분

곧 대리인에게 통치를 맡기고 포르투갈로 돌아왔다. 그는 이 정복 전쟁에서 아프리카 탐험의 중요성을 더욱 절실히 깨달았다. 그리하여 항해사, 조선업자, 지도제작자 등을 모아서 아프리카 탐험에 몰두했다.

해양 탐사는 막대한 비용이 소요되는 국가적인 큰 사업이었다. 그렇지만 엔히크는 탐험대를 조직하고 주앙 1세에게 끈질기게 지원을 요청했다. 국왕도 국가 예산을 적지 않게 투입해야 하지만, 아프리카 탐험의 중요성을 알고 있었기에 엔히크를 적극적으로 지원했다. 그에 따라 엔히크는 지속적으로 탐험대를 조직해서 아프리카로 보낼 수 있었다.

엔히크가 아프리카 탐사에 집착한 이유는 미지의 대륙 아프리카를 탐사함으로써 새로운 항로를 개척하고 아프리카 내륙의 국가와 교역해서 경제적 이익을 얻고자 하는 것이었다. 또한 포르투갈을 침공했던 이슬람인이 얼마나 되는지 파악하고, 그리스도교를 아프리카에 전파하는 등 여러 가지의 목적이 있었기 때문이다.

하지만 탐사비용이 너무 많이 들자 포르투갈 내부에서 비난 여론이 나날이 높아졌고, 해양 탐사에 나섰던 탐험대가 선박 침몰 등으로 희생되는 일이 심심찮게 발생했다. 그러나 엔히크는 꿈쩍도 하지 않고 오로지 탐험대에게 "아프리카 해안을 따라 남하하라!"를 외칠 뿐이었다.

엔히크는 그러한 아프리카 탐험에 대한 집착으로 많은 공적을 쌓기도 했다. 무엇보다 북아프리카에 가까운 대서양의 작은 섬들, 마데이라제도와 아조레스제도를 발견한 것이다. 포르투갈은 이 제도들을 식민지로 만들었다.

또한 보자도르곶을 점령한 것도 큰 수확이었다. 모로코 남서쪽 서사하라 근처에 있는 보자도르곶은 '위험의 아버지', '죽음의 곶'이라고 부를 정도로 그곳으로 해양 탐사를 떠났다가 되돌아온 배가 없었다. 뒤에 밝혀졌지만, 그 해역은 암초가 많고 해류가 급변할 뿐만 아니라 태풍이 심해서 매우 위험한 곳이었다.

그런데 엔히크는 집요하게 그곳에 열네 차례나 탐사선을 보냈다. 그 결과, 1434년 항해사 질 이아네스(Gil Eanes)가 이끄는 탐험대가 무사히 귀환함으로써 이 해역과 서사하라 지역을 포르투갈이 차지할 수 있었다. 그러나 그 뒤 아프리카에 진출한 에스파냐와 영토 분쟁이 일어났다. 다행히 모로코 협약으로 대충돌은 피했지만 에스파냐가 지배권을 획득했다.

1420년, 엔히크는 주앙 1세에 의해 그리스도 기사단 단장인 총사령관에 임명되었다. 교황청 소속의 이 기사단은 포르투갈에서 가장 영향력이 크고 막강한 재력까지 지닌 단체였다. 엔히크는 교황청의 승인까지 얻었다.

하지만 그 무렵 포르투갈의 첫 해외 식민지였던 세우타가 무역항구로서 제 기능을 하지 못하고 쇠퇴하기 시작했다. 그곳에서 활발하게 무역활동을 펼쳤던 이슬람 상인들이 떠나버리고 모로코가 졸지에 빼앗긴 영토를 되찾기 위해 게릴라전을 펼치는 등 위험 지역이 되어 사람들의 발길이 끊긴 것이다. 포르투갈로서는 큰 손실이 아닐 수 없었다.

엔히크는 세우타를 포기하고 탕헤르 정복을 추진했다. 탕헤르는 모로코 최북단에 있는 항구도시로 지브롤터 해협을 사이에 두고 에스파냐와 불과 27킬로미터 떨어져 마주 보고 있는 곳이었다. 지중해 연안 국가들과 교역이 활발해서 크게 번성하고 있는 도시이기도 했다.

탕헤르를 정복하자는 엔히크의 제안은 주앙 1세를 비롯해 지배층과 국민이 크게 반발하는 바람에 제대로 추진하기 어려웠다. 반대 여론도 대단했지만 엄청난 재정 소요가 더 큰 문제였다. 그러나 엔히크는 굽히지 않고 원정의 필요성을 집요하게 설득했다. 그리스도교를 전파하겠다는 논리로 교황까지 설득했다.

그러는 사이 1433년 주앙 1세가 사망하고 엔히크의 큰형 두아르트가 왕위에 올랐다(두아르트 1세). 그 역시 엔히크의 탕헤르 원정을 막대한 경비가 들어간다는 이유로 반대했다. 국민도 끊임없는 해양 탐사와 항로 개척 그리고 아프리카 진출에서 별다른 경제적 이익을 얻지 못했다는 이유를 들어 맹렬히 반대했다.

엔히크는 왕비인 형수까지 설득하고 동생 페르나두까지 끌어들여 어렵게 승인을 얻어냈다. 그리스도 기사단을 비롯한 원정에 참여할 병력 확보에 반응이 좋지 않아 세우타를 정복할 당시의 병력에 절반 정도밖에 확보하지 못했다.

하지만 엔히크는 약 1년의 준비 끝에 마침내 1437년 탕헤르 원정에 나섰다. 그런데 너무 오랫동안 시일을 끌었던 탓에 모로코가 모든 내용을 파악하고 철저하게 방어책을 세워놓고 있었다. 엔히크의 원정대는 비참할 정도로 대패했다. 결국 세우타를 반환하고 동생 페르나두를 인질로 모로코에 남겨놓는다는 조건으로 종전에 합의했다.

그로 말미암아 엔히크의 위상이 크게 추락했다. 그동안 그가 이룩한 아프리카 해양 탐사의 숱한 공적도 탕헤르 원정 실패에 묻혀버렸다. 더구나 원정 다음 해인 1438년 두아르트 1세가 창궐하던 흑사병으로 사망했다. 또한 모로코에 볼모로 잡혔던 동생 페르나두가 포로수용소에서 숨졌다. 엔히크는 완전히 궁지에 몰리고 말았다.

집념의 사나이 엔히크는 무엇인가 위기에서 벗어날 돌파구를 찾았다.

그럴 즈음 아프리카 서해안을 탐험하던 탐험대가 제법 많은 금과 흑인 노예 10여 명을 데리고 돌아왔다. 그러자 엔히크에게 집중되었던 온갖 비난이 조금 가라앉았다. 엔히크는 무릎을 쳤다. 돌파구를 찾은 것이다.

엔히크가 지휘하는 탐험대가 마데이라제도와 조금 더 떨어진 곳의 아조레스제도를 발견했다고 설명했다. 마데이라제도는 아프리카 북단에서 520킬로미터, 포르투갈 해안에서 1,000킬로미터쯤 떨어진 북대서양의 섬

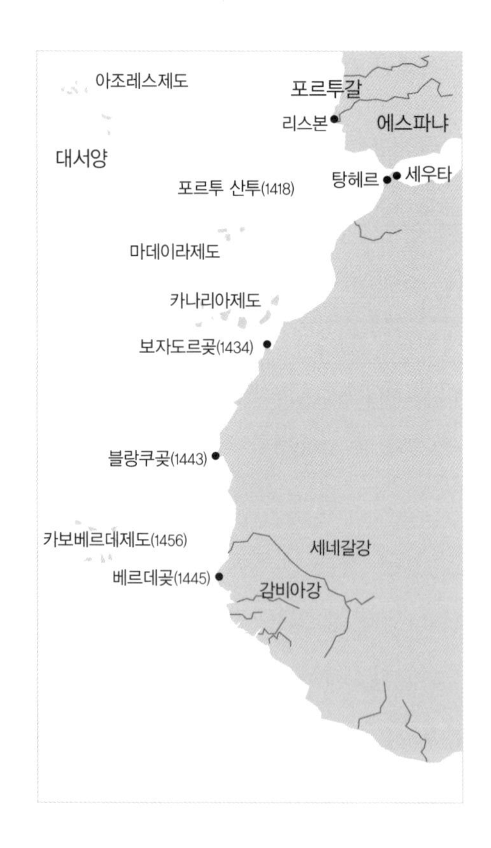

엔히크의 후원으로 탐험가들이 도달한 지역(괄호 안은 연도)

들이다. 아조레스는 그보다 300킬로미터쯤 더 멀리 떨어져 있는 곳에 있는 크고 작은 섬들로 이루어진 군도(群島)였다.

그런데 1418년에 포르투갈 탐험대가 발견한 이 제도들이 뒤늦게 그 가치를 증명했다. 뜻밖에 기후가 좋고 땅이 비옥해서 농사가 잘되었다. 특히 포도 품종이 좋아 와인 생산지로 유명해졌다. 더욱이 마데이라제도에서는 세계 최초로 사탕수수를 재배해서 설탕을 생산하게 되었다.

하지만 사탕수수 재배에는 많은 노동력이 필요했다. 포르투갈에서 멀리 떨어진 제도이어서 노동력 부족이 설탕 생산의 발목을 잡았다. 엔히크가 그런 사실에서 돌파구를 찾은 것이다. 바로 흑인 노예의 수입이었다. 그는 즉시 아프리카로 사람을 보내 흑인 노예들을 사들였다. 역사상 첫 흑인 노예 인신매매였다. 엔히크가 흑인 노예 매매를 시작한 개척자이며 선구자가 된 것이다.

단, 그때는 흑인 노예들을 납치하지 않았다. 이미 많은 노예를 거느리고 있는 아프리카의 귀족이나 추장과 거래한 것이다. 그 당시 아프리카인의 절반이 노예였다고 한다. 따라서 흑인 노예는 얼마든지 있었으며, 흑인이 흑인을 판 것이었다. 처음에는 신체가 건강한 젊은 흑인 노예 10여 명을 수입해서 마데이라제도의 농장주에게 팔았는데 성과가 너무 좋았다.

사탕수수 재배에는 많은 손길이 필요했다. 토지를 재배에 알맞게 갈고 닦는 일에는 소나 말 같은 가축을 이용할 수 있지만, 옥수수처럼 자라는 사탕수수에 물을 주고 가꾸는 것은 사람이 해야 할 일이었다. 사탕수수가 자라면 하나씩 모두 낫으로 잘라야 했고, 사탕수수에서 설탕을 추출하는 것은 기계가 할 수 있지만 그 기계를 다룰 사람이 필요했다.

흑인 노예는 무엇이든 농장주가 시키는 대로 잘 해냈다. 더구나 흑인 노예에게는 인건비가 들어가지 않았다. 먹이고 재워주면 그뿐이었다. 따라서 농장주들은 앞다퉈 흑인 노예를 사들이려고 했다.

이런 사실이 알려지자 탕헤르 원정 대실패와 국가 재정 낭비를 지적하며 엔히크를 비난했던 여론도 잠잠해졌다. 엔히크는 본격적으로 흑인 노예를 사들이기 시작했다. 처음에 10여 명이던 것이 수십 명에서 한 번에 100명이 넘기도 했다.

그는 아예 흑인 노예시장을 개설했다. 포르투갈 최남단의 항구도시이자 아프리카 탐험의 전진기지인 라구스에 상설 노예시장을 연 것이다. 엔히크는 흑인 노예시장을 '기네의 집'이라고 이름 붙였다. 그곳에서 흑인 노예를 매입하면 노예매매 가격의 20퍼센트를 세금으로 징수했다. 그렇게 해도 공급이 모자랄 지경이었다.

1456년 포르투갈의 해양 탐험대는 서아프리카 세네갈에서 멀리 떨어진 대서양에서 카보베르데제도를 발견했다. 큰 섬 열 개와 작은 섬 여덟 개, 모두 열여덟 개의 섬으로 이루어진 이 제도는 포르투갈 탐험대가 발견했을 때는 무인도였다. 엔히크는 그곳을 흑인 노예교역의 전진기지로 삼았다. 수요에 비해 공급이 부족할 정도였으니까 미리 많은 흑인 노예를 확보해서 매매를 원활하게 하기 위해서였다.

어찌 되었든 무인도가 노예교역의 전진기지가 되니, 교역과 관계된 사람들은 물론 자연히 많은 사람이 몰려들었다. 포르투갈의 식민지였던 그곳은 포르투갈 자치령을 거쳐 지금은 인구 약 60만의 독립국가 카보베르데공화국이 되었다.

날이 갈수록 흑인 노예교역이 활성화되었다. 마데이라제도의 농장주뿐만 아니라 포르투갈의 귀족이나 부유층·상인이 흑인 노예를 사들였다. 16세기에 이르러 포르투갈의 수도 리스본 인구의 약 10퍼센트가 흑인 노예였다고 하니, 얼마나 많은 흑인 노예를 수입했는지 충분히 짐작할 수 있다.

인신매매가 크게 활성화되면서 사회문제가 되기도 했다. 그러자 엔히크는 흑인 노예 수입과 매매의 정당성을 강조할 필요가 생겼다. 그에 따라 엔히크와 포르투갈은 많은 경비를 투자해서 탐사하고 개척하고 정복한 북아프리카와 대서양 지역의 독점적 교역권과 점령지에 대한 소유와 관리 권한을 인정하고 지지해줄 것을 교황청에 요청했다.

그에 대해 교황 니콜라우스 5세는 포르투갈의 권리를 인정했다. 당시 가톨릭교회는 포르투갈이 북아프리카를 점령하여 아랍인과 이교도를 기독교로 개종시키기를 기대했다. 교황은 또 포르투갈이 아프리카에서 이교도·비기독교인을 세습 노예화할 수 있는 권리를 부여했다.

흑인 노예를 가톨릭으로 개종시킨다는 종교적 목적이 컸지만, 결과적으로 흑인 노예의 거래와 아프리카 식민지 개척의 정당성을 인정해준 셈이었다. 이를 계기로 포르투갈은 더욱 당당하게 흑인 노예들을 수입했으며 아프리카를 침탈해서 식민지로 만들려는 유럽 열강의 경쟁은 더욱 치열해졌다.

어떤 이유에서든 엔히크는 아무런 죄의식도 없이 흑인 노예를 처음으로 인신매매했다. 더욱이 교황청이 인간을 상품으로 팔고 사는 비인간적이며 더없이 파렴치한 행위에 정당성을 부여했다. 이것이 중요한 문제다. 그 때문에 흑인 노예교역은 크게 활성화되어 결국에는 아메리카 대륙에 수천만 명이 넘는 흑인 노예가 강제로 끌려가는 비극의 역사가 이어졌다. 그런 의미에서 엔히크는 분명한 악인이다.

노예 상인

인류 최악의 범죄 노예사냥이 시작되다

만약 설탕이 없었다면 흑인 노예도 존재하지 않았을 것이다.
흑인 노예를 팔고 사는 노예무역은 설탕이 일으켰고
이 노예무역에서 유럽 국가들이 벌어들인 수익이
산업혁명의 원동력이 되었다.
_에릭 윌리엄스, 『자본주의와 노예제도』

최초로 아프리카에서 흑인 노예를 수입하여 인신매매한 인물은 포르투갈의 엔히크다. 처음에는 소규모였으나 마데이라제도에서 사탕수수를 재배하면서 많은 노동력이 필요해지자, 흑인 노예 장사는 대규모로 이루어지고 그 성과는 대단했다.

15세기 초·중기에는 설탕이 보석 못지않게 비쌌다. 그 당시 설탕은 약으로 쓰였기 때문에 같은 무게의 은값과 맞먹을 정도였다. 포르투갈 식민지였던 마데이라제도는 최초로 사탕수수를 재배하고 설탕을 생산하여 막대한 경제적 수익을 올렸다.

사탕수수 재배에 엔히크가 수입해서 판매한 흑인 노예들이 크게 기여했다는 사실은 이미 설명했다. 당시 마데이라제도에서 생산되는 설탕은 없어서 못 팔 정도로 무섭게 팔렸으며, 흑인 노예는 있어도 계속 사들일 정도로 인기 있었다.

1492년 에스파냐 여왕의 지원을 받은 콜럼버스가 최초로 아메리카 대륙에 도착했다. 지구는 둥근 것이 아니라 평평하다고 믿었던 중세에 콜럼버스는 인도를 찾아 항해에 나섰다. 그가 70여 일간의 항해 끝에 도착한 곳은 카리브해의 작은 섬 산살바도르였다.

콜럼버스는 그 섬을 인도의 일부라고 생각했다. 따라서 카리브해의 많은 섬을 서인도제도로 부르게 되었다. 콜럼버스는 그 지역을 세 차례나 항해했지만 죽을 때까지 인도의 일부로 생각했다.

콜럼버스는 이탈리아인이지만 에스파냐의 후원을 받았기 때문에 그 해역의 제도들은 대부분 에스파냐의 식민지가 되었다. 따라서 서인도제도에 많은 에스파냐인이 진출했다. 서인도제도에서 두 번째로 큰 섬인 히스파니올라로 이주한 에스파냐인이 많았다. 오늘날 그 섬의 서쪽 3분의 1은 아이티공화국, 동쪽으로 3분의 2는 도미니카공화국이다.

그 섬에 이주한 에스파냐인이 할 수 있는 일은 열악한 재래식 농업밖에 없었다. 무엇인가 새로운 활로를 찾아 고심하던 그들은 포르투갈 마데이라제도의 사탕수수 재배와 설탕 생산이 큰 성공을 거두고 많은 수익을 올리고 있다는 사실을 알게 되었다. 그들은 주저 없이 사탕수수를 재배하기 시작했다. 결과는 역시 대성공이었다. 그 후 300년 가까이 설탕은 국제무역의 중심이 되었다.

처음에는 약으로 쓰던 설탕이 음식의 첨가물이 되면서 수요가 엄청나게 늘었다. 히스파니올라섬의 에스파냐 이주민은 그곳의 원주민을 노동자로 이용했지만, 한계가 있었다. 우선 원주민 수가 제한적일 뿐만 아니라 그들은 유럽에서 전파된 천연두 등 각종 전염병에 면역력이 전혀 없었다. 따라서 많은 원주민이 유럽의 전염병으로 희생되었고 열악한 노동환경으로 인구가 많이 감소한 상황이었다. 그리하여 노동력 부족에 시달리던 농장주들은 포르투갈의 마데이라제도에서처럼 아프리카 흑인 노예를 사용하기로 했다. 그리고 과감하게 흑인 노예를 수입했다.

또 콜럼버스의 항해 이후 아메리카 대륙으로 가는 항로가 개척됨에 따라 유럽의 열강들이 아메리카 대륙에 새로운 영토를 확보하기 위해 치열하게 경쟁했다. 선두주자는 에스파냐였고, 프랑스, 영국, 네덜란드 등이 뒤따랐다. 포르투갈도 경쟁에 나섰지만, 그들보다 한 걸음 뒤처졌다.

서구 열강이 진출한 곳은 대개 유럽에서 가까운 서인도제도, 남아메리카 동부 해안이었다. 그들은 진출 과정에서 헤아릴 수 없이 많은 원주민을 학살했다는 것은 잘 알려진 사실이다. 또한 유럽의 전염병 특히 천연두가 나라를 멸망시킬 정도로 수많은 원주민을 희생시켰으며, 유럽에 매독과 같은 성병이 만연하게 되었다는 것도 잘 알려진 사실이다.

그러나 유럽 열강이 점차로 식민지를 넓혀감에 따라 많은 유럽인이 그곳으로 진출했다. 대부분이 농장을 만들고 확실한 수익이 보장되는 사탕수수 재배에 뛰어들었다. 그에 따라 흑인 노예의 수요가 폭발적으로 늘어났다. 포르투갈의 엔히크가 몇 십 명씩 수입하던 것과는 전혀 다른 수준이었다. 한꺼번에 몇 백, 몇 천 명이 필요했다.

그에 맞춰 흑인 노예의 확보가 시급한 문제로 대두했으며, 전문적인 노예 상인도 등장했다. 하지만 그 누구도 한꺼번에 1천 명이 넘게 흑인 노예를 확보하기는 쉽지 않았다. 결국 인류가 저지른 최악의 범죄 중 하나인 '노예사냥'이 시작되었다.

누가 가장 먼저 노예사냥에 나섰는지 구체적으로 지적하기는 어렵다. 노예 상인들이 거의 동시에 부쩍 늘어나며 지리적으로 중남미와 가장 가까운 서부 아프리카 해안 지역으로 몰려들었다. 기니만 주변의 기니, 가나, 말리, 모리타니, 나이지리아, 세네갈 등이 주요 사냥터였다.

노예 상인은 무기를 휴대하고 부하 몇 명과 무리 지어 이 마을, 저 마을을 돌아다니며 눈에 띄는 대로 흑인을 붙잡았다. 남녀노소를 가리지 않았다. 물론 남녀노소에 따라 가격 차이는 있었지만 그런 것을 따질 형편이 아니었다. 흑인이면 무조건 붙잡아 쇠사슬로 묶었다. 목이든 손이든 줄지어 꾸러미로 묶었다.

노예 상인이 납치한 노예들을 이끌고 사막을 지날 때 상인들은 낙타를 타고 흑인 노예들은 한 줄로 나란히 밧줄로 손을 묶어 하염없이 걷게 했다. 더위에 너무 지쳐 쓰러지면 채찍으로 사정없이 때려서 일으켜 세웠다. 붙잡히기 전 노예 상인을 알아보고 도망치는 흑인은 총으로 쏴 죽였다. 그야말로 인간 사냥이었다.

아프리카 흑인은 아무 영문도 모르고 납치당하면서 가족과도 격리되었다. 가족이라도 납치당한 순서가 다르고 어디로 끌려갈지도 알 수 없었다. 또한 전혀 가족관계를 고려하지 않고 매매되었기 때문에 가족끼리도 어디로 팔려갈지 몰랐다. 가족이 완전히 해체된 것이다. 수많은 흑인이 평생 가족을 만나지 못한 채 노예로 생활하다가 숨졌다.

노예 상인은 목표로 잡은 숫자를 채울 때까지 계속 이동하며 흑인들을 잡아들였다. 이동하는 동안에는 특별한 숙소가 없으므로 가축처럼 허허벌판에서 노숙해야 했다. 흑인들에게 먹을 것을 충분히 줄 리가 없었다. 그저 목숨을 유지할 수 있을 만큼만 제공했다.

그렇게 납치된 흑인이 행여 빈틈을 타서 탈출하면 끝까지 쫓아가서 붙잡고는 죽도록 구타했다. 붙잡을 수가 없으면 기어이 사살했다. 그것은 무자비한 납치였으며 더없이 잔인한 인간 사냥이었다. 돈벌이에 눈이 먼 노예 상인은 인간이 아니었다. 야만인도 아니었다. 가장 악랄하고 잔혹한 악마였다.

포르투갈은 다른 유럽 열강보다 조금 늦게 아메리카 대륙에 진출했지만, 결코 많이 늦은 것은 아니었다. 더욱이 이미 1500년에 귀족 페드루 알바르스 카브랄이 그를 신임하는 국왕의 지원을 받아 13척의 군함을 이끌고 인도를 찾아가기 위해 출항했다. 그리하여 남서쪽으로 대서양을 계속 항해하던 중 우연히 육지를 발견했는데 바로 지금의 브라질 해안이었다.

카브랄은 브라질의 해안을 탐사했지만 그렇게 광활한 땅인 줄은 전혀 몰랐다. 그는 그곳을 탐사하면서 브라실(brasil)이라는 염료를 추출할 수 있는 나무들을 발견했다. 브라실은 성직자의 의복을 염색하는 붉은색 고급 염료를 만들 수 있는 나무다. 그래서 그곳의 이름을 브라실이라고 했다. 그것이 브라질(Brazil)로 바뀐 것이다. 그런데 얼마 지나지 않아 그곳에 금광 등 광물이 풍부하다는 사실이 밝혀져 포르투갈이 식민지로 정하고 본격적으로 진출했다.

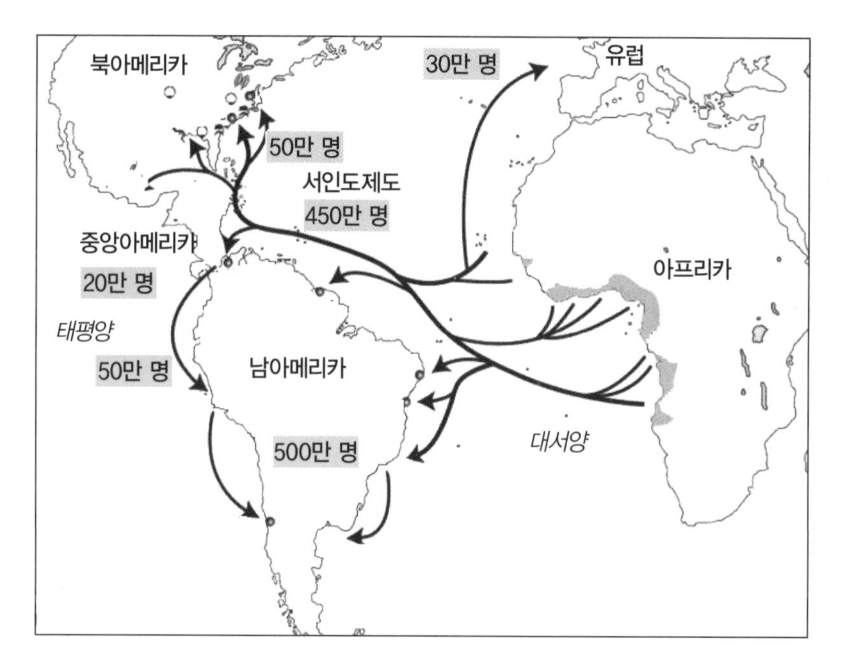

1650~1860년의 노예무역

카리브해 지역을 비롯한 중남미 지역은 거의 에스파냐가 정복해서 지금도 에스파냐어가 공용어다. 오직 브라질만이 포르투갈어를 쓴다. 포르투갈은 개발할수록 그곳이 무궁무진한 광활한 땅이라는 사실을 알게 되었고, 포르투갈에서 가까운 브라질 동쪽 해안의 항구 살바도르를 수도로 정하고 국민을 적극적으로 이주시켜 수십만 명이 바다를 건넜다.

군인이나 관료 등을 제외하고 포르투갈에서 브라질로 건너간 평범한 이주민은 넓은 땅을 마련하고 수익성 높은 사탕수수를 재배했고 일부는

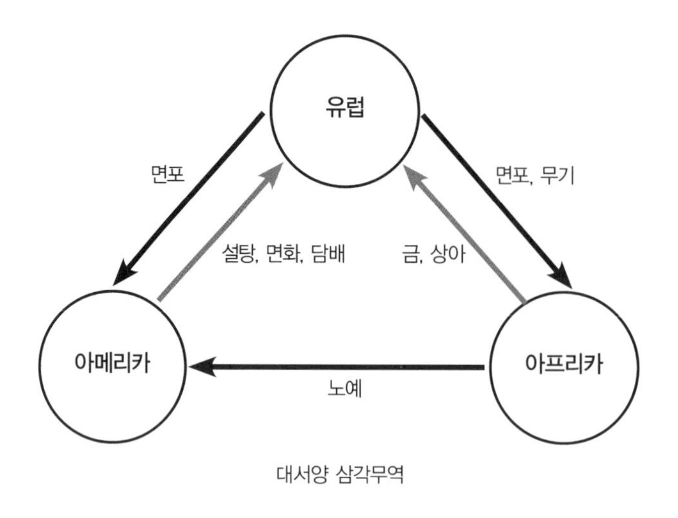

대서양 삼각무역

커피를 재배했다. 사탕수수든 커피든 모두 많은 노동력이 필요했다. 그들도 당연하다는 듯 흑인 노예를 사들였다. 워낙 드넓은 땅이어서 그 수요가 엄청났다.

일반적으로 카리브해의 수많은 제도와 미국에 흑인 노예가 가장 많았을 것이라고 생각한다. 그러나 흑인 노예가 가장 많았던 지역은 브라질이었다. 16~17세기 브라질의 인구는 약 300만 명이었다고 하는데, 그중 3분의 1인 약 100만 명이 흑인 노예였다고 한다. 얼마나 많은 아프리카 흑인이 그곳으로 끌려가 노예가 되었는지 충분히 짐작할 수 있을 것이다.

그처럼 상상을 초월한 흑인 노예의 폭발적인 수요에 살판 난 것은 노예 상인이었다. 이미 15세기에 노예매매를 교황청까지 나서서 정당화시켜 주었으니까 틀림없는 합법적 행위였다. 그들은 이른바 '삼각무역'으로 더욱 많은 돈을 벌었다. 아프리카에서 흑인 노예를 별 비용 안 들이고 납치·사냥해서 아메리카 대륙에 비싼 값에 팔고, 그 돈으로 후추나 커피 등의 작물을 사서 유럽에 팔고, 그 돈으로 유럽의 상품을 사서 파는 삼각 무역이었다.

흑인 노예무역이 떼돈을 버는 사업이다 보니 개인 사업을 넘어서 전문 기업까지 등장했다. 대표적인 기업이 영국의 아이삭 홉하우스 앤드 컴퍼니(Isaac Hobhouse & Company)와 리버풀 노예무역 신디게이트(Liverpool Slave Trade Syndicate), 네덜란드의 서인도회사(West India Company) 등이다.

서인도회사는 표면적으로 서아프리카, 남아메리카, 카리브해의 여러 제도에 있는 포르투갈과 에스파냐의 식민지를 공략함으로써 그들과의 무역 경쟁에서 승리하겠다는 공격적인 목표를 당당하게 밝힌 공기업이라고 할 수 있다. 따라서 그 지역에 파견할 군대와 재정 등 국가의 지원을 받았다.

하지만 기업이기 때문에 이윤이 있어야 한다. 그를 위해서 서인도제도나 남아메리카에 흑인 노예를 공급하는 무역에도 적극적이었다. 국영기업이라는 위상이 있어서 흑인을 납치하는 등 노예사냥에 직접 나서지는 않았지만 수많은 노예 상인에게서 흑인 노예를 사들여 아메리카 대륙에 파는 형식이었다. 쉽게 말해서 개인적 노예 상인이 흑인 노예의 소매상이라면 서인도회사는 도매상인 셈이었다.

또 서인도회사는 서아프리카에서 네덜란드의 식민지 일부를 직접 관할하기도 했으며 에스파냐 선박들과 해상 전투를 벌여 보물 등을 빼앗기도 했다. 중요한 것은 국영기업이 노예무역에 참여했다는 점이다. 큰 수익을 올릴 수 있는 노예무역에 국영기업이 참여했다는 것은 분명히 수치스럽고 파렴치한 행위였다. 유럽 열강의 이러한 행위를 보면 그들이 얼마나 무자비하고 흑인을 경멸했는지 잘 알 수 있다.

흑인 노예가 일치단결해서 자신의 힘으로 자유를 쟁취한 곳도 있었다. 바로 서인도제도 히스파니올라섬의 아이티공화국이다. 그들은 17세기 말부터 프랑스의 지배를 받았지만 프랑스가 정치적으로 혼란을 겪는 틈을 이용해 독립을 선언했다.

유럽 열강은 16세기에서 18세기에 이르기까지 아메리카 대륙에 무려 1,500만 명에서 4,000만 명의 흑인 노예를 공급했다고 한다. 역사상 유례를 찾을 수 없는 인종차별이었다. 지금도 아메리카 대륙에는 아프리카를 제외하면 어느 대륙보다 많은 흑인이 살고 있다. 대부분 흑인 노예의 후손들이다. 1820년에야 국제사회에서 흑인 노예를 불법으로 규정했지만, 흑인에 대한 인종차별은 크게 달라지지 않았다.

노예무역선

악마에게 끌려가는 죽음의 항해

16세기 아메리카 대륙으로의 흑인 노예 수출이 크게 증가했다. 수많은 노예 상인과 흑인 노예의 매매를 목적으로 하는 기업까지 생겨나 무질서하게 경쟁하자 서인도제도 등 아메리카 대륙에 가장 많은 식민지를 확보한 에스파냐는 그 지역에 흑인 노예를 공급하려면 에스파냐 국왕과 흑인 노예 교역 계약을 맺도록 했다. 계약을 맺은 국가 또는 개인에게만 에스파냐 식민지에 흑인 노예를 공급할 수 있는 권리가 있다는 것이 주요 내용이었다. 그리고 공급하는 흑인 노예 숫자에 따라 에스파냐에 이용료를 지불하도록 했다.

가장 먼저 제네바에 있는 한 회사가 계약을 맺었고, 뒤이어 독일 등이 수천 명의 흑인 노예를 공급하기로 계약했다. 그러자 포르투갈, 영국 등도 서둘러 계약을 체결했다. 영국은 특히 카리브해 서인도제도의 흑인 노예 공급을 독점하게 되었다.

그러자 아메리카 대륙에 공급할 수많은 흑인 노예를 실어 나를 선박이 필요해졌다. 노예를 전문적으로 수송하는 선박이 '노예무역선'이다. 영국은 전성기에는 무려 190여 척의 노예무역선을 운행했다고 한다. 당연히 노예무역선 운용에 기업도 끼어들었다. 대표적인 기업이 아이삭 홉하우스 앤드 컴퍼니였다. 이 회사는 주로 서아프리카에서 싸게 사들인 흑인 노예를 아메리카 대륙에 비싸게 파는 방법으로 큰 수익을 올렸는데, 흑인 노예와 함께 코끼리 상아를 노예무역선에 실었다고 한다. 만약 험난한 항해 중에 흑인 노예가 몇 명이라도 죽으면 상아를 팔아 손실을 보충하려는 속셈이었다.

영국 노예무역선들은 수익을 많이 올리기 위해 계약보다 훨씬 더 많은 흑인 노예를 선박에 태웠다. 계약서에는 노예무역선에 관한 규정이 있었다. 1톤당 1.75명을 싣게 되어 있었지만, 그보다 훨씬 많은 노예를 태웠다. 이를테면 선박이 100톤이라고 하면 175명의 흑인 노예가 정원이었나, 비밀리에 300~400명씩 실어 날랐다.

그러자면 선박을 개조하지 않을 수 없었다. 영국의 노예무역선은 200~300톤의 범선(汎船)들로 높이는 1.5~1.8미터 불과했다. 그 선박에 300~400명의 흑인 노예를 몰아넣는 것은 상식적으로는 도저히 불가능하다. 노예 한 명당 겨우 43센티미터 정도의 공간이 허락되었다. 그런데 잠을 자려면 누워야 하므로 여러 층으로 만들었다. 그곳은 너무 낮아서 앉을 수도 없다. 서로 다닥다닥 붙어서 누워야 했다. 앉으나 누우나 꼼짝달싹도 할 수 없었다. 부동자세로 있지 않고 조금이라도 움직이면 채찍으로 사정없이 내려쳤다. 아메리카 대륙에 도착했을 때 등이 멀쩡한 흑인 노예는 한 명도 없었다. 채찍 맞은 자국으로 한결같이 흉터투성이였다.

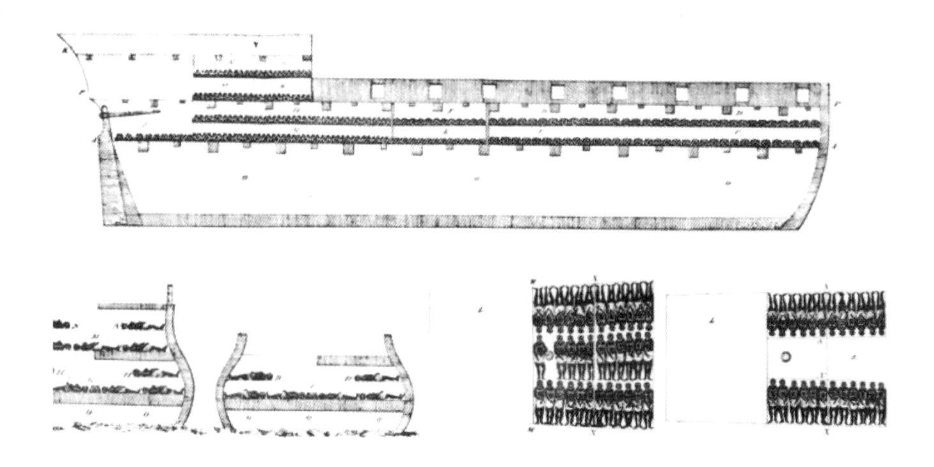

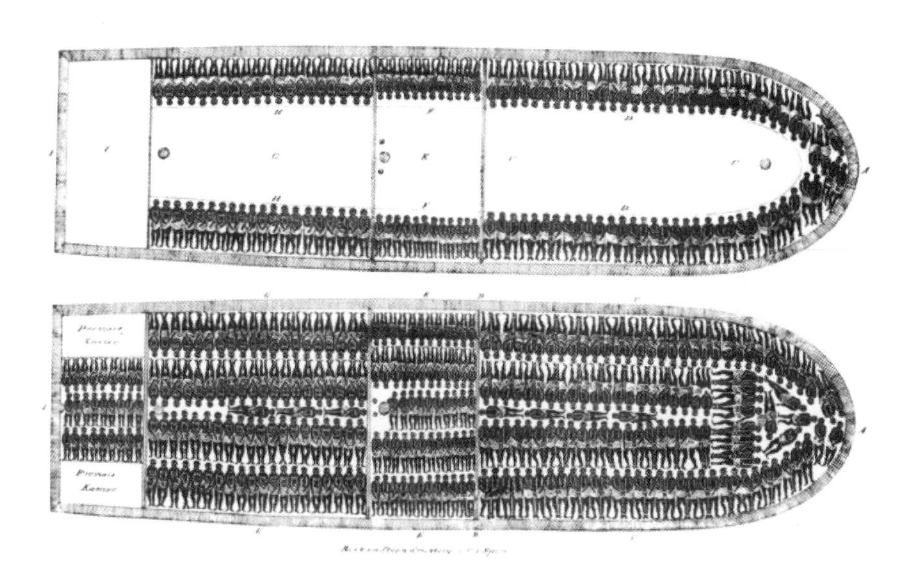

4층 갑판의 노예선 설계도. 노예들은 배 밑바닥에 눕혀져
대여섯 명씩 사슬로 묶이고 다시 두 명씩 족쇄가 채워졌다.

갑판 밑의 선실은 빛이 들지 않기 때문에 어두웠다. 컴컴한 선실에 남성은 앞에, 여성은 뒤에 서로 엉켜 앉았다. 게다가 폭동을 일으키지 못하도록 여섯 명씩 사슬로 묶고 두 명씩 족쇄를 채웠다. 선박에 작은 화장실이 있었지만, 흑인 노예는 이용할 수 없었다. 앉은 자리에서 소변·대변을 봐야 했으며, 오랜 항해에 심한 멀미로 끊임없이 구토했다. 말하자면 대소변, 구토물 등 온갖 오물 위에 그대로 앉아 있어야 했다. 그것도 수십 일 동안 항해하면서 산더미같이 쌓인 배설물 위에 앉아 있어야 했다. 당연히 냄새가 진동했다. 어찌나 냄새가 심한지 노예선이 입항할 때는 벌써 먼 바다에서부터 불쾌한 냄새가 항구에 퍼졌다. 컴컴한 선실에는 산소가 부족해서 촛불을 켜면 곧바로 꺼져버렸다.

노예무역선들은 대개 서아프리카 연안의 기니만, 흔히 노예해안이라고 하는 곳에서 출항하여 아메리카 대륙으로 향한다. 항해 기간은 평균 2개월이었다. 바람을 이용한 범선이기 때문에 태풍, 폭풍우 등 기후에 따라 그보다 훨씬 더 걸리기도 했다. 기나긴 항해여서 무엇보다 물과 식량이 부족했다. 물이 너무 부족해서 132명의 흑인 노예를 바다에 던져버리기도 했다. 흑인 노예에게는 하루 한 끼 옥수수죽과 물 한 컵을 주었다.

굶주림을 견디기 어려웠으며, 멀미·이질 등으로 설사가 멈추지 않았다. 2층 침대가 아니라 4~5층의 비좁은 잠자리여서 위에서 구토나 설사를 하면 토사물이 그대로 아래 칸으로 떨어졌다. 이처럼 열악한 환경에서 오랜 항해의 고통을 견디지 못하고 목숨을 잃는 흑인 노예가 속출했다. 시체는 가차 없이 바다에 던졌다. 병 걸린 흑인 노예에게 약이 있을 리 없다. 병이 잘 낫지 않으면 살았어도 바다에 던져버렸다. 쓸모없는 상품이기 때문이었다.

망망대해 대서양을 오랫동안 항해하다가 심한 태풍을 만나 침몰하는 노예선도 있었다. 1737년 네덜란드 선박 뢰스텐호는 무려 716명의 흑인 노예를 싣고 수리남으로 향하다가 강한 태풍으로 배가 침몰 위기에 몰리자 선원들은 선창을 닫아버리고 구명정으로 탈출했다. 흑인 노예는 모두 죽었다. 그처럼 도착 전에 죽은 흑인 노예가 약 13퍼센트에 달했다고 한다. 16세기에서 18세기까지 약 200만 명의 흑인 노예가 목적지에 도착하기 전에 죽었다고 한다.

다행히 죽지 않고 살아서 아메리카 대륙에 도착해서 농장주들에게 팔려가도 사정은 그리 좋아지지 않았다. 영양실조 등으로 매우 허약한 상태에서 각종 질병은 물론 새로운 환경에 적응하고 중노동에 시달리면서 3~4년 안에 30퍼센트 이상의 흑인 노예가 죽었다.

사실 흑인 노예는 아프리카의 추장들이나 아랍 상인들에 의해 유럽에 먼저 공급되었다. 그 당시 유럽인이 흑인 노예를 사들이면서 가장 우려한 것은 그들의 성욕이었다. 따라서 젊고 건장한 남성 노예는 매매될 때부터 거세당했다. 그 때문에 유럽에는 그들의 후손이 거의 없다.

하지만 아메리카 대륙에서 매매되는 흑인 노예는 대부분 남성 두 명에 여성 한 명이 한 묶음이었다. 일부러 성행위를 하도록 내버려둔 것이다. 오히려 그들이 아이를 낳기를 바랐다. 아이를 낳으면 그만큼 노예가 저절로 늘어나기 때문이다. 그야말로 양이나 소 같은 가축의 번식과 다름없이 새끼를 얻기 위한 교배였다.

영국은 17세기 초에 미국을 식민지화했다. 에스파냐와 프랑스 등과 치열한 경쟁이 있었다. 이미 그곳에는 에스파냐가 멕시코에서 북쪽으로 텍사스·캘리포니아 등을 차지했으며, 프랑스는 플로리다 인근의 남부 지방을 차지하고 있었다. 영국은 그들과 싸워서 이겼다.

1620년, 영국에서 종교적 핍박을 받던 청교도들이 종교의 자유를 찾아 메이플라워호를 타고 이주하면서 영국인·아일랜드인의 미국 진출이 본격화되었다. 처음에 그들은 낯선 환경과 생계수단 때문에 무척 고전하며 상당수가 목숨을 잃었는데, 다행히 원주민의 도움을 받아 차츰 정착할 수 있었다.

미국으로 흑인 노예가 처음으로 팔려간 것은 1609년이었지만, 영국이 본격적으로 진출하면서 흑인 노예의 수요가 급격히 늘어났다. 특히 미국 남부는 면화 재배가 주업이었다. 면화 재배에는 사탕수수 재배처럼 많은 노동력이 필요했다. 그리하여 아메리카 대륙의 흑인 노예 수출은 크게 미국과 남아메리카 대륙의 브라질로 나뉘었다. 90퍼센트 가까운 수의 흑인 노예가 브라질의 사탕수수 재배를 위해 팔려갔고, 10퍼센트 미만의 흑인 노예가 미국으로 팔려갔다. 그렇더라도 1860년의 인구조사에서 미국인 약 40만 명이 무려 400만 명이 넘는 흑인 노예를 보유한 것으로 나타났다.

미국이라는 큰 흑인 노예시장이 생기면서 영국의 노예무역선들은 한층 더 바빠졌다. 그들은 한 해에 평균 5만 명 정도의 흑인 노예를 실어 날랐다. 17세기 중엽부터 18세기까지 약 100년 동안 영국의 노예무역선들은 약 250만 명의 흑인 노예를 아메리카 대륙으로 실어 날랐다고 한다.

노예무역선들 가운데 종(Zong)호, 브룩스(Brooks)호 등이 유명했다. 특히 흑인 노예를 많이 싣기 위해 개조한 브룩스호의 설계도와 내부 도면은 지금까지 전해져 큰 충격을 주고 있다. 두 노예선 모두 영국 리버풀에서 건조된 선박이지만 종호는 무려 50여 회나 노예들을 싣고 영국과 아메리카 대륙을 왕래했다. 이 배는 흑인 노예무역과 관련해서 역사에 기록된 충격적인 사건을 남겼다.

영국의 리버풀 노예무역 신디케이트에 소속된 종호는 1781년 422명의 흑인 노예를 싣고 카리브해의 자메이카를 향해 출항했다. 이 범선은 약 110톤의 작은 노예무역선이었다. 법에 규정된 노예 숫자는 193명이었지만, 두 배가 넘는 노예와 선원 열일곱 명을 합쳐 모두 459명이 승선한 상태였다. 언제 침몰할지 모르는 위험이 도사린 엄청난 초과였다.

더욱이 선장이나 항해사 등 선원들은 모두 경험이 부족했다. 그뿐만 아니라 항해 도중 병에 걸린 선장을 대신하여 경험이 없는 선원이 지휘하게 되었다. 힘들게 항해하는 도중에 식량난과 각종 질병으로 노예 62명과 일부 선원이 사망해 바다에 던져졌다. 또한 경험 미숙으로 중간에 기착해야 할 물자 보급항을 지나쳤고 항로를 제대로 찾지 못해 목적지인 자메이카마저 지나쳤다. 결국 자메이카에 도착했을 때는 절반도 안 되는 208명만 살아남았다. 병에 걸린 선장도 도착 4일 만에 숨졌다.

막대한 손실을 본 리버풀 신디케이트는 보험회사에 손실 보상을 청구했지만 거절당했다. 보험계약서 중 '선상에서 노예가 자연사할 경우 손실은 선주의 책임으로 보험금을 지급하지 않는다'와 '화물(노예)이 바다에 빠져 손망될 경우에는 해당 손실을 선주와 보험사가 공동으로 부담하는 공동 해손으로 처리한다'라는 조항에 따른 결정이라는 것이었다. 그리하여 보험금 지급 거절이 합당한지에 대한 재판이 열렸다. 쟁점은 노예무역선에서 죽은 노예들이 자연사했는지 아니면 죽지 않은 상태에서 바다로 던져졌는지였다.

그런데 항해 일지가 없는 상태에서 남겨진 증거들은 모두 신빙성에 대한 의문이 제기되었다. 선장이 도착 직후 사망했기 때문에 일등 항해사와 종종 선장을 대리했던 선원이 증인으로 채택되었지만, 두 증인은 사건의 핵심 사항인 살해한 노예의 수, 목적지에 도착했을 때 남아 있던 식수의 양, 항해 실수를 발견했을 당시 종호와 자메이카 사이의 거리 등에 대해 서로 다르게 증언했다

국왕까지 참여하게 된 길고 긴 재판에서 선원들이 흑인 노예들을 살인한 것이 아니라 식수 부족으로 불가항력적이었으며, 고의로 화물(노예)을 파손했다는 결론을 내리고 보험사의 손을 들어줬다. 이 재판으로 노예무역법이 개정되었다. 즉 모든 불법적 위험이나 손실 그리고 예기치 못한 사태에 대해서는 보험금을 지급하지 않아도 된다는 조건을 명백하게 추가했다. 하지만 재판 과정이 공개되면서 흑인 노예선의 실태와 참상이 세상에 알려졌고 국제사회에서 비난이 빗발쳤다. 1807년 결국 영국은 공식적으로 노예무역을 금지했다.

아메리카 대륙에서 흑인 노예들의 선상 반란 사건도 있었다. 유명한 아미스타드(La Amistad)호 사건이다. 에스파냐의 노예무역선인 이 배는 1839년 카리브해의 쿠바 아바나에서 흑인 노예 53명을 싣고 푸에르토로 항해 중이었다.

그런데 젊고 건장한 흑인 노예 한 명이 필사적으로 쇠사슬을 끊고 나머지 노예들의 사슬까지 풀어주었다. 그리고 반란을 일으켜 선장과 요리사, 선원 두 명 등을 살해했다. 또한 그들은 그 배에 함께 타고 있던 두 명의 선주를 협박해서 목숨은 살려줄 테니 아프리카로 회항할 것을 강요했다. 선주 한 명이 키를 잡았다. 하지만 그는 아프리카로 향하지 않고 몰래 미국으로 항해했고, 결국 미 해군 전함에 나포되었다. 에스파냐 정

부는 즉시 미국에 선박과 탑승자들의 송환을 요구했다. 그 때문에 두 나라 사이에 긴장감이 팽배했고, 어쩔 수 없이 법정으로 가게 되었다.

미국의 지방법원은 선박에 실린 흑인들은 합법적인 노예가 아니라 아프리카에서 불법적으로 납치된 자유인이므로 그들을 석방한다고 판결했다. 에스파냐는 판결에 불복하고 항소했다. 그리하여 대법원까지 갔으나 미국의 대법원도 흑인들이 합법적 노예가 아니라는 결론을 내리고 그들의 자유를 인정했다. 또 그들이 선상 반란을 일으킨 것도 자신의 자유를 지키기 위한 행동이라고 판결했다. 이 재판으로 에스파냐와 미국은 한동안 외교적 갈등을 겪었다.

유네스코의 자료에 따르면, 아프리카에서 아메리카 대륙으로 끌려간 흑인 노예는 약 1,100만 명이다. 그러나 학자들은 1,500만 명에서 2,200만 명까지 저마다 다르게 제시한다. 통계에 잡히지 않은 숫자까지 합치면 4,000만 명 이상이라는 견해도 만만치 않다. 유네스코 자료는 아메리카 대륙으로 운송 중에 사망한 흑인 노예는 약 180만 명으로 밝히고 있다.

어찌 되었든 아무런 근거도 없이 우월의식을 가지고 인간이 인간을 팔고 사는 상품으로 취급했던 당시 유럽 열강과 흑인 노예들을 실어 나른 노예무역선은 인류 역사의 치욕으로 영원히 기억될 것이다. 유엔은 3월 25일을 '국제노예제도 및 대서양 노예무역 희생자 추모의 날'로 정해 해마다 추모 행사를 열고 있다.

KKK

Ku Klux Klan

극단적 인종차별 범죄집단

극단주의는 상대방의 주장을 무조건 무시하는 옳지 못한 배타적 이념으로, 편견과 독선에 매몰되어 공평성과 균형을 잃기 마련이다. 미국의 KKK가 바로 그러한 극우 단체다.

KKK는 'Ku Klux Klan'의 약자로, Ku Klux는 그리스어의 '고리 또는 원형'을, Klan은 '집단'을 뜻한다고 한다. KKK라고 하면 하나의 단체로 알고 있지만, 과거의 KKK와 현재의 KKK는 전혀 뿌리가 다르고 현재에도 서로 배경이 다른 두 개의 조직이 있다.

과거의 KKK는 그 뿌리가 남북전쟁까지 거슬러 올라간다. 그 당시 공화당 대통령 후보로 출마한 링컨이 노예해방을 공약으로 내세우자 남부가 크게 긴장했다. 미국의 남부는 거대한 농장들이 많아서 노예의 노동력이 절대적으로 필요했다. 그래서 아프리카 흑인 노예를 가장 많이 사들인 지역이다.

그들의 입장에서 노예를 해방하면 큰 타격이 불가피할 뿐만 아니라, 그들은 대부분 흑인 노예를 단지 노동력을 제공하는 일꾼이며 백인을 귀족처럼 모셔야 하는 최말단의 하인으로 여겼다. 다급해진 남부의 11개 주 대표들이 모여 링컨의 노예해방 공약에 '절대 반대'라는 공동성명을 냈지만, 링컨이 대통령에 당선되었다. 노예해방은 이제 불을 보듯 뻔했다. 남부의 11개 주는 연합군을 결성했다. 그리하여 1861년 남북전쟁이 일어났으며 수적으로 불리한 남부연합군이 패배하고 말았다. 그 뒤 링컨에 의해 노예해방이 실현되었다.

비록 남북전쟁에 패하고 노예해방을 수용할 수밖에 없었지만, 남부 주민의 불만과 분노는 좀처럼 가라앉지 않았다. 더구나 노예에서 해방되었다며 백인과 대등한 태도를 보이는 흑인을 증오하고, 아예 흑인 자체를 혐오하는 남부의 백인이 늘어났다.

그들이 남부의 재건과 부흥을 도모하면서 순수한 백인만의 지하조직을 결성한 것이 과거의 KKK가 탄생하게 된 시초라고 할 수 있다. 그리고 1867년 남부연합의 각 주 대표들이 참석한 총회에서 KKK를 '보이지 않는 남부제국'으로 개편했다고 한다. 즉 겉으로는 드러나지 않지만, 남부의 부활과 재건을 위한 투쟁 조직을 결성한 것이다. 대표자는 남북전쟁 당시 남부군의 장군이 맡았다.

그들은 신분이나 조직을 감추기 위해 대표자를 '대마법사'로 불렀다고 한다. KKK는 흑인이 아프리카 토속종교인 부두교를 믿는 것을 미신이라면서 미신을 까부수는 마법사를 자칭하며 흑인이면 무차별적으로 폭력을 휘둘렀다. 해방된 흑인 노예뿐만 아니라 그들을 지지하는 백인까지 마구 폭행하고 흑인의 가옥에 불을 지르는 등 테러를 자행했다.

그랜트 대통령이 취임(1869년 3월 4일)한 후 KKK가 공화당에 가입한 백인(왼쪽)과 북부에서 남부로 한몫 잡으려고 오는 뜨내기 정치인(오른쪽)을 사형하겠다고 위협하는 만화(Independent Monitor, September 1, 1868).

또한 보복하지 못하도록 얼굴 모습이나 신분을 감추기 위해 땅바닥까지 닿는 흰 가운 같은 옷을 입고 흰 두건을 썼다. 그러한 흰색은 순수한 백인을 상징하는 것이었다. KKK의 무자비한 폭력과 테러는 큰 사회문제로 비화되어 1869년에는 해체 명령이 내려졌고, 1870년에는 통제법안까지 통과되었다. 이후 KKK 단원들이 체포되어 중형을 선고받자 그 위력이 크게 수그러들어 차츰 사라졌다.

현재의 KKK가 생겨난 것은 20세기 초였다. 다만 과거의 KKK가 흑인을 주대상으로 삼아 폭력과 테러를 일삼았다면 현재의 KKK는 이민 배척주의를 내세우는 철저한 인종차별을 목표로 삼는다.

1915년에 조직된 KKK는 남북전쟁에 참전했던 남부연합 참전용사의 친목 단체로 출발했다. 그들은 그전과 마찬가지로 흑인을 배척하고 백인의 순수성을 지키는 것이 목표였다. 그러나 사회적으로 큰 이슈가 될 만큼 강력하지는 않았다.

그러나 그들과는 달리 전국적으로 프로테스탄트가 중심이 되어 기독교와 순수한 백인이 가장 우월하다는 백인우월주의를 내세우고 이민 온 타민족을 멸시하고 증오하며 닥치는 대로 폭행하는 또 하나의 폭력조직 KKK가 탄생했다. 처음에는 규모가 그다지 크지 않아서 당국으로부터 특별한 제재를 받지 않았다. 그러나 이 조직에 광고인 에드워드 클라크(Edward Young Clarke) 등이 가세하면서 사정이 크게 달라졌다.

에드워드 클라크는 KKK에서 좋은 아이디어를 냈다. 당시 KKK 가입비가 10달러였는데 새로운 단원을 가입시키면 10달러 가운데 4달러를 주었다. 그 때문에 단원이 모두 세일즈맨처럼 열심히 단원을 포섭해서 한때 KKK 단원이 무려 400만 명에 이르렀다고 한다.

그러나 그들은 매우 악질적으로 활동했다. 공격적인 애국심, 인종적 편견, 외국인에 대한 두려움 등에 휩싸인 그들은 피부색이 다른 이민자는 물론 노동단체까지 마구 공격했다. 노동자가 대부분 이민 온 외국인이었기 때문이다. 그들은 폭탄 테러, 총기 난사, 방화 등은 말할 것도 없고 대낮에 살인까지 예사로 저질렀다.

그런데도 단원이 크게 늘어나 거대한 폭력조직이 된 것은 남부 지역 주민의 영향이었다. 그들은 미국을 건국한 순수한 백인의 후예로서의 애

워싱턴에서 시위 행진하는 KKK 단원들(1928년)

국심과 지난날의 남부에 대한 낭만적 향수를 가지고 있었다.

KKK는 흰옷에 흰 두건뿐만 아니라 불타는 십자가를 들었다. 그들이 나타나는 곳은 공포의 도가니였으며 KKK는 무법자였다. 외국인은 닥치는 대로 폭행하고 그들의 점포나 가옥에는 불타는 십자가로 불을 질렀다. 누구도 그들을 막을 수 없었다.

그러나 1930년대에 들어 대공황이 휩쓸면서 실업자가 크게 늘었고 서민의 삶이 팍팍해지면서 KKK도 차츰 시들해졌다. 모두 생계의 위협을 받다 보니 KKK의 단원수도 급격히 줄어들었다. 또한 제2차 세계대전이 일어나고 미국이 참전하면서 수많은 젊은이가 전쟁터에 나가야 했다. 6년 동안이나 지속된 이 전쟁에서 민간인을 포함해 5천만~7천만 명이 사망했다. 미군도 40여만 명이나 사망했다. 온통 나라의 관심이 전쟁에 쏠려 있어 KKK는 거의 와해되다시피 했다. 그러나 전쟁이 끝나고 전쟁 후유증을 추스르면서 KKK도 다시 고개를 들기 시작했다.

1960년대에 들어와서 인권운동이 활발해졌다. 흑인은 물론이고, 생김새나 피부색이 분명히 차이 나는 동양인에 대한 인종차별이 점점 심각해졌다. 인권운동가들은 다민족국가인 미국에서 인종차별은 있을 수 없다며 모든 국민은 평등하다는 주장을 펼쳤지만 이를 비웃고 나선 것이 극우파들이었다. 그리고 그 중심에 다시 세력을 확장하고 있는 KKK가 있었다.

그들은 모든 인민은 평등하다고 선전·선동하는 것은 공산주의라고 반박했다. 공산국가 인민은 모두 가난하며 공산국가에도 잘살고 권세를 누리는 특권층이 있다고 반박했다. 그러면서 민주국가 미국에서 인종차별은 어쩔 수 없는 일이라며 여전히 다른 인종에 대한 온갖 테러를 자행했다. 매스컴은 이들의 테러를 '백색테러'라고 표현했다.

그들은 백인우월주의, 인종차별, 반유대주의 등을 내세웠고, 한 걸음 더 나아가 가톨릭교회 반대, 기독교 근본주의 반대, 동성애 반대까지 내세웠다. 1964년에는 인권법이 제정되었지만 그럴수록 백색테러는 더욱 기승을 부렸다. 그러자 당시 존슨 대통령이 직접 KKK를 맹렬하게 비난했다.

그런 와중에 앨라배마주에서 인권운동가인 백인 여성이 무참히 살해되는 사건이 발생했다. KKK의 소행이었다. 범인으로 네 명의 KKK 단원이 체포되었다. 미국 사회에서 그들에 대한 비난이 쏟아졌고 여론이 크게 나빠졌다. 그 사건과 함께 KKK가 차츰 모습을 감추면서 한동안 표면에 나서지 않았다.

하지만 그들이 완전히 사라진 것은 아니었다. 그들이 몸을 낮추고 있는 동안에 그들 사이에서 내분이 일어났고 몇몇 파벌로 분화되었다. 그만큼 세력이 약해진 것이다. 분화된 어떤 조직은 신나치운동을 펼치는 조직과 동맹을 맺었고, 또 어떤 조직은 극우파 단체들과 동맹을 맺는 등 차츰 모습을 드러내고 있다.

순수한 백인의 우월감과 다른 인종에 대한 증오심은 변함없는 그들의 본성이다. 그들은 언젠가 또다시 본격적인 극우주의 백색테러로 세상을 놀라게 할 것이 분명하다.

미국 켄터키주 의회 앞에서 시위하는 KKK 단원들

14.6

5 연쇄살인마들

23

질 드 레

Gilles de Rais

2,000명의 소년을 죽인 살인마

질 드 레(Gilles de Rais)는 15세기 초 프랑스 북서부 브르타뉴 지방의 낭트에서 태어난 명문 귀족이었으며, 그 지역 일대에 드넓은 영지를 가진 영주였다. 막대한 재산으로 여유 있고 호화롭게 살았다. 그는 어렸을 때 부모를 여의고 할아버지 밑에서 성장하며 프랑스 군대에 들어가 많은 무공을 세우기도 했다. 그러나 그가 20대의 청년이었을 때 프랑스와 영국은 '백년전쟁' 와중이었다.

14세기에 시작된 이 전쟁의 가장 큰 원인은 왕권 다툼이라고 할 수 있다. 그 당시는 영국이 우세해서 프랑스에는 영국 귀족들의 봉토가 많았다. 봉토는 여러 가지 이유로 국왕이 귀족에게 준 땅을 말한다. 그 무렵 두 나라는 무척 밀접한 사이였으며 왕가나 최고위 귀족들이 서로 정략결혼을 함으로써 복잡하게 얽혀 있었다. 프랑스에 봉토를 가진 영국 고위 귀족은 그처럼 복잡하게 얽힌 가계도에 따라 프랑스의 국왕이 될 수 있

질 드 레

는 자격까지 가지고 있었다. 그 때문에 두 나라 사이에 왕권 다툼이 벌어져 서로 싸우는 것이었다.

15세기 초 프랑스는 내부에서 자기들끼리 치열한 왕권 다툼이 벌어져 심각한 분열 상태에 있었다. 그때 영국 국왕 헨리 5세가 군대를 이끌고 프랑스를 공격했다. 우왕좌왕하던 프랑스는 크게 패했고, 헨리 5세가 영국과 프랑스 두 나라의 국왕을 겸임한다는 내용의 조약을 맺었다. 프랑스로서는 더할 수 없는 모욕이었다. 프랑스는 샤를 왕세자를 앞세워 조약의 무효화를 선언했다. 당연히 양국 간에 긴장이 감돌았고, 영국군은 파리 남쪽의 오를레앙까지 들어와 그곳을 완전히 포위했다. 프랑스군은 그들과 맞서 싸웠으나 패배를 거듭했다. 더욱이 프랑스에는 영국에 협조하는 귀족도 많았다.

프랑스는 그야말로 풍전등화였다. 그때 혜성처럼 나타난 인물이 잔 다르크(Jeanne d'Arc)였다. 신의 계시를 받았다는 그녀는 프랑스의 총사령관이 되어 오를레앙에서의 전투를 승리로 이끌었고, 계속 승리를 거두며 영국군에게 빼앗긴 도시들을 되찾았다. 결국 그녀의 활약으로 프랑스는 샤를 7세의 대관식을 거행하고 헨리 5세와 맺은 조약을 무효로 만들었다.

그런데 오를레앙 전투부터 잔 다르크를 보좌한 인물이 바로 질 드 레였다. 그는 당시 스물다섯 살의 청년이었지만 프랑스군 장군이었다. 그러나 안타깝게도 전투 중 적진 깊숙이 들어갔던 잔 다르크가 말에서 떨어져 영국군에 붙잡혔다. 영국은 그녀에 대한 재판을 열었다. 그리고 일곱 차례의 재판 끝에 신의 계시를 받고 프랑스군을 이끌었다는 그녀에게 마녀, 우상숭배 등의 죄를 뒤집어씌워 화형을 선고했다.

그 후 마침내 길고 긴 백년전쟁이 프랑스 승리로 끝났다. 그리고 몇 년 후 프랑스 국왕은 '구국의 소녀' 영웅 잔 다르크의 마녀 혐의를 풀어주고 명예를 회복시켜주었다. 질 드 레도 영웅으로 프랑스군 최고의 영예로운 원수가 되었다. 그러나 그때부터 질 드 레가 크게 달라졌다.

질 드 레는 잔 다르크를 진심으로 짝사랑했던 것으로 보인다. 그는 진심으로 사랑했던 잔 다르크가 화형을 당하자 큰 충격에 빠져 한동안 우

1429년 5월에 잔 다르크를 그린 그림(프랑스 국립문서 보관소)

울증에 시달리더니 신(神)조차 믿지 않았다. 신의 계시를 받아 전쟁에 나섰던 잔 다르크가 화형을 당하다니, 그는 신을 불신했다. 그리고 신에게 반발하듯 흑마술(黑魔術)에 빠져들었다.

흑마술은 사전적으로 '악령을 소환하거나 남을 저주하는 따위의 비윤리적인 주술행위'라고 풀이하고 있다. 중세에는 아프리카나 유럽에서 흑마술이 크게 유행했다. 다시 말해 사악하고 이기적인 목적을 위해 어떤 초자연적인 힘을 사용하는 것이라고 할 수 있다. 중세유럽에서 흑마술이 성행하자 기독교의 교회법에서는 일곱 가지 미신행위를 금지했다. 이를테면 신의 계시를 빙자하거나 손금, 관상, 불꽃이나 동물 뼈의 형태 등으로 미래를 점치는 행위 등을 금지한 것이다.

질 드 레를 흑마술에 끌어들인 것은 흑마술사인 친구였다. 사랑하는 잔 다르크를 구해주지 못한 죄책감과 절망감에 빠졌던 그는 신이 잔 다르크를 버렸다며 분노했다. 그리고 정말 신이 있다면 자신을 심판해보라면서 악마를 신봉하는 흑마술에 심취했다. 그러면서 연쇄살인을 저질렀다.

흑마술에는 나름대로 여러 의식과 절차가 있다. 질 드 레는 흑마술을 통해 혼령을 불러내고 죽은 잔 다르크도 되살려낼 수 있다고 믿었다. 그는 정성을 다해 흑마술 의식을 집행하고 소중한 제물을 바쳤다.

그 뒤부터 질 드 레의 영지에서 소년들이 계속해서 실종되는 사건이 발생했다. 하지만 수사당국에서 단서조차 찾지 못하자 자식을 잃은 가족들이 나서서 세밀히 조사하기 시작했다. 그러다 질 드 레를 의심하게 되었다. 그리고 당국의 협조로 질 드 레의 성안을 살필 수 있었다.

그 결과는 충격적이었다. 성안 곳곳에서 학살 흔적이 발견되고 소년들의 백골 시체 40구가 발견된 것이다. 당국은 질 드 레를 체포했다. 그리고 무려 34개의 범죄혐의로 구속·기소했다. 그런데 심문 과정에서 질 드 레는 별다른 변명도 하지 않고 순순히 자신의 범죄를 시인했다. 자신이 소년 2,000~3,000명을 납치해서 죽였다고 자백했다.

납치한 어린 소년들을 여장을 하게 한 후 강간했고, 허벅지 안쪽에 구멍을 뚫어 강간하기도 했고, 소년의 피가 뚝뚝 떨어지는 소리에 맞춰 노래를 부르기도 했으며, 침대에서 강간할 때 소년의 배를 가르기도 했고, 흑마술 의식의 제물로 바치기도 했다고 담담하게 이야기하면서 별다른 의도는 없었다고 했다.

재판정에서 밝혀진 사실에 따르면, 질 드 레는 소년들을 납치해 곧바로 죽이지는 않았다. 우선은 그 나이에 누릴 수 있는 최고의 호강을 시켜준 뒤 내실로 데려가 고문하면서 천천히 고통스럽게 죽게 했다는 것이다. 그리고 죽어갈 무렵 아직 살아 있는 상태에서 강간했다는 것이다. 질 드 레는 소년들을 강간했지만, 강간 그 자체보다 서서히 죽어가는 모습을 보며 즐거움을 느꼈다고 했다.

또한 질 드 레를 흑마술로 끌어들인 친구가 가르쳐준 대로 납치한 소년의 각종 장기와 성기 등을 적출해서 악마를 불러내는 의식을 치렀다고 했다. 악마에게 소년들의 시신을 제물로 바친 것이다. 그의 연쇄살인에는 흑마술 신봉자들이 함께 참여했던 것 같다. 재판에서 질 드 레는 재판관들의 질문에 제대로 답변하지 않는 등 재판 자체를 무시했다고 한다.

질 드 레가 재판을 받을 때, 재판부에서는 일곱 명의 증인을 내세웠다. 모두 그의 영지에 사는 주민이었다. 그들은 마치 자신이 목격이라도 한 듯 질 드 레가 소년들을 납치해서 목을 자르는 등 잔인하게 살해했다고 증언했다. 또한 욕정에 사로잡혀 동성애의 성범죄를 수없이 저질렀으며 사람들을 사주해서 악마에게 기도를 올리고 제물을 바쳤다고 증언했다.

그들의 증언이 크게 과장되었다고 하더라도 그가 셀 수 없이 많은 소년을 죽인 것은 부인하기 어렵다. 그야말로 엽기적인 학살이었으며 도저히 용서받을 수 없는 악마 같은 잔혹한 행위였다. 그는 정신분열을 일으키고 미치광이 짓을 한 것이다. 아무것도 부족한 것이 없는 그가 왜 이렇게 돌변해서 악마가 되었는지는 정확히 알 수 없다.

진심으로 사랑했던 잔 다르크의 환영에 사로잡혀 있었다고 하더라도 희대의 성범죄자·연쇄살인범이 되었고 그것을 순순히 자백했다는 것은 이해하기 어렵다. 질 드 레는 1440년 10월 25일, 서른여섯의 젊은 나이에 소아 살해, 흑마술, 신성모독 등의 혐의로 사형을 선고받았다. 그리고 그의 신분과 수많은 공적을 감안해서 일단 교수형을 집행한 후 다시 화형에 처했다. 흑마술 공범자들도 함께 처형되었다.

후대의 역사가들 중에서 질 드 레가 정치적으로 희생되었다고 주장하는 사람도 있다. 그는 엄청난 재산을 지녔으며 전쟁영웅으로 추앙받았고 부와 명예를 모두 지니고 있었기 때문에 그를 질투하는 귀족이 많았다고 한다. 심지어 국왕까지도 그를 미워해서 왕과 귀족들이 그를 제거할 기회를 엿보다가 잔 다르크가 화형을 당한 뒤, 그가 아무런 활동도 하지 않고 자신의 성에서 칩거하자 살인죄를 덮어씌워 처형했다는 것이다.

아울러 질 드 레가 잔 다르크를 사랑했다는 것도 과장되고 창작된 것이라고 했다. 질 드 레가 전쟁 과정에서 잔 다르크의 최측근이었던 것은 사실이지만, 그는 부인도 있었고 자녀도 있었다. 또 전쟁이 끝난 뒤 질 드 레는 정신이상 증세를 보였다고 했다. 더욱이 범죄자가 자신의 범죄를 자백하고 회개하면 재산 일부를 후손에게 상속할 수 있기 때문에 가문을 지키기 위해 잘못이 없는데도 억지 자백했다는 것이다. 하지만 그런 사실에 대한 기록은 없는 것 같다.

잭 더 리퍼

Jack the Ripper

영원히 잡히지 않은 전설적 살인마

잭 더 리퍼(Jack the Ripper)는 19세기 말 영국의 유명한 연쇄살인범으로 끝내 붙잡지 못해 신분이나 신원을 전혀 알 수 없는 전설적인 범죄자다. '잭 더 리퍼'도 특정한 용의자의 이름이 아니라 정체를 모르기 때문에 임의로 붙여진 가상의 명칭이다.

'잭'은 영국에서 가장 흔한 남자의 이름이며, '리퍼'는 '칼잡이' 정도라고 할까? 범인이 사용한 흉기가 양날의 칼이었기 때문에 그렇게 붙인 것이다. 따라서 '칼잡이 아무개' 또는 '살인마 잭'이다. 전설이 된 이 연쇄살인범인 잭 더 리퍼를 소재로 한 여러 장르의 작품이 워낙 많아서 전 세계에서 모르는 사람이 없을 정도다.

19세기의 영국은 대단히 혼란스러웠다. 영국은 참전한 많은 전쟁에서 패배하지는 않았지만 인명 피해와 경제적 손실이 커서 사회가 뒤숭숭하고 심각한 경제난으로 국민이 큰 고통을 받고 있었다. 많은 실업자가 일

자리를 찾아 런던으로 몰려들었다. 런던 변두리의 이스트엔드는 영아사망률이 50퍼센트가 넘을 정도로 주거환경과 노동환경이 열악한 곳이었지만 아일랜드 이주자, 핍박받는 유대인 이주자 등이 수없이 몰려들어 인구과밀지역이 되었다.

영국은 심각한 경제난에 시달렸지만 여전히 남성우월주의 사회여서 여성의 사회·경제적 기반은 거의 없었다. 그러나 전쟁으로 젊은 남성이 많이 희생되는 바람에 여성 인구가 남성 인구보다 훨씬 많았고, 결혼하지 못한 미혼여성도 많았다. 기혼여성도 전쟁으로 남편을 잃거나 남편이 실업자여서 경제적으로 큰 고통을 받는 경우가 무척 많았다. 그들은 일하고 싶어도 마땅한 일자리가 없었다. 그들은 생계유지를 위해 어쩔 수 없이 성매매(매춘)를 선택하기도 했다. 그 무렵의 통계에 따르면 영국에는 5만 명에서 40만여 명에 이르는 매춘부가 있었다고 한다. 통계상의 수치 차이가 너무 크지만 어쨌든 그만큼 성매매에 뛰어든 여성이 많아서 영국의 여성 직업 가운데 4위였다고 한다.

빈곤층 거주지인 이스트엔드에는 화이트채플이라는 윤락가가 있었다. 당시의 통계에 따르면 런던에 약 6천 명의 매춘부가 있었는데 화이트채플에만 약 1,200명의 매춘부가 있었으며 실제로는 그보다 훨씬 더 많았다고 한다. 20~40대의 매춘여성 가운데는 기혼여성도 많았다.

화이트채플은 이스트엔드에서도 가장 가난한 주민이 많이 사는 동네여서 집이 없는 사람도 많았는데, 그들은 밤이면 시설이 형편 없는 공동합숙소를 이용했다. 합숙소의 비용은 여럿이 함께 자야 하는 공동침대를 이용하면 4펜스, 기다란 벤치에 여러 명이 앉아서 자면 2펜스였다. 지금의 화폐가치로 1펜스는 1000원쯤 된다고 한다. 앉아서 자야 하는 벤치

잭 더 리퍼가 두 명의 매춘부를 살해한 곳과 가까운 화이트채플 공동 합숙소. 매춘여성들은 마땅한 숙소가 없어서 여러 명이 방 하나를 얻어서 함께 사는 경우가 대부분이었다.

에는 잠들었다가 넘어지는 것을 막기 위해 붙잡고 잘 수 있는 밧줄까지 있었다고 한다.

매춘여성도 마찬가지였다. 마땅한 숙소가 없어서 여러 명이 방 하나를 얻어서 함께 사는 경우가 대부분이었다. 그녀들은 음산한 밤거리에 나서서 고객을 유인했다. 또는 외진 길가의 벽에 기대서 속옷만 내리고 즉석에서 매춘하는 일도 많았다. 화대는 2펜스였다. 그 당시 매춘여성이 주로 이용하는 술집에서 진(Gin) 한 잔의 가격이 3펜스였다고 하니, 그녀들은 되도록 많이 매춘을 해야 입에 풀칠이라도 할 수 있었다.

잭 더 리퍼의 연쇄살인은 화이트채플에서 새벽에 일어났다. 피해자는 모두 불쌍한 매춘여성이었다. 범행 수법은 매우 잔인하고 참혹했다. 예리한 칼로 목을 베고 배를 갈라 장기를 적출했다. 범인이 사용한 칼은 리스턴 나이프(Liston Knife)라는 외과 수술용 양날 칼로 밝혀졌다.

런던 경시청은 처음에는 대수롭지 않게 생각했다. 그곳에서 매춘부가 살해되는 사건은 매우 자주 일어났기 때문이었다. 그곳은 강도, 폭력, 마약 중독 등이 일상화되어 끊임없이 살인 사건이 발생하는 곳이었다. 성적 욕구로 성매매를 하고 지불한 2펜스의 화대를 되찾기 위해 매춘부를 살해하는 사건도 수시로 일어났다.

그런데 화이트채플에서 매춘부 살인 사건이 잇따라 일어났다. 범행 시간도 모두 새벽 2에서 4시 사이였으며 범행 수법도 모두 비슷해 한 사람의 소행이 분명했다. 모두 매춘부의 목을 베어 죽이고 장기를 적출했다.

살인 사건이기도 했지만, 범행 수법이 너무 잔인하고 참혹해서 언론들이 대서특필하기 시작했고, 영국 국민도 충격적인 살인 사건을 관심 있게 지켜보았다. 경찰도 더 이상 사건을 외면할 수 없었다. 온 국민이 지켜보는 가운데 본격적인 수사에 들어갔다.

그러나 용의자를 특정하지 못했다. 범행이 모두 인적이 드문 새벽에 일어나 목격자가 거의 없을 뿐만 아니라 잔혹한 범행 수법에 비해 쓸 만한 단서가 없었다. 다만 사건의 공통점을 정리할 수 있었다.

희생자는 모두 매춘부였고, 범행 시간이 새벽이었으며, 범행 장소는 야경꾼이나 행인이 지나다니는 장소였다. 범인이 무척 대담하고 계획적인 범죄라는 인상을 풍겼다. 또한 범행에 사용된 흉기는 외과 수술용 칼이었으며, 살해된 매춘부들의 직접 사인은 목에 가해진 자상 또는 목을 졸라 죽인 교살에 의한 것이었다. 그리고 공통으로 복부, 내장, 얼굴 등이 참혹하게 훼손되었지만 성기는 훼손되지 않아 범인이 성행위에는 관심이 없다는 것 등을 공통점으로 지적했다.

또 범인이 피해 여성의 장기를 적출한 기술로 볼 때 상당한 외과적 기술이 있는 것으로 분석했다. 따라서 범인이 해부학적 기술이 있는 의사, 나아가 의과대학생일 수 있다고 추측했다.

아울러 범인은 상당한 정신적 문제가 있는 것으로 분석했다. 피해자

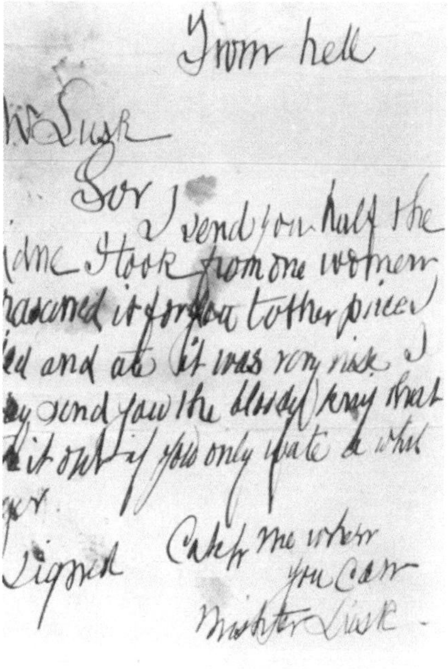
From hell
Mr Lusk
Sor
I send you half the
dne I took from one women
rasarved it for you tother pieces
ed and at it was very nise I
y send you the bloody knif that
it out if you only wate a whil
ger
Signed Catch me when
you can
Mishter Lusk

1888년 9월 31일에 화이트채플 감시위원회 위원장에게 온 편지. "지옥으로부터"라고 시작되는 편지의 내용은 다음과 같다. "러스크 씨/ 선생/ 내가 한 여자에게서 꺼낸 신장의/ 반을 당신 앞으로 보내오/ 당신을 위해 보존해뒀지/ 나머지 반은/ 내가 구워먹었는데 아주 맛있었어/ 조금만 더 기다리면 이걸 꺼낼 때 쓴/ 피묻은 칼도 당신 앞으로 보내드리리다."

의 참혹한 시신을 그대로 방치하는 등 범행 현장을 노출시켰고 수법이 너무 잔인하고 잔혹했기 때문이다. 따라서 범인이 피해자들과 같은 매춘부이거나 여성 혐오자일 수 있다는 분석도 나왔다. 또 범행이 대부분 주말에 일어난 것으로 보아 범인은 안정된 직업을 가졌으며 칼을 잘 다루는 것으로 볼 때 도축업자나 정육점 주인일 수도 있다는 주장도 나왔다.

런던 경찰의 대규모 수사팀은 화이트채플 전 지역의 집을 일일이 수색했고, 2,000명 이상을 면담했으며 300명 이상을 집중심문했다. 76명의 도축업자와 정육점 주인을 수사했고 6개월 이전까지 그곳에서 일했던 사람들도 수사했다. 엄청난 금액의 현상금도 내걸었다.

철저하고 집중적인 수사에도 불구하고 범인을 특정하지 못한 채 시간이 흘러가면서 수사당국이나 언론사에 범인이 보냈다는 우편물이 쏟아져 들어왔다. 편지와 함께 피해자 신장의 일부를 보낸 것도 있었다. 감식해본 결과, 인간의 신장 일부는 맞지만 피해자들의 신장은 아니었다.

이처럼 흥미로운 상황과 함께 범행의 실태, 수사상황 등이 언론에 계속해서 보도되었고 기사 내용이 논쟁의 대상이 되기도 했다. '잭 더 리퍼'라는 말도 그때 등장했다. 연쇄살인범이 자신에 대한 수사를 비웃으며 언론사에 보낸 편지에 자신을 가리켜 '잭 더 리퍼'라고 했다는 것이다. 그것을 보도한 신문이 엄청나게 팔렸으며, 국민이나 수사당국의 관심도 집중되었다. 그러나 그것은 판매 부수를 늘리려고 그 신문사 기자가 조작한 가짜 편지로 밝혀졌다. 그런데도 범인을 특정하지 못했기 때문에 그 기자가 조작한 '잭 더 리퍼'가 연쇄살인범의 상징적 이름이 되었다.

계속되는 집중수사에도 범인을 밝혀내지 못하고 수사가 지지부진해지자 비난이 쏟아졌다. 마침내 당시 국왕 빅토리아 여왕까지 나서서 범인

검거를 지시했다. 당황한 런던 경찰은 그동안의 수사를 통해 모은 자료를 바탕으로 여러 명의 용의자를 추려냈다. 용의자 가운데는 외과 의사가 많았으며 귀족, 작가, 화가 등의 예술가도 있었고, 유대인 등 외국인도 있었다. 아무 죄 없이 용의자가 된 사람은 큰 곤욕을 치러야 했다. 용의자의 몽타주도 나왔지만 신빙성이 없었다. 그 당시는 과학적 수사를 할 수 없었기 때문에 범인 찾아내기가 더욱 어려웠을 것이다.

잭 더 리퍼의 매춘부 연쇄살인 사건은 1888년 9월부터 11월까지 집중되었고, 1889년 9월 신체가 몹시 훼손된 이름을 알 수 없는 매춘부의 시신이 발견된 것을 끝으로 그 뒤에는 잠잠했다. 물론 그 뒤에도 많은 살인 사건이 일어나고 잭과 비슷한 수법의 살인도 있었다. 하지만 모방범죄거나 잭과 전혀 관련이 없는 살인 사건으로 밝혀졌다.

여러 해가 흐른 뒤 미국에서 비슷한 연쇄살인 사건이 일어났다. 그러자 잭이 미국으로 건너간 것이 아닌가 하는 추측 기사가 쏟아져 나왔다. 그러나 끝내 범인은 잡히지 않았다. 따라서 아무도 그의 정체를 모른다. 잭은 그렇게 전설적인 연쇄살인범으로 역사에 남게 되었다.

그 당시 가장 유력한 용의자로 지목된 사람은 폴란드계 유대인 아론 코스민스키였다. 미용사였던 그가 정신병원에 수감된 후 잭 더 리퍼도 사라졌다는 것이다. 그는 런던 경찰에서 집중적인 심문을 받았지만 혐의점을 찾지 못해 풀려났다. 또 그가 정신병원에 수감된 시기와 잭의 범행 시기에 시간적 차이가 있어서 그를 범인으로 단정하기 어려웠다.

하지만 120여 년이 흐른 2014년 DNA 감식을 통해 범인이 아론 코스민스키라는 결과가 나왔다. 그러나 세월이 너무 많이 지나서 DNA가 변질되거나 훼손되었을 가능성이 있으므로 그를 범인으로 단정하기에는 무

PERFECTION.
COLOURS EXQUISITE.

ASPINALL'S ENAMEL.

SURFACE LIKE PORCELAIN
SOLD EVERYWHERE.

A. MONARCH-KINO,
Art Tailor & Habit Maker.
Has Removed from CORNHILL, E.C. to
93 & 94, GRACECHURCH STREET, E.C.
His New and only West End Address is
NEW BOND ST., and CORNER OF BROOK ST.
Ladies' Department—62, New Bond St. & 15, Brook St.
Gentlemen's ,, 63, ,, 17, ,,
Estimates given for Court, Diplomatic, Army and Navy Uniforms, Bank, Club, and Private Liveries.
LADIES' COSTUMES FROM £5 5s.

A. MONARCH-KINO,
Art Tailor & Habit Maker.
Has Removed from CORNHILL, E.C. to
93 & 94, GRACECHURCH STREET, E.C.
His New and only West End Address is
NEW BOND ST., and CORNER OF BROOK ST.
Ladies' Department—62, New Bond St. & 15, Brook St.
Gentlemen's ,, 63, ,, 17, ,,
Estimates given for Court, Diplomatic, Army and Navy Uniforms, Bank, Club, and Private Liveries.
LADIES' COSTUMES FROM £5 5s.

No. 36. [New Series, No. 14.] LONDON: SATURDAY, SEPTEMBER 21st, 1889 Price TWOPENCE.

[Registered as a Newspaper at the G.P.O.]

JACK THE RIPPER.
WHO IS HE? WHAT IS HE?
WHERE IS HE???

잭 더 리퍼의 정체를 추측해보는 기사가 실린 《펍(Puck)》 1889년 9월 21일 표지리가 있다는 반론이 제기되기도 했다. 그러자 DNA를 증거로 제시했던 전문가는 DNA와 함께 잭의 범행 당시 코스민스키는 살인 현장에서 200미터도 떨어지지 않은 곳에 있었던 사실이 밝혀졌고, 성도착증세, 정신병원에 수감된 시기가 잭의 범행 시기와 비슷하다는 점을 들어 그가 범인이라고 거듭 주장했다.

1988년 잭 더 리퍼의 연쇄살인 사건 100주년을 맞았을 때 미국 FBI의 어느 프로파일러는 방송에 출연해서 다음과 같이 말했다.

> 그 당시 경찰에 보낸 편지는 범인이 보낸 것이 아니다. 이런 유형의 인물은 경찰에 노골적으로 도전할 인물이 되지 못한다. 시체를 끔찍하게 훼손했다는 것은 정신 장애와 섹스 부적응 등의 문제가 결합하여 여성에게 엄청나게 적개심을 느끼고 있는 인물임을 보여준다. 또한 여성을 전격적으로 해치웠다는 것은 범인이 개인적으로나 사회적으로 부적응의 문제가 있음을 보여준다. 이런 점을 보면 말더듬이 등 언어 구사가 부자연스러운 사람일 가능성이 크다.
>
> 범죄 현장을 살펴보면 매춘부들의 환경 속에 잘 어울려 매춘부의 의심이나 공포를 자아내지 않는 사람이다. 외로운 늑대 유형이지 힘센 학살자 유형은 아니다. 밤마다 거리를 배회하며 살해 현장으로 되돌아올 그런 유형이다.
>
> 런던 경찰은 그 범인을 이미 조사했을 것이다. 단지 그가 범인인 줄 몰랐던 것이다. 살해 후의 시체 훼손 때문에 의학 지식이 있는 사람이라는 의견이 있지만, 그 훼손 행위는 지극히 원시적이고 야만적이다. 수많은 살인자가 의학 지식이 하나도 없었지만 끔찍하게 시체를

> 제멋대로 훼손했다.
>
> 우리에게 제시된 여러 용의자 가운데 아론 코스민스키가 가장 프로파일에 부합한다. 그러나 코스민스키는 우리에게 제시된 용의자 중 한 사람일 뿐이며, 그를 잭 더 리퍼라고 확신하는 것은 무리가 있다. 하지만 잭 더 리퍼가 코스민스키와 '유사한' 인물이라는 점은 자신 있게 말할 수 있다.

여러 범죄심리학자가 이 견해에 동의하고 있는 것을 보면 아론 코스민스키가 가장 유력한 용의자인 것은 맞는 것 같다. 어찌 되었든 잭 더 리퍼의 매춘부 연쇄살인은 영원한 미제사건이 되었다. 시기적으로 볼 때 잭은 벌써 사망했겠지만, 여전히 범인을 특정하려는 노력이 계속되고 있으며 사회사와 인물사의 영역에서 그를 연구하는 '리퍼학(Ripperology)'까지 생겨났다고 한다.

잭 더 리퍼는 다섯 명의 여성을 잔혹하게 살해하고 그녀들의 복부를 갈라 내장까지 적출했다. 다섯 명 정도의 사람을 죽인 연쇄살인범은 헤아릴 수도 없이 많다. 그러나 그는 악의를 지닌 악마 같은 범죄자이며, 그 당시 사회에 끼친 어마어마한 해악으로 희대의 살인마로 지적하기에 충분하다.

조디악 킬러

Zodiac Killer

최고의 악질 연쇄살인범

조디악 킬러(Zodiac Killer)는 1960년대 말 샌프란시스코를 비롯한 북부 캘리포니아에서 연쇄살인을 저지른 흉악범이다. 그는 영국의 잭 더 리퍼에 버금가는 미국에서 가장 악명 높은 살인범이다. 현재까지 그의 정체를 모른다. 조디악도 범인의 이름이 아니다. 범인이 자신을 가리켜 스스로 '조디악'이라는 별명을 썼다.

특히 그가 악질적인 연쇄살인범으로 악명이 높은 것은 끝내 붙잡히지 않았다는 사실뿐만 아니라 수사당국을 비웃듯 미국의 각 언론사에 보낸 편지에서 중요한 내용을 암호로 보낸 것에서 연유한다. 온 국민이 관심을 집중하고 호기심 있게 그 해독을 지켜봤는데, 그가 보낸 네 개의 암호 가운데 한 개는 일주일 만에 풀었지만, 또 다른 하나는 해독하는 데 무려 51년이 걸려 2020년에야 풀 수 있었다. 그나마 나머지 두 개는 아직도 해독하지 못했다.

목격자 진술을 바탕으로
1969년에 제작된 조디악
킬러의 몽타주

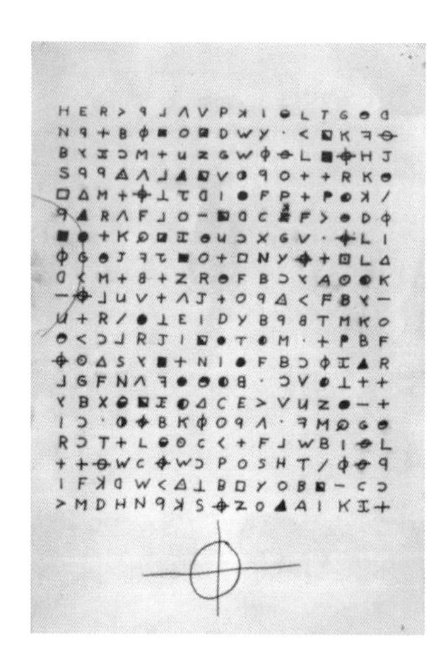

조디악이 편지와 함께
보낸 암호문

또 한 가지, 언론사에 보낸 편지 등을 통해 자신이 연쇄살인범이라는 사실을 신빙성 있는 근거를 제시하며 자백했음에도 수사당국의 추적을 교묘하게 따돌려 끝까지 붙잡히지 않았다는 점이 그의 악명을 높였다. 조디악이 무척 치밀하고 지능적이고 두뇌가 명석한 살인자임을 말해주는 대목이다.

조디악 킬러의 살인 행각은 1968년 말경 북부 캘리포니아와 샌프란시스코에서 시작되었다. 첫 범행 대상자는 호숫가에서 데이트를 즐기던 청소년 커플이었다. 두 번째 범행은 골프장 주차장에서 젊은 커플에게 총을 쏜 것이었는데, 여성은 병원으로 이송하는 도중에 숨졌고 남성은 다행히 목숨은 건졌다.

골프장 주차장에서 데이트하던 젊은 커플이 총을 맞은 뒤 인근 경찰서에 있는 전화기가 울렸다. "내가 방금 블루 락 골프장에서 놀던 커플을 쏘았다. 작년 12월 허먼로드에서 있었던 일(첫 번째 범행)도 내가 한 것이다. 너희는 나를 잡을 수 없다." 전화한 인물은 조디악 킬러 본인이었다.

세 번째 범행 대상도 젊은 커플이었다. 그들은 호숫가에서 데이트하다가 조디악에게 걸려들었다. 조디악은 그들을 밧줄로 묶고 수없이 칼로 찔렀다. 남성은 여섯 차례나 칼에 찔렸으나 살아남았다. 여성은 이틀 뒤에 사망했다.

조디악은 왜 젊은 데이트 커플들을 노렸을까? 호젓한 곳에서 사랑에 도취되어 방심한 틈을 노린 것일까? 아니면 젊은 남녀의 아름다운 사랑을 질투한 것일까? 조디악이 왜 하필 젊은 커플을 범행 대상으로 삼았는지는 그가 잡히지 않아 알 수 없다.

조디악의 두 번째 범행이 끝나고 몇 주가 지난 뒤 샌프란시스코의 지방 신문사 세 곳에 이상한 편지가 전해졌다. 편지 일부는 암호로 되어 있었는데, 알아볼 수 있는 내용은 다음과 같았다. "나는 작년 12월 허먼로드의 살인자다. 이 편지를 신문의 1면에 올리기를 바란다. 그렇지 않으면 주말 밤마다 열두 명의 사람이 연속적으로 죽게 될 것이다. 다음 암호를 풀면 나를 붙잡는 데 유용한 정보가 될 것이다."

편지 내용을 신문에 싣지 않으면 여러 사람을 죽인다는 협박에 신문사들은 그가 시키는 대로 1면에 암호와 함께 편지의 내용을 그대로 실었다. 그리고 일주일 후 캘리포니아의 한 교사 부부의 도움으로 간신히 암호를 해독했다.

> 나는 사람을 죽이는 게 좋다. 왜냐면 아주 재미있으니까. 숲에서 야생 동물을 사냥하는 것보다 더 재미있다. 인간은 가장 위험한 동물이니까. 무언가를 죽이는 것은 내게 가장 짜릿한 경험을 준다. 여성과 섹스하는 것보다도 훨씬 좋다. 가장 좋은 점은 내가 죽을 때 나는 낙원에서 다시 태어나고 내가 죽인 것들은 내 노예가 된다는 것이다. 내 이름은 알려주지 않겠다. 그랬다가는 너희가 내세에서 날 섬길 노예를 모으는 걸 멈추게 하거나 지체시킬 테니까…

연쇄살인범이 보낸 편지였다. 그다음 부분은 도저히 해독할 수 없었다. 그리고 며칠 뒤 또 다른 편지가 신문사에 배달되었는데 역시 알 수 없는 암호문이 있었다. 알아볼 수 있는 편지 내용은 "조디악이 말한다. 조디악 가라사대(This is the Zodiac speaking)…"로 시작했다. 그때부터 이 악랄한 연쇄살인범을 '조디악 킬러'라고 불렀다.

네 번째 범행은 그때까지와는 달랐다. 스물아홉 살의 택시기사가 샌프란시스코에서 정차 중에 조디악이 쏜 총을 머리에 맞고 즉사했다. 조디악은 계속해서 자신에 대한 수사를 조롱하듯 여러 차례 편지를 보냈는데, 어린이들이 탄 통학버스를 공격하겠다는 내용도 있었다. 샌프란시스코 주민은 조디악이 두려워 밤에는 외출도 하지 못했다. 젊은이들도 호젓한 장소에서는 데이트하지 않았다. 통학버스는 아예 운행을 중지했다. 그래서 그런지 통학버스가 공격을 당하는 끔찍한 사태는 발생하지 않았다.

조디악은 언론사들에 보낸 편지에서 자신은 지금까지 모두 서른일곱 명을 살해했다고 주장했다. 그러나 수사당국이 확인한 것은 두 명의 생존자를 포함해서 일곱 명뿐이었다. 그 뒤에도 여러 건의 살인 사건이 있었지만, 조디악의 범행으로 단정할 만한 증거를 찾지 못했다.

스물아홉 살의 택시기사가 살해되면서 데이트 커플의 살해를 사건 해결의 열쇠로 삼았던 수사당국의 수사 방향은 모두 물거품이 되었다. 수사당국은 생존자의 증언을 기초로 조디악의 몽타주를 만들어 배포했으며, 조디악이 언론사에 보낸 편지를 모두 공개했다. 언론사들도 꾸준히 조디악 연쇄살인 사건을 보도했다. 하지만 조디악의 행방은 오리무중이었다. 따라서 그의 신원이나 정체도 알 수 없었다.

미국의 암호해독 기술은 세계에서 가장 뛰어났다. 제1차·제2차 세계대전이나 공산국가와의 냉전에서 적대국의 암호를 모두 풀어냈다. 조디악의 암호를 해독하기 위해 FBI는 물론이고, 암호 해독의 권위자인 미 해군 정보부까지 동원되었다. 그들은 조디악의 암호가 어떤 기준과 패턴 그리고 어떤 암호 체계에서 만들어졌는지를 파악하는 데는 성공했다. 그러나 조디악이 암호를 작성하는 데 오류가 있었는지 완전 해독에는 실패했다. 다만 해독에 성공한 부분적인 내용은 공개했다. 대략 다음과 같은 내용이었다.

> 너희가 나를 잡느라고 애쓰면서 즐겁기를 바란다. 나에 대한 단서를 보여주던 그 TV 쇼에 나온 놈은 내가 아니다. 나는 가스실이 두렵지 않다. 왜냐하면 나를 곧장 낙원으로 보내줄 테니까. 또 이제는 날 위해 일할 노예들을 충분히 확보했거든. 다른 사람들은 낙원에 이를 때 거기서 아무것도 가지지 못한다. 그러니 그들은 죽음을 두려워하겠지만 나는 두렵지 않다. 왜냐하면 내세의 내 삶은 죽음의 낙원에서 안락할 것이라고 알고 있으니까…

대부분 자기과시와 수사당국에 대한 조롱, 그리고 비상식적으로 자꾸 내세(來世)를 들먹이는 것을 보면 정신적으로 또는 종교적으로 어떤 망상이 있는 것 같았다. 그러나 힘들게 해독한 그 암호문에서도 용의자를 특정할 만한 정보를 찾아낼 수 없었다. 수사당국은 또다시 살인마 조디악에게 농락당해 허탈한 심정이었다.

하지만 수사당국은 집요한 수사를 통해 여러 명의 용의자를 특정했다. 잭 테런스라는 용의자는 조디악이 언론사들에 보낸 편지와 필체가 일치하고, 피 묻은 식칼을 가지고 있으며, 조디악의 위장복과 테런스의 소지품이 일치한다는 점 등으로 의붓아들에 의해 고발당했다.

샌프란시스코 경찰은 아서 리 앨런을 가장 유력한 용의자로 보고 있었다. 그는 자신이 유력한 용의자로 지목되자 충격을 받아 갑자기 쓰러져 심장마비로 사망했다. 그러나 그의 DNA는 조디악과 일치하지 않았다. 그렇더라도 샌프란시스코 경찰은 그를 가장 유력한 용의자로 판단하고 집중수사를 벌였다. 그의 집에서 조디악의 것으로 보이는 물품이 상당히 많이 나왔으며, 많은 사람의 DNA가 담긴 피 묻은 칼과 앨런의 자백 그리고 많은 총기, 그의 가장 가까운 친구가 조디악의 것이 분명한 손목시계를 갖고 있다는 점 등이 증거로 제출되었다. 다만 확증이 없고 필체가 조디악과 다르다는 것 때문에 그를 조디악으로 특정하지 못했다.

엘 번 베스트 주니어라는 용의자도 있었다. 그는 자기 아들에 의해 고발됐는데, 그는 조디악의 몽타주와 생김새가 일치하고 필체가 조디악과 비슷하다는 점 때문에 용의선상에 올랐다. 그러나 유력한 용의자들이 모두 조디악이라는 확실한 증거를 찾지 못해 여전히 의심만 할 뿐이었다.

조디악은 1969년 이후 살인을 저지르지 않았다. 비슷한 살인 사건은 많았지만 수사해보면 모두 모방범죄였다. 알려지지 않았지만, 어쩌면 조디악은 그 이후에도 살인했을지 모른다. 하지만 더 이상 밝혀지지 않은 채 세월이 흘렀고, 2004년 4월 샌프란시스코 경찰은 '조디악 킬러'의 연쇄살인 사건을 공식적으로 종결했다.

그때까지 이 악랄한 사건의 피해자는 최소 다섯 명에서 최대 서른일곱 명, 사망자는 최소 다섯 명에서 최대 스물여덟 명으로 추정되었다. 결코 평범한 사건이 아니었다. 살인 사건의 공소시효가 없는 미국에서 사건을 종결했다는 것은 이례적이었다. 그에 대해 여론의 비난이 빗발치자 당국은 2007년 3월 수사를 재개했다.

2018년 5월, 조디악 연쇄살인 사건을 재수사하던 캘리포니아주의 발레이오 경찰은 조디악이 언론사에 보낸 편지의 우표와 봉투 사이에서 타액을 찾아내 DNA 검출에 성공했다. DNA 분석에 성공하면 조디악을 찾아낼 수도 있겠지만, 연쇄살인을 저지른 지 거의 50년이 지났으므로 진범을 찾았다고 하더라도 이미 사망했을지도 모른다. 그러나 행여 그가 이미 죽었더라도 재수사를 통해 그를 특정할 수 있기를 바라는 마음 간절하다.

안드레이 치카틸로

Andrei Chikatilo

연쇄살인의 기준이 된 식인 살인마

안드레이 치카틸로(Andrei Chikatilo)는 1936년 가난한 광부의 아들로 태어난 우크라이나계 러시아인이다. 선천적으로 허약한 체질인 데다가 영양실조로 시력까지 몹시 나빴다. 더욱이 그는 사춘기에 이르러 발기부전이라는 것을 알고 무척 고민했다. 정력제도 먹어보고 민간 치료요법도 해봤지만 별 효과가 없었다.

또 초등학교 시절부터 다른 아이들로부터 집단따돌림을 당해 늘 혼자 지냈으며 자기를 괴롭히는 아이들이 두려워 밝은 곳보다는 어두운 구석에 혼자 있는 것을 좋아했다. 그뿐만 아니라 그의 큰형이 반체제 운동가로 공산당원들에게 맞아 죽었다는 사실을 알게 되었다. 이러한 갖가지 콤플렉스가 그를 음흉한 살인마로 만들었는지도 모르겠다.

그는 그러한 정신적 압박을 독서와 학업으로 잊으려 했다. 열심히 공부해서 마을에서는 수재라는 소리를 들었지만, 모스크바대학 법학부에

안드레이 치카틸로

지원했다가 낙방했다. 그리고 공업전문학교를 마친 후 여러 기술직을 옮겨 다녔다. 스물일곱 살 때 여동생의 친구와 결혼했다. 자신이 발기부전이라는 사실을 숨기고, 연인에게 혼전순결을 지켜주고 싶다는 구실로 결혼 전까지 성관계를 피했다. 하지만 성불구자는 아니었기에 아들과 딸, 두 자녀를 낳았다. 그렇더라도 성기능장애로 부부의 성생활은 원만하지 못했다고 한다.

그는 시력이 몹시 나빠 취업조차 어렵게 되자 서른여섯이라는 늦은 나이에 인문대학에 들어가 러시아 철학과 문학을 전공하고 교원 자격을 얻어 초등학교 교사가 되었다. 193센티미터의 큰 키에 비쩍 마른 그를 학생들은 '거위'라는 별명으로 불렀다.

그런데 그 무렵부터 문제가 발생했다. 초등학생들을 데리고 수영장에 갔다가 한 여자아이에게 갑자기 성욕을 느끼고 아이를 성폭행하려고 했다. 그러나 아이가 필사적으로 반항하는 바람에 실패했다. 힘으로 눌러서 옷을 벗겼지만, 발기부전으로 실패한 것이다. 더구나 학교 측에서 그의 집안에 불순분자(큰형)가 있다는 사실을 알아내고 당국에 고발해서 교직에서 해고되었다. 당시는 사상 통제가 극심했던 시절이었다.

갑자기 직장을 잃은 치카틸로의 절망감은 곧 분노로 변했다. 분노는 그에게 내재되어 있던 갖가지 콤플렉스를 자극했다. 특히 발기부전의 성적 콤플렉스와 학생 시절 집단따돌림 당한 것에 복수하고 싶은 욕망이 용솟음쳤다. 그는 그렇게 살인마의 길에 들어섰다. 1978년 그의 나이 마흔두 살 때였다.

거리에 나선 그는 아홉 살 여자아이를 맛있는 것을 사주겠다고 유인해서 오두막으로 끌고 가 강간하려 했지만, 여자아이가 저항하는 바람에 실패하자 목을 졸라 죽였다. 그리고 시체를 향해 자위행위를 했다. 첫 살인 후 그는 매일 밤거리에 나가 소녀들을 유인해서 성폭행하고 살해했다.

그의 잔혹한 범행 대상은 어린 여자아이뿐만 아니었다. 10대 소녀, 20대 여성 등 다양했다. 헝가리에서 유학 온 여성도 있었다고 한다. 그는 발기부전인 자신이 성폭행할 수 있다는 사실에 만족해하면서 죽어가는 그녀들의 모습을 지켜보며 기뻐했다.

그의 범행은 점점 더 끔찍하고 잔혹해져 여성을 죽이고 시체를 칼로 잘라내며 즐거워하는 데까지 나아갔다. 더구나 유인해 온 여성을 묶어놓고 그 앞에서 먼저 살해한 여성의 시신을 칼로 토막 내는 모습을 보여주면서 여성이 엄청난 공포를 느끼는 모습을 보며 즐거워했다. 게다가 놀랍게도 그는 자신이 토막 낸 시신 일부를 먹었다. 자기만 먹은 것이 아니라 묶인 여성에게도 강제로 먹였다. 그뿐만 아니라 시체에서 도려낸 인육을 집에 가져가서 소고기라고 속이고 가족이 함께 먹기도 했다.

그의 끔찍한 범행은 여성에게만 향하지 않았다. 소년들도 유인해서 무자비하게 살해한 뒤 성기를 잘라냈으며, 여성들은 살해하고 나서 유방·엉덩이·음부 등을 도려내고 복부를 갈라 자궁까지 적출했다고 한다. 또 그는 희생자들을 살해한 뒤 반드시 눈알을 뽑았다고 한다. '사람의 눈, 각막에는 죽기 전 마지막으로 본 것이 남아 있다'라는 러시아의 미신을 믿은 것이다.

치카틸로의 만행이 얼마나 끔찍하고 잔혹했는지, 훗날 수사관들이 그에게 살해된 시신들을 눈 뜨고 볼 수 없을 정도였다고 한다. 시신들이 너무 심하게 훼손되어 마치 맹수가 사람을 잡아먹고 몸뚱이를 찢어놓은 것 같았다고 한다.

물론 모든 희생자가 얌전하게 순순히 살해당한 건 아니었다. 필사적으로 저항하고 싸우면서 이빨로 물고, 할퀴고, 걷어차고, 얼굴을 들이받았다. 치카틸로는 코뼈가 부러지고 팔목의 살점이 뜯기는 등 상처를 입었으며, 심하게 걷어차여 무릎뼈에 금이 가서 절뚝거렸다. 훗날 그가 체포됐을 때 그러한 상처들이 결정적인 단서가 되었다.

그의 정체가 드러나기 전 소련 국민은 '로스토프의 백정'이라고 불렀다. 로스토프는 연쇄살인이 지속적으로 발생한 곳이었다. 치카틸로는 그처럼 끔찍한 범행을 잇따라 저질렀지만, 당국의 집요한 수사에도 오랫동안 붙잡히지 않았다.

거기에는 그럴 만한 이유가 있었다. 우선은 치카틸로의 범행이 무척 지능적이어서 범인을 특정하기가 어려웠다. 범행 대상이 어린 소녀에서 성인 여성까지, 또 소년도 있어서 수사의 초점을 맞추기가 어려워 범인 특정이 매우 힘들었다. 그러나 범행의 단서는 많았다. 특히 강간당하고 살해된 여성의 시신에서 정액을 검출할 수 있었다. 당시는 DNA 분석과 같은 과학수사가 없었기 때문에 혈액형에 많이 의지했다.

그런데 범인의 정액에서 검출한 혈액형에 큰 문제가 있었다. 정액의 혈액형과 몸의 혈액형이 일치하지 않은 것이다. 100만 명에 한 명 있을 정도로 매우 희귀한 경우라고 한다. 수사당국은 끈질기게 수없이 많은 사람의 혈액형을 조사했지만, 이 특수한 혈액형을 찾아내지 못했다. 치카틸로도 용의자로 심문을 받았지만, 여성 희생자에게서 나온 남성의 정액 혈액형과 다르다는 이유로 풀려났었다.

그러나 당국의 수사도 집요하고 끈질겼다. 그들은 오랜 수사 끝에 끔찍한 연쇄살인 사건이 발생할 때마다 현장 주변에 있었던 한 인물을 밝혀냈다. 그가 바로 안드레이 치카틸로였다. 1990년 11월 20일, 그는 카페에 있다가 수사관들에게 붙잡혔다. 그는 아무런 반항도 하지 않고 순순히 붙잡혔다. 오히려 수사관들이 놀랐다. 그의 잔혹한 범행으로 볼 때 범인이 거의 미치광이거나 폭력적으로 저항할 줄 알았는데 너무나 침착하고 얌전했다.

심문 과정에서 치카틸로는 처음에는 모든 범행을 완강히 부인했다. 그러나 갖가지 증거를 제시하자 그는 범행을 시인하고, 이렇게 붙잡혀서 더 이상 범행을 하지 않게 된 것에 감사한다고 말했다. 그리고 자신의 범행을 낱낱이 자백했다.

자백 내용은 너무나 충격적이었다. 50명 넘게 죽였으며 인육을 먹었고, 희생자들에게 온갖 성적 행위와 잔인한 행위를 했다고 자백했다. 현장 검증에서는 마치 당시의 상황이 떠오르는 듯 몹시 즐거워하며 범행을 꼼꼼하게 재현했다. 그는 놀랍게도 그 많은 범행의 날짜와 시간, 살해방법 등을 정확하게 기억하고 있었다. 수사 과정에서 가장 큰 미스터리였던 혈액형 문제도 해결되었다. 치카틸로의 혈액형은 AB형이었다. 그런데 그의 정액을 얻어 살펴보니 A형이었다. 매우 드물고 특이한 경우였다.

치카틸로가 재판을 받는 동안 피해자의 가족이나 친지들은 너무나 잔혹하고 충격적인 범행에 몸서리치며 그를 당장 죽이라고 아우성쳤다. 너무 쉽게 죽이지 말고, 견디기 어려운 고통을 받으며 천천히 죽게 하라고 소리치는 유가족도 있었다. 치카틸로가 살해한 피해자는 정확히 쉰여섯 명으로 밝혀졌으며, 그의 공격을 받아 죽을 고비를 넘긴 사람도 100명이 넘는다는 사실도 밝혀졌다.

치카틸로의 재판은 공개되고 TV로 생중계되었다. 러시아에서는 극히 드문 사례라고 한다. 치카틸로는 피고인석이 아니라 철창에 갇혀 있었다. 혹시라도 그가 미치광이 같은 행동을 저지를까 봐 대처한 것이다. 철창에 갇혀 있는 그를 향해 쇠막대기를 던지는 유족도 있었다. 철창 안에서 치카틸로는 마치 우리에 갇힌 맹수처럼 이리저리 움직이기도 하고 비실비실 웃는 등 이상한 행동을 했다. 전문가들은 그가 정신이상자 판단을 받아 감형되기 위해 그런 행동을 하는 것이라고 했다.

그가 재판을 받는 사이 소련이 개혁과 개방으로 무너지고 러시아가 등장했다. 하지만 치카틸로의 재판은 그대로 진행되었다. 그리고 1992년 10월, 마지막 공판에서 재판부는 치카틸로에게 사형을 선고했다. 사형은 2년 후 1994년 2월 14일에 집행되었다.

재판을 받는 치카틸로. 혹시라도 돌발적인 행동을 보일까 봐 철창에 가둔 채 재판을 진행했다. 철창에 있는 그에게 쇠막대기를 던지는 유족도 있었다.

안드레이 치카틸로가 총살형을 당한 뒤에도 러시아에서는 그와 비슷한 연쇄살인 사건이 경쟁하듯이 발생했다. 그 살인범 가운데 하나가 '체스판의 살인자' 알렉산드르 피추시킨이었다.

30대 초반의 그는 피해자들에게 접근한 뒤 자신의 죽은 강아지를 묻은 공원 외곽에서 개를 추억하면서 함께 술을 마시자고 유인했다. 그리고 그는 취한 피해자들을 하수구에 던지고 목을 졸라 죽였다. 피해자가 술에 취하지 않으면 갑자기 둔기로 머리를 내려쳐 살해했다. 피해자의 부서진 머리에 술병을 끼워놓는 등 끔찍한 만행을 저질렀다.

그리고 집으로 돌아와 체스판에 동전을 올려놓았다. 체스판의 동전으로 자신의 범행을 기억하고자 한 것이었다. 체스판은 모두 64칸인데 그가 붙잡힐 때 한 칸만 비어 있었다고 한다. 피해자들은 대부분 그의 학교 동창, 그가 일하던 슈퍼마켓의 동료 종업원, 가까운 친지였다고 한다. 그를 믿고 따라갔다가 참혹하게 죽은 것이었다.

그렇게 많은 살인을 하고서도 붙잡히지 않다가 마침내 그가 붙잡혔다. 마지막으로 희생당한 그의 직장 동료가 피추시킨과 함께 공원에 간다는 메시지를 남겨놓았기 때문이다. 그는 체포되어서도 아무런 죄책감도 뉘우침도 없이 자신의 범행을 자랑했다.

수사당국은 그가 마흔여덟 명을 살해한 것을 확인하고 모스크바 법정에 세웠다. 하지만 그는 자기가 살해한 사람은 모두 예순세 명이라며 열다섯 명을 추가해달라고 오히려 큰소리쳤다. 그리고 자기가 안드레이 치카틸로의 연쇄살인 기록을 깼다며 기뻐했다. 워낙 많은 사람을 죽였기 때문에 그의 재판은 국제적인 관심을 끌었다. 배심원들은 그의 유죄를 선언했다. 재판장은 그에게 종신형을 선고했다.

어떤 충격적인 살인 사건이 발생하고 그것이 보도되면서 관심을 끌면 거의 어김없이 그와 비슷한 모방범죄가 뒤따른다. 러시아에서는 안드레이 치카틸로가 살해한 피해자의 숫자가 연쇄살인범들의 기준이 되었다고 한다.

새뮤얼 리틀

Samuel Little

미국에서 가장 많이 사람을 죽인 살인마

미국은 교도소에 수감된 범죄자 수에서 세계 1위다. 인구가 더 많은 중국이나 인도보다 수감자가 훨씬 더 많다. 그만큼 범죄가 아주 많이 발생하는 나라다. 그렇다면 미국에서 사람을 가장 많이 죽인 연쇄살인범은 누구일까? 단연 새뮤얼 리틀(Samuel Little)이다. 새뮤얼 리틀은 40년간 미국의 전역을 누비며 무려 93명을 살해했다고 자백했다. 피해자는 모두 여성이었다. 미국 역사상 혼자서 그렇게 많은 사람을 죽인 것은 그가 처음이었다.

새뮤얼 리틀의 살인 행각은 1970년부터였지만, 그전에 이미 절도·폭력·사기 등으로 스물여섯 번이나 교도소에 들락날락했던 타고난 범죄자다. 안 저지른 범죄가 없을 정도로 범죄란 범죄는 모두 저질렀다고 해도 과언이 아니다. 그는 권투 선수를 했던 경력이 있을 만큼 주먹이 세서, 피해 여성을 모두 주먹으로 때려눕히고 목 졸라 죽였다. 악력도 엄청나게

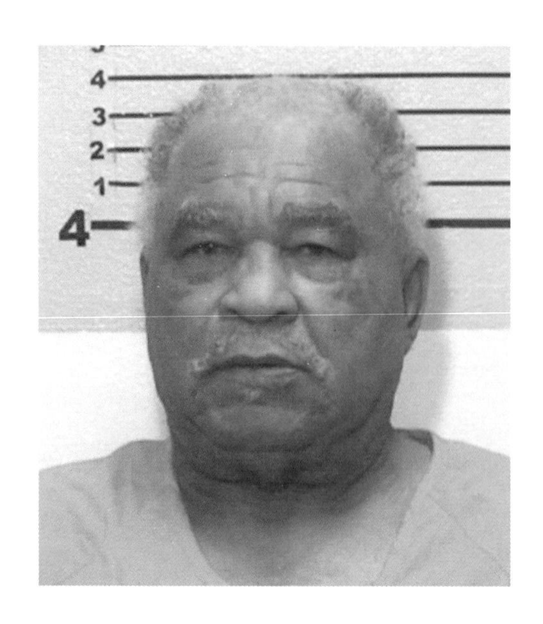

새뮤얼 리틀

세서 그의 손아귀에 잡히면 빠져나올 수가 없었다.

새뮤얼 리틀의 삶은 그가 끝까지 입을 열지 않아 정확히 알 수 없다. 오하이오주에서 할머니 밑에서 자랐고 두 차례 결혼했으며, 두 차례 더 여성과 오랜 관계를 유지했다는 것 등이 그가 밝힌 자신의 신상 정보였다. 자녀가 있는지 없는지도 밝히지 않았다.

새뮤얼 리틀이 여성만 죽인 것은 그가 성폭행범이었다는 사실을 말해준다. 그는 스스로 여성의 목만 보면 흥분되고 성욕이 솟구친다고 말한 것을 보면, 여성의 목에 몹시 집착하는 페티시(fetish)가 있는 것 같다. 페티시는 성적 감정을 일으키는 대상물에 집착하는 것을 말한다. 특히 여성의 종아리나 발가락 등 특정 부위에 집착하는 일종의 변태적인 성도착증이라고 할 수 있다.

새뮤얼 리틀은 여성의 목에 집착해서 진짜 사랑하는 여성도 죽일지 모른다는 강박관념으로 아내와 여자친구의 목을 보지 않으려고 애썼다고 한다. 하지만 팔다리를 제외하고 신체 부위 중에서 가장 많이 노출되는 것이 목이다.

그는 1970년부터 2005년까지 미국의 19개 주를 돌아다니며 범행 대상을 찾았다. 주로 매춘부, 알코올 의존증 여성 등 사회에서 소외된 여성으로 사회적 약자들이었다. 일단 여성의 노출된 목을 보고 성적으로 흥분하면 수단과 방법을 가리지 않고 유혹해서 성관계를 가진 뒤 벌거벗고 있는 여성을 주먹으로 마구 때렸다.

권투 선수 출신인 그의 주먹을 맞고 여성이 기절하면 엄청난 악력으로 목을 졸라 죽였다. 졸도 상태에서 깨어나 저항하더라도 그의 억센 손아귀에서 빠져나올 수 없었다. 살해 장소는 특별히 가리지는 않았지만 대부분 야외의 숲이나 외진 장소였다.

그가 살해한 여성이 매춘부, 알코올 의존자 등 소외계층이나 하위계층의 여성이기 때문에 수사기관은 별 관심을 기울이지 않았다. 윤락가에서 흔히 일어나는 대수롭지 않은 살인 사건일 뿐이었다. 그런데 여성만을 대상으로 한 연쇄살인 사건이 미국 전역에서 잇따라 발생하자 FBI까지 수사에 나섰다.

하지만 살해된 여성들의 시신을 살펴보면, 총이나 칼 따위 흉기에 살해된 흔적이 없고 눈에 띄는 상처도 없어서 약물 과다복용이나 사고로 사망한 것으로 처리했다. 또 살해된 여성들의 신원을 파악하기 힘들거나 가족도 포기한 여성이 대부분이어서 타살에는 혐의를 두지 않았기 때문에 범인을 특정할 수도 없었다.

그러나 새뮤얼 리틀이 그렇게 많은 살인을 저지르고도 아무 일도 없었던 것은 아니었다. 그는 1982년 미시시피주에서 스물두 살의 매춘여성을 살해한 혐의로 기소되었었다. 하지만 법원은 증거불충분을 이유로 풀어주었다. 또 플로리다주에서 스물여섯 살의 여성을 살해한 혐의로 기소되어 재판을 받았지만 역시 무죄가 선고되었다. 1984년에는 캘리포니아주에서 매춘여성 두 명을 폭행한 혐의로 체포되어 2년 5개월 동안 복역하기도 했다. 그러고도 그 뒤 20년이 넘게 살인을 계속 자행했다. 그가 체포된 것은 우연이었다.

끈질기게 수사를 계속해온 LA 경찰국이 미제사건으로 남은 20여 년 전에 살해당한 여성 세 명의 시신과 의복을 다시 검사하다가 새뮤얼 리틀의 DNA를 검출한 것이었다. 그의 DNA가 이미 데이터베이스에 있었으므로 세 명의 여성을 살해한 범인이 새뮤얼 리틀이라고 특정할 수 있었다.

수사당국은 뚜렷한 주거지가 없는 새뮤얼 리틀을 찾느라고 무척 고생했다. 하지만 집요한 추적 끝에 켄터키주의 한 노숙자보호소에서 그를 체포할 수 있었고 검찰은 그를 살인혐의로 기소했다. 이미 그는 70대의 노인으로 잘 걷지도 못해 키가 190센티미터가 넘는 거구를 휠체어에 의지하고 있었다.

수사 과정에서 처음에 새뮤얼 리틀은 범행을 완강하게 부인했다. 좀처럼 입을 열지 않자 수사팀은 그에게 플리 바겐(plea bargain)을 제안했다. '플리 바겐'은 미국의 독특한 사전형량조정제도로, 쉽게 말해 범인과 형량을 거래하는 제도다. 범인이 자신의 유죄를 인정하거나 다른 사람에 대해 증언하는 대가로 형을 줄여주겠다고 약속하는 것이다. 그는 사형을 면제해주는 조건으로 이 제안을 받아들였다. 그는 자신의 죄를 인정하고 범행 내용을 털어놓기 시작했다.

새뮤얼 리틀의 자백은 정말 충격적이었다. LA에서 20여 년 전에 살해된 세 명의 여성도 자신의 소행이며, 수십 년 동안 무려 93건의 연쇄살인을 저질렀다고 자백했다. 미국 역사상 가장 많이 죽인 연쇄살인이었다. 그는 범행 날짜와 상황, 피해 여성의 생김새까지 정확하게 기억해내어 수사당국을 더욱 놀라게 했다.

수사당국은 93건의 연쇄살인 사건을 일일이 확인해야 했다. 따라서 새뮤얼 리틀에게 자신이 살해한 희생자들의 용모를 스케치해보라고 지시했다. 그런데 그의 그림 솜씨가 보통이 아니었다. 거의 실물에 가깝게 그려냈다. 감탄한 수사관들은 그에게 그림 도구와 특별히 작업실까지 마련해주고 피해 여성들을 그리게 했다.

그러는 동안 재판이 진행되어 2014년, LA에서 세 명의 여성을 살해한 혐의로 새뮤얼 리틀에게 가석방 없는 종신형이 선고되었다. 그의 살인죄로 볼 때 사형 판결이 당연했지만 플리 바겐으로 감형된 것이었다.

새뮤얼 리틀의 그림 솜씨는 뛰어났다. 시기와 날짜별로 자신이 살해한 여성의 생김새를 천연색으로 꼼꼼하게 그렸는데, 범행의 정확한 날짜와 범행 장소 그리고 살해된 여성의 이름까지 확인 결과 정확히 일치했다. 그의 기억력도 놀라웠다. 하지만 몇 명밖에 그리지 못해 수사당국은 또다시 플리 바겐을 통해 그를 좀 더 환경이 좋은 교도소로 옮겨주는 조건으로 작업을 계속하게 했다.

그렇게 정확히 확인된 피해 여성은 그가 자백한 93건 가운데 60여 명이었다. 그때까지 연쇄살인 최다 기록은 역시 가석방 없는 종신형을 선고받고 워싱턴주의 교도소에 수감되어 있는 게리 리지웨이(Gary Ridgway)가 살해한 마흔아홉 명이었다. 덕분에 그동안 해결하지 못했던 여러 건의 미제사건을 해결할 수 있었다.

미국에서 가장 많은 사람을 죽인 살인마 새뮤얼 리틀은 캘리포니아의 한 병원에서 숨졌다. 시신에서 별다른 흔적이 발견되지 않아 지병으로 자연사한 것으로 진단했다.

에일린 워노스

Aileen Carol Wuornos

미국 최초의 여성 연쇄살인범

에일린 워노스(Aileen Wuornos)는 미국 최초의 여성 연쇄살인범이다. 여성이라도 살인을 저지를 수 있지만 의도적으로, 그것도 남성만 대상으로 연쇄적으로 살인하는 경우는 드물다. 그녀는 오직 중년 남성 일곱 명을 연쇄적으로 살해해서 큰 화제가 되었는데, 사형선고를 받고도 끝까지 조금도 뉘우침 없이 희생된 남성들을 악당화하고 자신을 영웅화했다.

1991년, 그녀가 체포되어 재판을 받고 마침내 사형이 집행될 때까지 미국의 매스컴들은 경쟁하듯 그녀의 모든 것을 파헤쳤다. 따라서 그녀는 미국에서 가장 잘 알려진 여성 살인자이기도 하다.

에일린 워노스는 1956년 미시간주에서 태어났다. 조현병 환자였던 그녀의 아버지는 여러 범죄로 수차례 체포되었고 아동 성범죄로 체포되어 수감생활을 하다가 스스로 목매 자살했다. 열네 살 때 결혼한 그녀의 어머니는 일 년 후에 아들을 낳고, 남편이 감옥에 있을 때 딸(에일린)을 낳

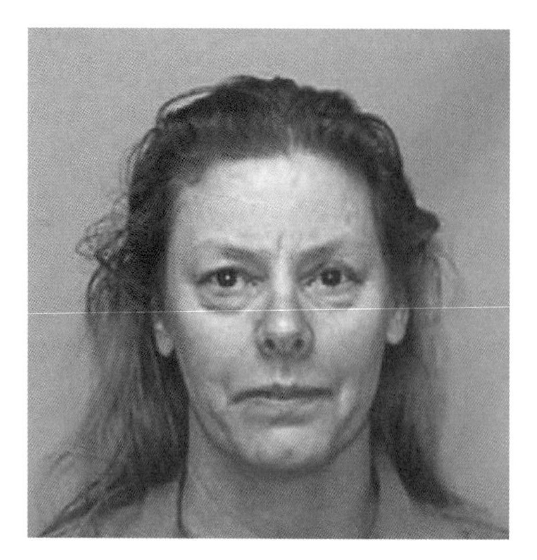

에일린 워노스

고 이혼했다. 그래서 에일린은 평생 아버지의 얼굴을 한 번도 본 적이 없었다.

어머니는 에일린이 네 살 때 남매를 남겨두고 자취를 감췄다. 졸지에 고아가 된 남매는 외할아버지·외할머니에게 입양되었다. 그들은 어린 남매가 자신들을 진짜 부모로 믿도록 세뇌했다. 그들은 어린 남매를 몹시 학대했으며, 행동이 조금이라도 마음에 들지 않으면 무섭게 구타했다. 옷을 벗기고 침대에 엎드리게 한 뒤 가죽 벨트로 피가 나도록 때렸다.

이런 환경에서 자란 에일린은 열한 살 때부터 담배와 마약 등을 사기 위해 학교 남학생들과 성적인 행위를 했으며, 심지어 오빠와 근친상간도 했다고 한다. 그러다가 1970년 열네 살 때 임신한 그녀는 미혼모 시설에서 시간을 보내다가 출산했고 태어난 아이는 곧바로 입양되었다. 이후 고등학교를 중퇴하고 외할아버지 집에서도 쫓겨났다. 그때가 열다섯 살이었다.

잠시 위탁가정으로 보내지지만, 그곳에서도 가출한 에일린은 생계를 이어가기 위해 매춘을 했는데, 음주운전과 무면허 총기 발사로 체포되기도 했다. 그러다가 몇 년 뒤 플로리다로 떠났다. 성인이 된 뒤에도 그녀는 불법적인 무기 소지, 강도 등 온갖 범죄를 저질렀다. 그러던 어느 날 승용차에 탄 남성이 그녀를 괴롭히자 권총으로 그를 쏘는 일이 벌어졌다. 그 남성은 죽지 않았지만, 그녀는 그로 인해 교도소에서 1년간 복역했다.

교도소에서 나온 뒤 에일린은 어느 부유한 사업가와 결혼했다. 그녀의 결혼 사실은 신문에도 보도되었는데, 고령의 사업가가 무려 쉰 살이나 나이 차이가 나는 겨우 스무 살의 매춘부와 결혼했기 때문이다. 그런데 결혼은 겨우 두 달을 조금 넘기고 파탄 났다.

그 뒤에도 에일린은 만나는 남성들과 좋은 인연을 맺지 못했다. 그러다가 1986년 레즈비언 클럽에서 티리아 무어를 만났는데, 집이 없었던 그들은 모텔 등을 옮겨가며 함께 살았다. 생계는 여전히 에일린의 성매매로 유지했다. 에일린은 밤마다 플로리다의 고속도로에서 고객을 유혹하는 거리의 매춘부였다.

1989년 11월의 어느 날 밤, 고속도로 길가에 서서 호객행위를 하던 에일린 앞에 승용차가 멈춰 섰다. 즉석 흥정을 끝내고 에일린이 승용차에 올랐다. 중년의 운전자는 승용차를 어둡고 호젓한 곳으로 이동하더니 다짜고짜 그녀를 마구 때리고는 운전대에 그녀의 손을 묶고 폭행을 계속했다. 그녀는 그 상태에서도 간신히 핸드백에서 권총을 꺼내 그를 향해 세

발을 쐈다. 남자는 그 자리에서 즉사했다. 에일린의 첫 번째 살인이었다. 그녀에게는 정당방위였다.

에일린은 분노했다. 그녀는 계속해서 자신과 성매매하려는 중년남성들을 권총으로 쐈다. 1989년 11월부터 1990년 11월까지 그녀는 여섯 명의 남자를 총으로 쏴 죽였다. 그녀는 죽인 남성의 금품을 털거나, 시신을 외딴 숲에 버리고 그의 승용차를 팔아버리기도 했다. 그래서 수사당국은 그녀에게 '도둑질하는 살인자'라는 별칭을 붙이고 추적에 나섰다.

에일린은 엉뚱하게 붙잡혔다. 1990년 말경 그녀는 티리아 무어와 함께 자신이 죽인 남성의 승용차를 타고 가다가 교통사고를 당했다. 큰 사고는 아니었지만, 상대방 운전자와 서로 잘잘못을 가려야 하는데 두 여자는 도망쳤다. 그러다 경찰이 교통사고를 수습하는 과정에서 목격자의 증언과 그녀의 지문을 채취했다. 그 지문이 이미 보관되어 있던 에일린의 지문과 일치했다.

1991년, 그녀는 어느 술집에서 붙잡혔다. 보석금을 낼 돈이 없어서 구속된 그녀는 자신의 연쇄살인을 부인했지만, 티리아 무어의 배신으로 시인할 수밖에 없게 되어 모든 범행을 자백했다. 그녀에 대한 재판에 미국 국민의 관심이 쏠렸다. 그녀는 재판정에서 당당했다. 마치 자신은 정의롭고 떳떳하다는 듯이 몹시 화를 내기도 하고, 방청석을 향해 삿대질과 주먹질을 하며 미치광이처럼 고함을 치기도 했다.

연쇄살인이 일곱 건으로 한 명씩 판결하려면 오랜 시일이 걸릴 것 같았지만 재판은 매우 빠르게 진행되었다. 1992년, 그녀가 저지른 일곱 건의 살인 사건 가운데 여섯 건이 유죄로 인정되어 사형선고를 받았다. 하지만 사형을 집행하기까지는 여러 해가 걸렸다. 그동안 에일린은 유력한 언론들과 여러 차례 인터뷰를 가졌다.

에일린 워노스의 사형은 2002년 10월, 플로리다 주립교도소에서 집행되었다. 그녀의 나이 마흔여섯 살이었다. 그녀는 그날 마지막 식사를 거절하고 커피 한 잔을 마신 후 오전 10시경 약물주사를 맞고 숨을 거뒀다.

6 엽기적 악인들

블라드 3세

Vlad Ⅲ

드라큘라의 모델이 된 인물

의도적이고 계획적인 살인이라면 모두 엽기적인 살인이라고 할 수 있다. 하지만 피해자에게 온갖 고통을 주며 천천히 죽어가는 모습을 즐기거나 악랄하고 괴이한 방식으로 처참하게 죽인다면 그것이야말로 엽기적이다. 그런데 그런 인물이 있다.

바로 블라드 3세(Vlad Ⅲ)다. 자기 앞에서 모자를 벗지 않는다고 모자와 함께 머리에 대못을 박아 죽인 인물이다. 1897년 영국의 소설가 브램 스토커(Bram Stoker)는 괴기소설 『드라큘라(Dracula)』를 발표했는데, 이 작품의 모티브가 된 것이 바로 블라드 3세다.

블라드 3세의 아버지 블라드 2세는 동유럽의 기독교를 보호하기 위해 설립된 '드라곤 기사단'의 일원으로 신성로마제국의 황제는 그에게 드라쿨(드라곤)이라는 칭호를 주었다. 드라쿨은 영어로 dragon, 즉 용(龍)이라는 뜻이다. 그리고 블라드 3세는 아버지의 별칭을 이어받아 드라쿨레아

블라드 3세

('용의 아들'이라는 뜻)라는 별칭을 사용했다. 그러나 그에게 악명을 떨치게 한 것은 '블라드 체페슈'라는 별칭이다. 체페슈는 '긴 꼬챙이' 또는 '꿰뚫는 자'라는 뜻이다. 그가 죄인이나 포로 등을 꼬챙이에 꿰어 죽였다고 하여 붙은 이름이다.

블라드 3세는 1431년 왈라키아 공국의 제후(공작)의 셋째 아들로 태어났다. 왈라키아 공국은 지금의 루마니아 왈라키아 지역으로, 주민도 대부분이 라틴족에 속하는 루마니아인이었다. 그의 가문은 당대의 최고 명문 귀족으로 여러 왕가와 얽히고설킨 혼맥을 형성한 왕족이기도 했다. 헝가리 왕국과 오스만제국 사이에 있는 왈라키아 공국은 서로 패권을 차지하려는 두 강대국의 끊임없는 내정간섭에 시달리고 있었다. 그리하여 오스만제국과 헝가리 왕국이 자국과 가까운 사람을 공작(제후)으로 즉위시키려는 암투가 계속 이어졌다.

열세 살 때 블라드 3세는 동생과 함께 블라드 2세의 즉위를 지원한 오스만제국에 볼모로 갔다. 블라드 3세는 볼모로 있으면서 참기 어려운 수모를 당했다. 나이가 한 살 어린 오스만제국의 황태자에게 심한 괴롭힘을 당했고, 황제 역시 그를 몹시 학대해서 한때 감옥에 갇히는 심한 수모를 당했다. 그때부터 블라드 3세는 가슴속에 오스만제국에 대한 분노를 강하게 갖게 되었다고 한다.

볼모 상태였던 열여덟 살 때 아버지와 둘째 형이 헝가리 세력에 참살당했다는 소식을 들었다. 이에 그는 오스만제국의 군사를 이끌고 왈라키아로 진격해서 제후(공작) 자리에 올랐다(1448년). 그러나 곧 헝가리의 반격으로 쫓겨나고 말았다.

헝가리의 공격으로 자리에서 쫓겨난 블라드 3세는 어머니의 나라인 몰다비아 공국으로 피신했다. 그곳에서 외숙들의 도움을 받으며 생활하던 그는 외숙부가 암살당하는 등 몰다비아가 혼란에 빠지자 그곳을 떠났다. 그러나 그전까지 자신을 지원했던 오스만제국으로는 가고 싶지 않았다. 자신에게 수모를 주었던 오스만제국의 황태자가 새로운 황제(메흐메트 2세)로 즉위한 것도 하나의 원인이었을 것이다.

블라드 3세는 아버지와 형들을 죽게 만든 원수를 선택했다. 헝가리 왕국의 섭정을 찾아간 것이다. 그런데 예상 밖으로 헝가리 왕국의 섭정은 블라드 3세를 환대하며 자신의 부관으로 삼았다.

1453년 메흐메트 2세가 콘스탄티노플을 함락하고 계속 유럽을 향해 진군하면서 헝가리 왕국에도 전운이 감돌았다. 그때부터 블라드 3세는 거의 모든 생애를 전쟁터에서 보내게 된다. 1456년 헝가리 왕국의 섭정은 메흐메트 2세와 직접 맞서기 위해 베오그라드로 가면서, 블라드 3세에게 왈라키아 공국으로 가라고 했다. 오스만제국 측에 가담한 왈라키아 공작을 토벌하라는 것이었다. 블라드 3세는 왈라키아 공국으로 진격했다. 그리고 다시 왈라키아 제후가 되었다.

당시 왈라키아 공국의 상황은 혼돈 그 자체였다. 잉글랜드인과 독일인이 경제를 장악하고 폭리를 취해 주민들은 가난에 허덕이고 있었고, 귀족은 끊임없이 제후 갈아치우기에 여념이 없었다. 블라드 3세는 그들과도 싸워야 했다. 그때 블라드 3세의 악명을 높인 일이 벌어졌다.

다시 집권한 블라드 3세는 귀족들을 초대해 잔치를 열었다. 그는 제후를 끊임없이 갈아치우며 파벌 싸움만 벌이는 귀족에 대해 반감을 지니고 있었다. 그들에 의해 자신의 아버지와 형도 처참하게 죽었던 것이다. 블라드 3세는 잔치에 참석한 500여 명의 귀족을 모조리 꼬챙이에 꿰어 죽였다. 연회장 문을 잠근 뒤 산 채로 불태웠다는 이야기도 있고 연회를 베푼 뒤 그들에게 무덤을 파게 하고 묻어서 죽였다는 이야기도 있다. 어쨌든 그는 귀족들에게 잔인하게 복수했다.

그는 만찬에 참석하지 않았던 일부 귀족이나 그의 측근들도 모조리 체포해서 새로 짓는 요새 공사장에 보내 가혹하게 중노동을 시켰다. 또 범죄를 저지르는 사람은 모두 붙잡아 처형하라고 지시했다. 도둑이 붙잡히면 꼬챙이에 꿰어 처형했다. 그 처벌이 무서워서 범죄가 크게 줄어들었다.

블라드 3세는 소년 시절부터 가슴에 맺혀 있는 적개심을 폭발시키듯

블라드 3세의 처형 방식은 그에 대한 공포심을 부추겼다.

이 가장 잔혹하고 엽기적으로 수많은 사람을 죽였지만, 신앙심이 돈독한 동방정교회 신자이기도 했다. 어쩌면 자신의 악행을 신앙심으로 용서받으려는 무의식적인 의도가 있었는지도 모른다.

널리 알려진 그에 대한 일화가 있다. 그가 길거리에서 지나가는 영국인 수도사 세 명을 붙잡았다. 그리고 한 사람씩 불러들여 "내가 죽으면 천국에 갈 것 같으냐, 아니면 지옥에 갈 것 같으냐"라는 질문을 똑같이

했다.

첫 번째 수도사가 "공작께서는 나라를 안정시키고 오스만제국의 침략으로부터 유럽을 보호하셨으니 천국에 가실 겁니다"라고 대답하자 곧바로 죽여버렸다. 두 번째 수도사가 "당신은 폭군이자 악마다. 너의 영혼은 반드시 지옥에 떨어질 것이다"라고 대답하자 역시 그 자리에서 죽여버렸다. 그런데 세 번째 수도사는 어떻게 대답했는지 전해지지 않았지만 살아남았다. 그리고 영국으로 돌아가서 블라드 3세에 관한 책을 썼고, 그 책이 드라큘라 전설을 탄생시킨 근거가 되었다고 한다.

블라드 3세는 왈라키아의 경제를 장악하고 폭리를 취하는 독일인 등 색슨족 상인들도 가만두지 않았다. 그는 독일계 상인들이 독점해서 엄청난 폭리를 취하고 있는 철(鐵)을 압수했다. 그러자 얼마 뒤 색슨족 상인들이 단합해서 반란을 일으켰다. 그는 가차 없이 무력으로 진압하고 주동자들을 잔인하게 처형했다. 그리하여 왈라키아에서 상권을 잃게 된 독일계 상인들이 블라드 3세를 증오하며 그의 만행을 과장하고 거짓으로 꾸며서 선전하는 바람에 블라드 3세의 악명이 더욱 높아졌다고 한다.

블라드 3세는 즉위한 후 블라드 2세가 오스만제국에 바치기로 했던 연공을 보내지 않았다. 복위 4년째인 1459년 오스만제국은 연공을 바치지 않는 이유를 따지고 메흐메트 2세가 그를 만나고 싶다는 명령을 전하기 위해 사절 두 명을 파견했다.

블라드 3세는 오스만제국의 사절들이 왜 왔는지 알기 때문에 무척 못마땅한 표정으로 그들을 맞이했다. 그런데 그는 제후인 자기 앞에서 모자를 벗지 않는다고 호통치며 모자 쓴 머리에 대못을 박아 그들을 끔찍하고 잔인하게 죽였다. 그리고 그들의 참혹한 시신을 오스만제국으로 보냈다.

2년 뒤 오스만제국은 왈라키아 공국으로 공격해 들어왔다. 그들의 침공을 예상했던 블라드 3세는 뛰어난 전술로 완전히 격파하고 대승을 거두었다. 그리고 포로들은 모조리 꼬챙이에 꽂아 처형했다. 오스만군의 총사령관은 특별대우했다. 가장 긴 꼬챙이로 찔러 죽여 처형된 포로 가운데서 가장 높이 꼬챙이가 꽂힌 채로 세워졌다고 한다. 이 전투로 블라드 3세는 유럽의 군주 가운데서 오스만제국을 무력으로 격파한 최초의 군주가 되었다. 그는 헝가리 국왕에게 오스만 군대 약 2만 5천 명을 죽였다고 자랑스럽게 보고했다.

1462년 오스만제국의 메흐메트 2세는 직접 15만 대군을 이끌고 왈라키아를 공격했다. 블라드 3세도 군대를 이끌고 앞장서서 그들과 맞섰다. 왈라키아의 병력은 비전투원까지 합쳐도 고작 3만 명이었지만, 블라드 3세의 전술과 전략은 뛰어났다.

블라드 3세의 왈라키아군은 약 1만 5천 명의 오스만 군인을 죽여 꼬챙이에 꽂아 전장 이곳저곳에 전시했다. 오스만 군대는 그 참혹한 모습을 보는 것만으로도 두려워 맞붙어 싸우는 전투를 피하려 했고 사기가 크게 떨어졌다. 치열한 전투 끝에 오스만 군대는 왈라키아의 수도까지 점령했지만 물러설 수밖에 없었다. 그러나 오스만제국에 볼모로 있던 시절부터 오스만 신봉자가 된 블라드 3세의 동생 라두 3세를 그곳의 지방 태수로 남겨놓았다.

오스만 군대가 왈라키아 수도에서는 퇴각했지만 그들은 여전히 강력했다. 블라드 3세의 야간 기습공격 등에 쫓겨 잠시 물러나기는 했지만, 병력을 정비한 뒤 라두 3세를 앞세워 다시 공격을 감행했다. 이후 오스만 군대가 블라드 3세의 철통같은 요새 포에나리를 함락시키자 블라드 3세에게 거의 몰살당해 불만이 가득했던 귀족들이 들고 일어났다. 결국 블라드 3세의 왈라키아군은 무너지고 말았으며 라두 3세가 왈라키아 공작으로 제후의 자리에 올랐다.

블라드 3세는 어쩔 수 없이 헝가리 왕국으로 도피했다. 그런데 헝가리 국왕은 그를 포로로 체포해서 감옥에 가두었다. 만약 그를 도와주면 오스만제국과 전쟁을 치러야 할지도 모르기 때문이었다. 그 당시 헝가리 왕국은 신성로마제국과 전쟁을 하고 있었다. 자칫하면 두 개의 전쟁을 치러야 하는데 그것은 큰 무리였다.

블라드 3세는 헝가리의 감옥에 오랫동안 갇혀 있다가 몰다비아 공국의 적극적인 도움으로 풀려났다. 그 무렵 왈라키아 공국의 라두 3세가 사망하는 바람에 블라드 3세는 다시 왈라키아 공국의 군주로 복귀할 수 있었다. 일부 귀족들이 그를 돕기도 했다. 그때 독실한 동방정교회 신자였던 블라드 3세는 가톨릭으로 개종했다고 한다.

하지만 얼마 지나지 않은 1477년, 블라드 3세는 오스만 군대와 싸우다가 전사했다. 그의 나이 마흔일곱 살이었다. 그의 시신은 오스만 군대가 이스탄불로 가져갔다고 한다. 그의 죽음에 대해서는 여러 가지 소문들이 있어서 어느 것이 맞는지 알 수 없다.

루마니아에서는 나라를 지키기 위해 평생을 전쟁터에서 보내다시피 한 블라드 3세를 영웅으로 추앙한다. 그러나 그것을 따지기 전에 그가 수만 명을 잔인하게 죽인 것은 분명하다. 물론 대부분 전쟁 중 적군을 죽인 것이지만 처형 방식이 몸서리치도록 잔혹하고 엽기적이었다.

사드 후작

Marquis de Sade

사디즘의 어원이 된 가학적 성애자

흔히 사드 후작(Marquis de Sade)이라고 하는 도나시앵 알퐁스 프랑수아 드 사드(Donatien Alphonse François de Sade)는 1740년 파리에서 태어났다. 사드의 가문은 프랑스 남동부 프로방스 지역에 드넓은 영지를 가진 최고위층 귀족 집안이었다. 당시 루이 16세의 부르봉 왕조와도 친척 관계여서 위세가 대단했다.

사드의 아버지는 군인이자 외교관이었으며 어머니도 상당한 정치적 수완을 가진 명사였다고 한다. 사드는 중등 교육을 마치고 1754년 기병 장교로 입대한 후 오스트리아와 프로이센이 슐레지엔 영유권을 놓고 벌인 '7년 전쟁'에 참전했다. 그리고 종전 후 1763년 퇴역했다.

퇴역 후 그는 부유한 귀족인 파리고등법원 총재의 딸과 결혼했다. 그런데 사드는 군대에서 퇴역한 뒤부터 상당히 달라졌다고 한다. 이미 10대에 성(性)에 눈을 뜬 그는 그때부터 여성들과 방탕한 생활을 즐겼다. 결혼

사드 후작

한 지 5개월도 안 돼 여배우와 염문을 뿌렸으며, 별장에 매춘부들을 끌어들여 괴이한 성행위를 즐겼다. 평범하고 일반적인 성행위가 아니라 옷을 모두 벗게 한 뒤 두 손을 높이 묶고 채찍으로 수없이 때리면서 성적 쾌감을 얻는 것이었다.

말하자면 가학적 변태성욕을 보인 것이다. 훗날 그러한 가학적 성행위를 사디즘(sadism)이라는 용어로 정의한다. 가학적 성애(性愛), 즉 성적 대상에게 육체적·정신적 고통을 줌으로써 성적 쾌락을 얻는 행위를 말한다. 그런 가학적 성애를 즐기는 사람을 '사디스트'라고 한다. 말하자면 그는 최초의 사디스트였다.

어느 날 사드는 집 안 청소를 해주면 금화를 주겠다고 매춘부를 집으로 끌어들인 뒤 역시 벌거벗겨 묶어놓고 마구 채찍질했고, 칼로 이곳저곳을 찔러 상처를 내고 그 상처에 뜨거운 밀랍을 넣어 심한 고통을 받으며 신음하는 모습을 바라보며 흥분해서 성적 쾌감을 즐겼다고 한다. 말할 수 없는 고통에 시달리던 그녀가 간신히 탈출해서 경찰에 신고했다.

사드의 이러한 성적 행동은 '부활절 사건'이라는 이름으로 널리 알려졌다. 아마 부활절에 그 일이 있었던 것 같다. 사드는 결국 국왕의 명령으로 몇 주 동안 리옹 근처에 있는 한 요새에 갇혔다. 그 요새는 귀족의 자제들이 가문의 명예를 더럽히는 행동을 했을 때 잠시 가둬두는 곳이었다.

하지만 사드는 달라지지 않았다. 1767년 아버지가 사망했고, 어머니는 사드가 스무 살 때 수녀원에 들어갔다. 그 무렵 수녀원은 반드시 수녀가 되기 위한 것뿐만 아니라 귀족 여성이 수양을 위해서 들어가기도 했다. 그렇더라도 일단 수녀원에 들어가면 수녀라고 했다. 사드의 처제도 수녀였다.

이제 사드는 아무런 통제도 받지 않고 더욱 자유롭게 즐겼다. 그는 여성을 흥분시키는 최음제가 들어 있는 사탕을 가지고 다녔는데 그 사탕을 어느 매춘부에게 먹였다. 그런데 너무 많이 먹여 부작용이 일어나 그녀가 거의 죽을 뻔했다. 사드에게 살인미수 혐의가 적용되었다. 그는 이탈리아로 도망쳤다. 그런데 혼자가 아니었다. 처제와 함께 도망쳤다. 그때 사드와 아내 사이에는 2남 1녀의 자녀가 있었지만, 처제와 은밀하게 성관계를 맺었던 것 같다. 아내와 장모가 끈질기게 뒤쫓아 그들은 돌아왔다. 사드는 외딴 산골의 작은 요새에 감금되었다.

사드는 그 외딴 산골에서도 끊임없이 여성을 유혹해서 가학적 변태성욕을 즐겼다. 그런데 그가 또다시 체포될 위기마다 아내가 나서서 적극적으로 도와주는 바람에 위기를 넘길 수 있었다. 그 무렵 이상하게 아내도 남편의 가학적 성행위에 동조했던 모양이다. 그 때문인지 산골 외딴 요새에서 사드는 영지로 돌아올 수 있었다.

그 무렵 프로방스 지역의 사드 가문 영지가 후작령으로 격상되었고, 사드의 작위도 백작에서 후작으로 한 단계 더 높아졌다. 그렇지만 사드가 얌전하게 지냈던 것은 아니었다. 여러 명의 매춘부를 성으로 불러들여 온갖 변태적인 성행위를 즐겼다. 매춘부들에게 어떤 짓을 했는지는 차마 글로 옮기기 어렵다.

그리고 동성애까지 즐겼다. 게다가 하인들과 아내가 참여해서 사드를 도와주고 함께 가학적 성행동을 즐겼다. 지금까지 전해지는 여러 장의 가학적 성행위를 묘사한 그림을 보면 요즘 사람들도 도저히 상상하기 어렵고 기절초풍할 정도였다.

결국에는 사드의 장모가 나섰다. 딸까지 엽기적인 성행위에 가담하자 사드를 고발하고 국왕에게 무겁게 처벌해줄 것을 호소했다. 1777년 그는 '과도한 성적 방종'이라는 죄목으로 국왕 루이 16세의 명령에 따라 무기한 구금되었다.

사드는 감옥에서 지루함을 달래기 위해 글을 썼다. 투옥된 기간도 길었지만 사드는 자신의 생각을 담은 수상록, 희곡, 소설 등 상당히 많은 글을 썼다. 그를 작가라고 평가하기에 조금도 부족함이 없는 높은 수준의 작품들이었다.

1784년 사드는 파리의 바스티유 감옥으로 이감되었는데, 간수들이 죄수들을 학살하고 있다고 선동한 죄로 정신병원으로 옮겨졌다. 사드는 바

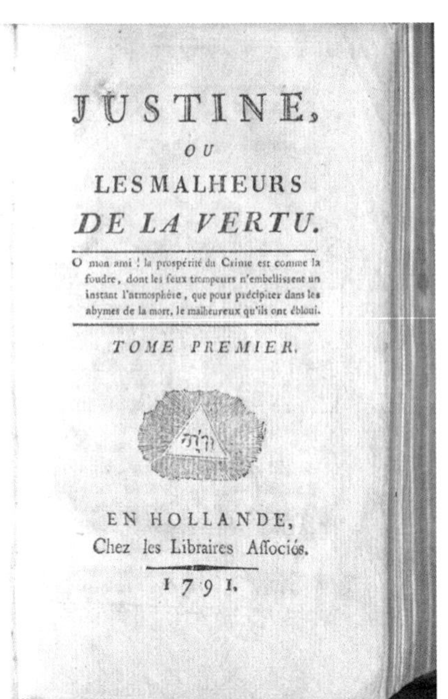

JUSTINE,
OU
LES MALHEURS
DE LA VERTU.

O mon ami ! la prospérité du Crime est comme la foudre, dont les feux trompeurs n'embellissent un instant l'atmosphère, que pour précipiter dans les abymes de la mort, le malheureux qu'ils ont ébloui.

TOME PREMIER.

EN HOLLANDE,
Chez les Libraires Associés.
1791.

사드가 감옥에서 쓴 저작 중 하나인
《쥐스틴 또는 미덕의 패배(Justine ou les Malheurs de la vertu)》(1791)의 첫 장

스티유 감옥에 무려 10년 동안이나 갇혀 있었다. 그때 아내가 정성껏 뒷바라지했다. 음식과 갖가지 비품은 물론이고 성적으로 만족할 수 있게 각종 성기구도 넣어주었다고 한다.

1789년 프랑스 대혁명이 일어나 루이 16세 부부가 단두대에서 처형되었다. 그리고 1790년 사드는 정식으로 석방되었다. 하지만 그는 아내와 이혼도 하고 재산도 없는 빈털터리 신세가 되었다.

프랑스는 대혁명으로 왕정이 폐지되고 공화정이 되었다. 그러나 사드는 공화정의 로베스피에르 정권이 공포정치를 하고 있다고 공개적으로 비난했다. 그리하여 반혁명분자로서 사형이 선고되었다. 다행히 테르미도르 반동으로 위기를 넘길 수 있었다.

사드는 어느덧 60대의 노년에 이르렀지만 변태적 성행위는 여전했다. 늙은 나이에도 많은 여성이 그의 유혹에 넘어갔다. 이미 그는 변태성욕자로 널리 알려졌지만, 여배우를 비롯해 매춘부 등 많은 여성이 그에게 걸려들어 고통스러운 변태 행위에 희생되었다.

그런데 사드가 집필한 서적들이 출간되자 나폴레옹 황제는 그를 음란물 유포죄로 구속했다. 사드의 끊임없는 기이한 성행동으로 정신적 고통을 받던 자녀들은 그가 정신이상자라며 정신병원으로 보내줄 것을 강력히 요구했다. 사드에게는 운도 따랐던 것 같다. 운 좋게 처형당할 위기를 넘기기도 했지만, 정신병원에서 그의 비범한 작가적 자질에 감동한 병원장이 그에게 모든 편의를 제공했다.

병원장은 사드가 편하게 집필할 수 있게 독방과 종이와 펜 등 각종 문방구를 제공하고, 그가 쓴 희곡을 공연할 수 있도록 작은 공연장까지 마련해주었다. 사드는 입원 환자 중에서 배우를 선발해서 공연했다. 그런 와중에도 직원의 딸과 연인관계를 맺었다. 그녀는 사드가 죽을 때까지 곁에서 보살폈다.

그러나 정신병원에서 사드의 활동이 나폴레옹의 귀에 들어가면서 1809년 극단이 강제로 해산되었고 펜과 종이도 압수되었다. 그리고 사드는 좁은 독방에 갇혔다. 사드는 정신병원의 독방에 5년간 갇혀 있다가 1814년 12월 2일 조용히 숨을 거두었다. 임종할 때 곁을 지킨 것은 연인이었던 직원의 딸이었다.

그는 죽기 전에 유언을 남겼다. "사람들 머릿속에서 나에 대한 기억이 깨끗이 사라지게 돼 더없이 기쁘다. 내 무덤에는 나무를 많이 심어서 흔적조차 남기지 않았으면 좋겠다."

상당한 철학적·문학적 가치를 지닌 사드의 수많은 저작물 중에서 일부는 분실되었고 일부는 내용이 음란하고 지나치게 외설적이라는 이유 등으로 교황청에 의해 모두 금서로 지정되어 오랫동안 빛을 보지 못했다. 일부는 사드가 살아 있을 때 본명이 아닌 가명으로 출간되기도 했다. 또 뒤늦게 발견된 원고들도 있었다. 그러다가 20세기 중반 금서에서 해지된 그의 저서들이 경쟁적으로 출간되어 큰 인기를 끌었다.

사드는 무신론자였다. 그는 기독교를 신랄하게 비판했다. 그러나 그는 저서 대부분에서 인간의 본성과 윤리·도덕을 중점적으로 다루었다. 그는 인간이 스스로 규정한 선(善)과 악(惡)에 대해 이의를 제기했다. 그리고 다음과 같은 질문을 던졌다. 인간의 본능적인 성적 행동이 과연 악인가? 성적 행동은 당사자들만의 사적 행위인데 윤리·도덕이 필요한가? 그런 사적 행위에 인간의 본성인 폭력이 더해졌다고 해서 비난받아 마땅한 것인가? 성에 대한 위선적인 주장은 윤리·도덕적이고, 본능에 충실한 행위는 비윤리적이라는 말인가?

사드의 대표작으로 손꼽히는 소설 『소돔의 120일』은 사디즘의 결정판이라고 할 만하다. 가학적이고 변태적인 성적 행동에 대해 그 원인과 타당성을 낱낱이 밝히고 있으며, 인간의 진화하는 성 충동에 대해 진보적인 태도를 보이고 있다. 종합하건대 그는 진정한 자유주의자였다.

이 소설은 사드가 감방 안에서 쪽지에 쓴 것들을 이어붙여 보관한 것

12미터에 이르는
『소돔의 120일』 원고

으로 그 길이가 무려 12미터나 된다고 한다. 이 저작물이 경매에 나오자 기하급수적으로 경매가가 상승했다. 그러자 프랑스 정부는 '프랑스의 중요한 국가문화유산'이라며 경매를 중지시키고 이미 형성된 경매가에 맞춰 사들였다. 그 가격을 우리 돈으로 환산하면 무려 70억~100억 원이 된다고 한다.

사드는 자신의 의지대로 살았지만 일생의 절반을 구금 상태에서 보냈으니 결코 행복했다고는 말하기 어렵다. 그는 자유주의자였지만 자유롭지 못했다.

알 카포네

Al Capone

'밤의 대통령'으로 불린 마피아 두목

알 카포네(Al Capone)는 100여 년 전 미국에서 활동했던 시카고 폭력조직의 두목이다. '밤의 대통령'으로 불릴 정도로 그 당시 각종 잔혹한 범죄로 밤을 주름잡던 전설적인 마피아 두목이었다. 그는 그늘 속에 숨어 있는 것이 아니라 매스컴에도 당당하게 자신을 노출해 미국의 유력한 시사주간지 《타임》의 표지에 등장하기도 했다.

알 카포네의 본명은 알폰스 가브리엘 카포네(Alphonse Gabriel Capone)다. 그는 이탈리아의 나폴리에서 미국으로 이민 온 부부 사이에서 1899년에 태어난 이탈리아계 미국인이다. 그는 뉴욕 브루클린에서 성장했다. 초등학교 6학년 때 벌써 청소년 갱단(조직폭력배) 단원들과 어울리며 공부를 제대로 하지 않아 유급을 당했다. 어느 날 여교사한테 체벌을 받고 화가 나서 그 교사를 주먹으로 때렸다고 한다. 그 때문에 교장에게 두들겨 맞고 학교를 자퇴했다.

알 카포네 머그샷(범인 식별용 얼굴 사진)

그리고 '파이브 포인츠'라는 갱단에 들어갔는데, 워낙 주먹이 세서 누구에게 맞아본 적이 없었다. 특히 주먹에 붕대를 감고 접착제를 바른 뒤 유리 조각을 붙여 상대방의 턱을 날려 보낸 일화는 널리 알려졌다. 나이트클럽에서 칼부림하다가 부상당한 흉터가 그의 상징이 되기도 했다. 하지만 뉴욕의 폭력 조직은 시칠리아 출신들이 장악하고 있어서 부모가 나폴리 출신인 알 카포네는 어느 조직에도 발붙이기 힘들었다. 그래서 그는 스무 살 때 후견인을 따라 시카고로 갔다. 그런데 그에게 뜻하지 않은 행운이 뒤따랐다.

바로 1919년 그해에 미 의회에서 볼스테드 법(Volstead Act)이 통과되었다. 공식 명칭은 국가금주법(National Prohibition Act)이다. 그다음 해인 1920년부터 술의 제조와 판매, 수송과 수출입을 전면 금지하는 법이었다. 알코올이 0.5퍼센트만 들어가도 술에 포함되었다. 역사상 유례가 없는 세계 최초의 금주법이었다. 미국은 왜 그런 엄격한 금주령을 내렸을까?

19세기에 들어와 미국을 신천지로 여기는 이민자들이 많았다. 특히 제국주의가 치열했던 유럽에서 가난한 서민이 새 삶을 찾아 수없이 이민을 왔다. 하지만 미국에서도 마땅한 일자리가 없었다. 그들은 시름을 잊으려고 밤낮으로 술집을 찾았다. 늘어나는 것은 술집뿐이었다. 그들은 독한 술을 취하도록 마셨다.

술을 너무 많이 마시는 것이 문제였다. 1830년대 미국의 술 소비량이 1인당 연간 약 25리터였다고 한다. 그것도 대개 40도가 넘는 독한 술이었다. 그 때문에 각종 범죄가 크게 늘고 가정폭력이 잦아 큰 사회문제가 되자 여성단체를 중심으로 금주운동이 활발하게 전개되었다.

더욱이 제1차 세계대전 이후 미국의 경제가 침체되어 술 마시는 사람들이 한층 더 늘어났다. 길거리에는 비틀거리는 알코올 의존자가 헤아릴 수 없이 많았다. 그들은 대개 실업자였고 가정에 충실할 리가 없었다. 제1차 세계대전으로 말미암아 남성을 대신해서 일터에 나섰던 여성들이 먼저 금주령을 내려달라고 청원했다. 여기에 청교도와 같은 기독교 근본주의자들이 가세했다. 또 제1차 세계대전으로 식량이 세계적으로 크게 부족한데, 옥수수나 밀·보리 등의 곡식으로 술을 만드는 것은 비도덕적이라는 주장도 만만치 않았다. 전쟁을 일으켰던 독일이 맥주로 유명한 것에 대한 반발심도 있었다고 한다.

금주령이 내려졌지만 술꾼들이 갑자기 술을 끊을 수는 없었다. 따라서 너도나도 몰래 밀주를 만들었다. 떼돈을 벌 수 있는 절호의 기회를 맞은 것이 바로 범죄조직이었다. 대표적인 범죄조직이 마피아였으며 시카고 마피아의 알 카포네도 한몫 단단히 잡은 것이다. 미국의 대도시에는 대부분 여러 개의 마피아 조직이 있지만, 전국에서 유일하게 시카고에는 '시카고 아웃핏(Chicago Outfit)'이라는 독점적인 마피아가 있었다. 알 카포네는 그 조직원이었다.

시카고 아웃핏은 밀주를 비밀 공장에서 대량으로 생산해서 유통시키는 한편, 캐나다에서 술을 밀수하는 루트를 만들어 시카고의 술집마다 자신의 밀주를 공급했다. 만일 어느 술집 주인이 공급받기를 거부하면 그의 술집을 폭탄 테러로 박살 내고 주인을 죽였다. 금주령이 내려진 1920년에만 약 100여 명이 폭탄 테러로 살해되었다고 한다.

그 테러의 배후가 시카고 아웃핏이라는 것은 누구나 알고 있었지만 만일 증언했다가는 자신을 포함한 가족이 잔혹하게 보복당할 것이 두려워 모두 입을 다물었다. 당국에서도 테러의 배후가 시카고 아웃핏이라는 것을 잘 알고 있지만 그들을 체포할 수 없었다.

그러나 알 카포네 조직이 밀주를 완전히 독점한 것은 아니었다. 시카고에는 차츰 세력을 키우던 아일랜드 마피아가 있었는데, 밀주 공급 문제로 알 카포네의 시카고 아웃핏과 충돌했다. 두 범죄 조직은 치열하게 싸웠지만, 알 카포네가 아일랜드 마피아의 두목을 암살했다. 잠시 주춤했던 아일랜드 마피아는 시카고 아웃핏을 공격했고 이 싸움에서 총을 맞은 시카고 아웃핏 두목은 조직을 알 카포네에게 물려주고 은퇴했다.

1925년 불과 스물여섯 살의 나이에 시카고 아웃핏의 두목이 된 알 카포네는 무척 잔인한 인물이었지만 머리가 좋고 수완이 뛰어나서 경찰, 검사, 판사, 변호사 등 법조인·정치인까지 매수해서 공권력을 무력화시켰다. 겁 없는 누군가가 그를 고발했다가는 언제 갑자기 길거리에서 총 맞아 죽을지 몰랐다. 알 카포네는 자신이 매스컴에 공개되는 것을 전혀 두려워하지 않았으며 마치 영화 주인공처럼 자신을 과시하며 아무 곳에나 나타났다.

그 당시 미국 전역의 마피아 가운데 뉴욕의 러키 루치아노가 최고의 실권자였다. 러키 루치아노의 본명은 찰스 루치아노(Charles Luciano)다. 행운을 뜻하는 러키(lucky)는 찰스 대신 붙여진 그의 애칭이다. 알 카포네보다 두 살 많은 그는 뉴욕의 코사 노스트라(Cosa Nostra)를 이끌고 있었다. '코사 노스트라'는 이탈리아 시칠리아에 뿌리를 둔 정통 마피아의 연합체다. 루치아노는 그만큼 실력도 있었고 모르는 사람이 없을 정도로 유명했지만, 일반인에게는 그보다 알 카포네가 더 유명했다.

알 카포네는 아일랜드 마피아와도 싸움을 계속했다. 무척 치열하고 잔인했다. 서로 밀주공장을 습격해서 다량의 밀주를 강탈하고 불태웠으며 대낮에도 서로 죽이고, 싸움 중에 출동한 경찰과도 총격전을 벌이는 등 살벌하기 이를 데 없는 전쟁이 계속되었다.

그러다가 '성 밸런타인데이 대학살'이라는 사건이 터졌다. 알 카포네의 시카고 아웃핏 조직원들이 아일랜드 조직원 여섯 명과 그곳을 지나가던 행인 한 명에게 총을 난사해서 학살한 사건이다. 그런데 더 큰 문제는 알 카포네의 부하들이 경찰차를 타고 경찰관으로 위장해서 범행을 저질렀다는 것이다. 그 때문에 매스컴이 집중보도했고 미국 국민의 큰 관심을 받았다. 물론 알 카포네는 별다른 처벌을 받지 않았다. 또 그들의 대결에서 알 카포네가 승리하고 아일랜드 마피아는 무너지고 말았다.

알 카포네는 대학살 사건로 인해 자신에게 학살자라는 비난이 쏟아지자 "개인적인 것은 없다. 그것은 그냥 사업이다"라고 태평하게 말했다. 하지만 그는 매스컴에 의해 '공공의 적' 1위가 되었고, 주간지 《타임》의 표지에 오르기도 했다. 그에 대해 알 카포네는 "나는 사업가다. 나는 대중적인 수요를 공급해서 돈을 벌었다. 만일 내가 법을 어겼다면 나의 고객들도 나만큼 죄가 있다"라면서 자신이 왜 공공의 적이냐고 항변했다.

알 카포네는 밀주산업을 독점하고 거액을 벌어들였다. 금주령은 결과적으로 범죄 조직만 배 불리고 거대한 조직으로 만들어준 꼴이 되었다. 금주법이 아니라 차라리 술값에 고액의 세금을 부과했으면 국가 수입이라도 크게 늘었을 것이다. 금주법으로 술을 먹는 사람이 줄어든 것이 아니라 밀주만 기승을 부렸다.

하지만 알 카포네는 언젠가 금주법이 폐기될 것으로 예측했다. 따라서 다른 사업 분야로 발을 넓히려고 했다. 그것은 낙농산업이었다. 당시 우유의 생산과 유통은 크게 팽창했지만, 우유 배달은 손수레나 마차가 끄는 매우 원시적인 수준이었다. 생산지에서 가정까지 이어지는 배달이 너무 늦어 도중에 우유가 변질되는 경우가 빈번했다. 그런데 유통업자들은 상한 우유를 밀가루나 석회로 가려서 팔았다. 더욱이 정치인들은 낙농업자들의 로비에 "약간 상한 우유는 오히려 몸에 좋다"라는 어처구니없는 주장까지 했다.

이러한 낙농업의 현실을 파악한 알 카포네는 자신의 이름과 마피아의 위세를 내세워 낙농업자들을 위협하고 겁박해서 무조건 자신의 명령을 따르라고 했다. 우유의 품질을 높이고 신속하고 올바르게 유통시키겠다고 했다. 심지어 의회에 로비해서 우유에 유통기간을 표시하는 법까지 통과시켰다. 그에게는 엄청난 돈벌이였지만 옳고 바람직한 일을 한 것이다.

그런데 1929년에 그 유명한 '경제대공황'이 일어났다. 미국 노동자의 4분의 1이 실직하는 대공황이었다. 그 영향은 세계적으로 파급되어 유럽을 비롯한 여러 선진국에 수백만 명의 실업자가 발생했다. 그러자 1933년 루스벨트 미국 대통령은 세수 확보를 명분으로 금주법을 폐지했다. 결과적으로 10여 년 동안 지속된 금주법은 갖가지 폐해만 가져온 악법이라는 불명예만 남긴 채 사라졌다.

가장 큰 수입원을 잃은 마피아는 그때부터 온갖 범죄에 손을 뻗었다. 매춘·도박·마약에서 돈세탁, 자릿세 걷기, 청부살인 등 그들의 마수가 뻗치지 않은 곳이 없었다. 원래부터 그 분야에 종사하던 사람들은 마피아의 잔혹한 보복이 두려워 그들의 요구를 받아들일 수밖에 없었다. 당연히 알 카포네는 모든 범죄에 관여했지만 주 정부는 그를 체포할 수 없었다. 체포할 수 없는 것이 아니라 못했다. 공권력 자체가 그의 뇌물을 받았으니까. 알 카포네가 제공하는 뇌물이 워낙 거액이어서 거절하기 어려웠고, 만일 거절하면 어떤 피의 보복을 당할지 두려워 거절하지 못했다. FBI도 관할권 문제로 알 카포네에 관한 수사를 할 수 없었다고 한다.

그러나 미 재무부에는 엘리엇 네스(Eliot Ness)가 있었다. 그는 주류단속반의 수사관이었다. 밀주 등 불법 주류를 단속할 뿐만 아니라 그와 관련된 탈세까지 수사했다. 그는 알 카포네의 뇌물 유혹에 넘어가지 않았다. 그는 그야말로 '손댈 수 없는' 인물이었다. 알 카포네가 온갖 공갈·협박과 거액의 뇌물로 매수하려고 했지만 통하지 않았다. 그래서 언론에서는 엘리엇 네스를 '언터처블(untouchables)'이라고 표현했다(엘리엇 네스는 영화 〈언터처블〉의 실제 주인공이다).

엘리엇 네스. 그는 끈질기게 알 카포네의 범죄를 추적·구속했다.

엘리엇 네스는 끈질기고 집요하게 알 카포네의 범죄를 추적했다. 그야말로 목숨을 건 일이었다. 그런 끝에 1931년 알 카포네를 살인 혐의가 아니라 탈세 혐의로 기소했다. 그리고 긴 재판 끝에 알 카포네는 연방소득세법 위반 혐의가 유죄로 인정되어 징역 11년 형과 8만 달러의 벌금 그리고 소송 비용까지 부담하는 중형을 선고받고 애틀랜타 주립교도소에 수감되었다. 그를 기소한 용감한 수사관 엘리엇 네스는 안타깝게도 얼마 뒤 심장마비로 숨졌다.

투옥될 당시 알 카포네는 치료가 불가능할 정도의 중증 매독에 걸려 있었다. 그는 11년 형을 받았지만 7년 6개월 만에 출옥했다. 교도소에서도 매독 때문에 병원에 자주 다녔는데, 그것이 불치병이어서 감형된 이유이기도 했다. 그는 출소 후 플로리다의 집에서 조용히 은둔생활을 하다가 1947년 1월 25일 마흔여덟 살의 나이로 숨졌다.

알 카포네는 죽을 때까지 시카고 아웃핏의 두목이었다. 하지만 그것은 예우였고, 실질적으로는 두목 대행이 조직을 운영했다. 이 조직은 시카고의 유일한 이탈리아계 마피아 조직으로 현재도 활동하고 있다.

알 카포네는 항상 양복 상의와 방탄조끼를 입었다고 한다. 그리고 무척 값이 비싼 방탄차를 타고 다녔다. 그가 체포될 때 재무부에 압수·보관된 방탄차는 루스벨트 대통령이 이용하기도 했다. 루스벨트는 그 방탄차의 주인이 알 카포네라는 사실을 알고 그 방탄차를 이용할 때 "카포네도 이해하겠지" 하고 농담했다고 한다.

전설이 된 그는 너무 많은 사람을 무자비하게 죽였기에 악인일 수밖에 없다. 그가 있었던 감옥은 '악명 높은 알 카포네가 수감되어 있던 감옥'으로 유명해졌다고 한다.

파블로 에스코바르

Pablo Escobar

잔인하고 엽기적인 마약왕

마약의 역사는 길다. 한때는 아편을 중심으로 아시아의 트라이앵글이 주요 생산지였지만, 근래에는 콜롬비아 등 중남미가 대부분을 차지하고 있다. 거대한 미국 시장이 가까이 있기 때문이다. 파블로 에스코바르(Pablo Escobar)는 1970~1980년대 콜롬비아의 마약왕이었다. 그는 국회의원까지 역임했으며, 그의 마약 카르텔은 한때 콜롬비아 제1의 재벌이었다.

파블로 에스코바르는 1949년 콜롬비아의 북서쪽에 있는 대도시 메데인에서 태어났다. 그는 집안이 너무 가난해서 초등학교 시절 신발조차 없어서 맨발로 다녔다고 한다. 그 때문에 아이들한테 놀림을 받자 어머니가 고급 신발을 훔쳐서 주었다고 한다.

정치가의 꿈을 키우던 그는 지독한 가난 때문에 학비가 없어서 중퇴와 자퇴를 되풀이하다가 결국 학업을 완전히 포기하고 일찍이 불량배들과 어울리며 범죄의 길에 들어섰다. 그는 10대에 이미 수많은 범죄를 저

파블로 에스코바르

질렀다. 모르는 사람 무덤의 비석을 뽑아 팔아먹는가 하면, 자동차 절도단에 가담하고, 담배를 밀수하고, 위조 복권을 판매하고, 몸값을 요구하는 납치 인질 강도 등 저지르지 않은 범죄가 없었다.

그처럼 범죄 세계에 살던 에스코바르는 마약을 알게 되었다. 마약은 아주 작은 분량이라도 엄청난 가격에 거래되었다. 그것을 본 에스코바르는 마약을 생산하고 유통하면 쉽게 큰돈을 벌 수 있다고 확신했다. 그는 곧 자신과 함께하는 범죄자들을 모아 '메데인 카르텔(Medellin Cartel)'을 조직했다. 이 조직은 1970~1980년대 세계 최대의 마약 카르텔이 되었다.

이 조직은 마약의 생산과 가공·판매 등으로 전성기에는 한 달에 무려 약 6,000만 달러를 벌었다고 한다. 워낙 거액을 벌어들이자 다른 범죄 조직과 갈등을 겪기도 했고, 마약 최대 소비국인 미국의 소탕 작전으로 전쟁을 치르는 등 세계적 관심을 끌었다. 에스코바르는 스물두 살까지 100만 달러를 모으는 것이 목표였는데, 이 조직의 자산은 무려 약 300억 달러로 추정된다.

메데인 카르텔의 두목으로서 에스코바르는 자신의 역량을 유감없이 발휘했다. 그의 전략은 공포감 조성과 협박이었다. 즉 '돈 아니면 총알'이었다. 경찰을 비롯한 공직자나 판검사들에게도 돈을 받고 협조하거나 총 맞아 죽거나 둘 중 하나를 선택하라고 협박했다. 그리고 에스코바르는 이 엄포를 철저히 지켰다. 자신에게 거액의 뇌물을 받은 인물들은 철저하게 뒤를 봐주었고 뇌물을 거절한 인물은 보란 듯이 쏴 죽였다.

에스코바르는 대단한 악인이었다. 유력한 대통령 후보를 쏴 죽이고, 그 정당의 또 다른 대통령 후보가 탑승할 여객기를 폭파했다. 좌익 게릴라를 매수해서 법원을 공격하기도 했다. 콜롬비아 국민은 그의 이름만 들어도 공포에 떨었다.

에스코바르는 자신에게 방해가 되는 폭력조직은 닥치는 대로 쏴 죽여 그야말로 박살을 냈다. 마약으로 번 돈으로 농장을 사들이고 건설업과 자동차 판매사업에도 뛰어들며 사업가로 나서기도 했다. 그는 메데인 카르텔을 범죄 조직이 아니라 '메데인 그룹'으로 위장했다.

에스코바르의 어렸을 적 꿈은 정치가가 되는 것이었다. 그는 이 꿈을 버리지 않았다. 콜롬비아 양대 정당에 거액의 정치자금을 제공했고, 때로는 좌익 게릴라와 우익 민병대에도 선택적으로 자금을 지원했다. 자신과 자기 조직의 안전을 보장하기 위한 목적도 있지만, 자신의 꿈이었던 정계에 진출하려는 목적도 있었기 때문이다.

자신에 대한 악명이 높아질수록 정계 진출의 필요성이 더욱 절실했다. 정치인이 되면 자신의 사업들이 한층 더 안전해질 것이라고 판단했다. 국회의원에게는 면책특권과 여러 가지 혜택이 있었다. 그는 마약으로 번 돈으로 공공사업을 지원했다. 자신의 근거지인 메데인에 케이블카와 도시철도를 건설하는 등 사회적 인프라와 복지 향상에 아낌없이 돈을 퍼부었다.

나아가 그는 빈민을 위해 학교와 병원을 세우는가 하면 빈민에게 아무런 대가 없이 돈을 나눠주기도 했다. 빈민을 위해 무료급식소도 운영했다. 콜롬비아의 대다수 국민은 가톨릭을 믿었다. 에스코바르는 성당과 낡은 주택의 개량사업에도 돈을 아끼지 않았다. 남미 사람들이 좋아하는 축구팀도 창설했다. 모두 마약 밀매로 어마어마한 돈을 벌었기에 가능한 일이었다.

마약왕 에스코바르는 그러한 공익사업과 빈민 구제로 콜롬비아 제2의 대도시 메데인에서 '로빈 후드'라는 별명까지 얻었다. 특히 빈민에게는 난세의 영웅이었다. 그는 1982년 자유당 소속으로 당당히 하원의원에 당선되었으며 대통령이 되는 꿈까지 꾸게 되었다.

하지만 에스코바르는 위기를 맞았다. 당시 코카인은 가장 환각효과가 뛰어난 마약이어서 없어서 못 팔 지경이었다. 대량생산해서 보잉 727 항공기의 좌석을 뜯어내고 마약을 대량으로 싣는가 하면 잠수함까지 동원해서 미국으로 공급했지만, 그래도 공급이 부족할 정도로 미국은 코카인에 취해 있었다. 그러자 당시 로널드 레이건 미 대통령은 콜롬비아 마약과의 전쟁을 선포했다.

콜롬비아에도 에스코바르가 아무리 매수해도 유혹에 넘어오지 않은 공직자가 있었다. 법무부 장관이 그런 인물이었다. 그는 에스코바르를 경찰 매수 등의 비리로 고발하고 압박했다. 그 때문에 그는 국회의원에서 쫓겨났다.

에스코바르는 도주하면서 피의 보복을 시작했다. 먼저 법무부 장관을 큰길가에서 암살했다. 콜롬비아 정부에서는 그의 신변 안전을 염려해 외국 대사로 임명해서 피신시키려고 했는데 그 직전에 피살한 것이다. 그로 인해 살인 혐의로 기소된 에스코바르는 이번에는 판사를 살해했다. 그와 함께 자신의 마약 유통 실태를 보도한 신문사의 편집국장도 살해했다.

콜롬비아 경찰과 미국 마약단속국 수사팀은 그의 마약 제조 시설을 습격해서 코카인 14톤을 발견했다. 마약 수송용 헬리콥터만도 여덟 대나 있었다. 마약 제조시설은 모두 불태워버렸다. 콜롬비아 정부가 미국의 강력한 요구로 구속한 마약 밀매업자 네 명을 미국에 인도하자, 에스코바르는 마약 밀매업자 한 명을 미국으로 인도할 때마다 미국인 다섯 명씩을 죽이겠다고 엄포를 놓기도 했다.

하지만 거기서 끝나지 않았다. 법원에 테러를 자행해서 대법원 판사 11명이 숨졌다. 그와 함께 시민 69명이 숨지고 법원을 경호하던 군인 49명 등 모두 128명이 숨졌다. 또 국내선 여객기를 폭발시켜 탑승객 107명과 밖에 있던 3명까지 합쳐 110명이 사망했다. 에스코바르는 대통령 후보 세사르 가비리아를 노리고 그가 탑승할 여객기를 폭파했는데, 그는 탑승 직전 비행기 표를 다른 비행기로 바꾼 덕분에 위기를 모면할 수 있었다.

6개월 뒤 대통령에 당선된 세사르 가비리아는 에스코바르와의 전쟁을 선언했다. 다급해진 에스코바르는 콜롬비아 정부와 흥정했다. 자신을 사면하면 국가 부채를 모두 갚아주겠다고 제의했다. 그 당시 콜롬비아의 부채는 약 350억 달러였다고 하니까 그의 재산이 얼마나 많은지 짐작조차 되지 않는다. 하지만 정부는 미국의 압박에 그의 제안을 받아들일 수가 없었다. 결국 양자의 흥정은 에스코바르를 구속하고 수감하는 것으로 합의되었다.

그러나 여기서도 웃지 못할 일이 벌어졌다. 에스코바르는 자신이 수감될 감옥을 직접 지었다. 호텔을 능가하는 초호화판 감옥이었다. 무려 40만 평의 대지에 드넓은 정원과 나이트클럽, 수영장, 볼링장도 있었다고 한다. 교도관들도 에스코바르가 직접 선발했으며, 반경 3킬로미터 이내에 미국인의 접근을 금지했다. 자신이 외출하고 싶으면 얼마든지 외출할 수 있었다고 하니, 그의 위력이 얼마나 대단했는지 짐작할 수 있다. 반면에 콜롬비아 정부는 너무 허약했다.

이처럼 어처구니없는 상황을 보다 못한 미국이 콜롬비아 정부에 에스코바르를 미국으로 송환할 것을 요구했다. 콜롬비아와 미국은 '범죄인 인도 조약'을 맺고 있었다. 그러자 에스코바르는 호화판 교도소를 탈옥했다. 틀림없이 콜롬비아 정부의 방조가 있었을 것이다. 그가 도주하면 콜롬비아의 군과 경찰, 사법기관은 도저히 그를 잡을 수 없었다. 콜롬비아는 안데스산맥을 비롯해 여러 산맥이 마치 손가락처럼 뻗어 있는 고지대일 뿐만 아니라 그의 은신처가 너무 많아서 찾아낼 수도 없었다. 만약 찾아내더라도 아무도 접근할 수 없었다. 그의 사병과 경호원들이 은신처 주변을 겹겹이 에워싸고 있어서 접근했다가는 당장 총 맞아 죽기 때문이었다.

그뿐만 아니라 에스코바르에게 많은 혜택을 입은 메데인의 수많은 빈민이 그를 비호하고 있어서 그를 체포하기란 거의 불가능했다. 그는 미국으로 끌려가는 것을 극도로 싫어했다. 만약 미국으로 가면 탈출은 절대로 불가능해서 미국 교도소에서 평생 나오지 못할 것을 알고 있었기 때문이다.

그런데 미국이 직접 수사관들을 콜롬비아로 파견하고 특공대까지 보내 콜롬비아군과 합동작전을 펼친다니, 천하의 에스코바르도 불안했다. 그는 남의 목숨은 하찮은 짐승보다도 못하게 여겼지만 자기 가족은 끔찍이 사랑했다. 그리하여 가족을 안전하게 독일로 도피시키려고 했다. 하지만 독일이 거부했다. 그의 가족은 독일행 여객기에 탑승하고도 입국이 거부되어 되돌아왔다.

은신처에 있던 에스코바르는 크게 분노했다. 너무 화가 치밀어 콜롬비아 대통령궁 근처에 대형 폭탄을 터뜨렸다. 이 폭탄 테러로 어린이들이 많이 다쳤다. 그러자 대다수의 콜롬비아 국민도 분노했다. 빨리 그를 잡아서 처벌하기를 강력히 원했다. 콜롬비아 정부도 더 이상 에스코바르의 체포를 미루면 정치적 부담이 너무 크기 때문에 특수부대가 미국 수사팀과 합동작전에 나서 추적의 고삐를 당겼다.

한편 은신처에 있던 에스코바르는 독일로 가려다 되돌아온 아들과 통화했다. 하지만 통화가 좀 길어져서 콜롬비아 특수부대와 미국 수사팀은 감청을 통해 위치 추적이 가능했고 은신처의 정확한 위치를 찾아냈다. 그들은 1993년 12월 2일 에스코바르의 은신처를 포위했다. 그는 순순히 붙잡히지 않았다. 총격전을 벌이며 완강히 저항했다. 그러나 수적으로도 싸움이 되지 않았다. 그는 지붕 위로 도망치며 계속해서 총을 쏘아댔다.

마침내 에스코바르가 세 발의 총을 맞고 지붕 위에 쓰러졌다. 그렇게 에스코바르는 죽었다. 그의 나이 마흔네 살이었다. 결정적인 사인은 권총으로 쏜 총알에 머리를 맞은 것으로 밝혀졌다. 나중에 총격전 상황을 면밀하게 분석한 전문가 중 몇몇은 에스코바르가 스스로 자기 머리에 권총을 쏴 자살했다고 주장했다.

에스코바르가 죽인 인물은 대통령 후보자 세 명과 판사 약 200명을 포함해서 경찰, 군인, 장관, 검찰총장, 정치인, 법조인, 경쟁세력 조직원 그리고 무고한 시민 등 무려 5천여 명에 이른다고 한다.

에스코바르의 장례식에는 약 2만 5천 명의 메데인 시민이 자발적으로 참여했다. 그는 메데인의 빈민에게는 은인이었다. 그러나 그는 자신의 돈벌이를 위해, 안위를 위해, 성공을 위해 많은 사람을 잔인하고 악랄하게 죽였다. 더욱이 그의 마약 카르텔에 의한 해악은 이루 말할 수 없다.

알아두면
잘난 척하기 딱 좋은 시리즈!

HUMBLEBRAG HUMANITIES
A Perfect Book For Humblebrag Series

본래 뜻을 찾아가는 우리말 나들이

알아두면 잘난 척하기 딱 좋은 **우리말 잡학사전**

'시치미를 뗀다'고 하는데 도대체 시치미는 무슨 뜻? 우리가 흔히 쓰는 천둥벌거숭이, 조바심, 젬병, 쪽도 못 쓰다 등의 말은 어떻게 나온 말일까? 강강술래가 이순신 장군이 고안한 놀이에서 나온 말이고, 행주치마는 권율장군의 행주대첩에서 나온 말이라는데 그것이 사실일까?
이 책은 이처럼 우리말이면서도 우리가 몰랐던 우리말의 참뜻을 명쾌하게 밝힌 정보 사전이다. 일상생활에서 자주 쓰는 데 그 뜻을 잘 모르는 말, 어렴풋이 알고 있어 엉뚱한 데 갖다 붙이는 말, 알고 보면 굉장히 험한 뜻인데 아무렇지도 않게 여기는 말, 그 속뜻을 알고 나면 '아하!'하고 무릎을 치게 되는 말 등 1,045개의 표제어를 가나다순으로 정리하여 본뜻과 바뀐 뜻을 밝히고 보기글을 실어 누구나 쉽게 읽고 활용할 수 있도록 하였다.

이재운 외 엮음 | 인문 · 교양 | 552쪽 | 28,000원

역사와 문화 상식의 지평을 넓혀주는 우리말 교양서

알아두면 잘난 척하기 딱 좋은 **우리말 어원사전**

이 책은 우리가 무심코 써왔던 말의 '기원'을 따져 그 의미를 헤아려본 '우리말 족보'와 같은 책이다. 한글과 한자어 그리고 토착화된 외래어를 우리말로 받아들여, 그 생성과 소멸의 과정을 추적해 밝힘으로써 올바른 언어관과 역사관을 갖추는 데 도움을 줄 뿐 아니라, 각각의 말이 타고난 생로병사의 길을 짚어봄으로써 당대 사회의 문화, 정치, 생활풍속 등을 폭넓게 이해할 수 있는 문화 교양서 구실을 톡톡히 하는 책이다.

이재운 외 엮음 | 인문 · 교양 | 552쪽 | 28,000원

우리의 생활문자인 한자어의 뜻을 바로 새기다

알아두면 잘난 척하기 딱 좋은 **우리 한자어사전**

《알아두면 잘난 척하기 딱 좋은 우리 한자어사전》은 한자어를 쉽게 이해하고 바르게 쓸 수 있도록 길잡이 구실을 하고자 기획한 책으로, 국립국어원이 조사한 자주 쓰는 우리말 6000개 어휘 중에서 고유명사와 순우리말을 뺀 한자어를 거의 담았다.

한자 자체는 단순한 뜻을 담고 있지만, 한자 두 개 세 개가 어울려 새로운 한자어가 되면 거기에는 인간의 삶과 역사와 철학과 사상이 담긴다. 이 책은 우리 조상들이 쓰던 한자어의 뜻을 제대로 새겨 더 뚜렷하게 드러냈으며, 한자가 생긴 원리부터 제시함 으로써 누구나 쉽게 익히고 널리 활용할 수 있도록 했다.

이재운 외 엮음 | 인문 · 교양 | 728쪽 | 35,000원

인간과 사회를 바라보는 심박한 시선

알아두면 잘난 척하기 딱 좋은 **문화교양사전**

정보와 지식은 모자라면 불편하고 답답하지만 너무 넘쳐도 탈이다. 필요한 것을 골라내기도 힘들고, 넘치는 정보와 지식이 모두 유용한 것도 아니다. 어찌 보면 전혀 쓸모없는 허접스런 것들도 있고 정확성과 사실성이 모호한 것도 많다. 이 책은 독자들의 그러한 아쉬움을 조금이나마 해소시켜주고자 기획하였다.

최근 사회적으로 이슈가 되고 있는 갖가지 담론들과, 알아두면 유용하게 활용할 수 있는 현실적이고 실용적인 지식들을 중점적으로 담았다. 특히 누구나 알고 있을 교과서적 지식이나 일반상식 수준을 넘어서 꼭 알아둬야 할 만한 전문지식들을 구체적으로 자세하고 알기 쉽게 풀이했다.

김대웅 엮음 | 인문 · 교양 | 448쪽 | 22,800원

옛사람들의 생활사를 모두 담았다

알아두면 잘난 척하기 딱 좋은 **우리 역사문화사전**

'역사란 현재를 비추는 거울이자 앞으로 되풀이될 시간의 기록'이라고 할 수 있다. 그런 면에서 이 책 《알아두면 잘난 척하기 딱 좋은 우리 역사문화사전》은 그에 부합하는 책이다.

역사는 과거에 살던 수많은 사람의 삶이 모여서 이루어진 것이고, 현대인의 삶 또한 관점과 시각이 다를 뿐 또 다른 역사가 된다. 이 책은 시간에 구애받지 않고 흥미와 재미를 불러일으킬 수 있는 주제로 일관하면서, 차근차근 옛사람들의 삶의 현장을 조명하고 있다. 그 발자취를 따라가면서 역사의 표면과 이면을 들여다보는 재미가 쏠쏠하다.

민병덕 지음 | 인문 · 교양 | 516쪽 | 28,000원

엉뚱한 실수와 기발한 상상이 창조해낸 인류의 유산

알아두면 잘난 척하기 딱 좋은 **최초의 것들**

우리는 무심코 입고 먹고 쉬면서, 지금 우리가 누리는 그 모든 것이 어떠한 발전 과정을 거쳐 지금의 안락하고 편안한 방식으로 정착되었는지 잘 알지 못한다. 하지만 세상은 우리가 미처 생각지도 못한 사이에 끊임없이 기발한 상상과 엉뚱한 실수로 탄생한 그 무엇이 인류의 삶을 바꾸어왔다.

이 책은 '최초'를 중심으로 그 역사적 맥락을 설명하는 데 주안점을 두었다. 아울러 오늘날 인류가 누리고 있는 온갖 것들은 과연 언제 어디서 어떻게 시작되었는지, 그것들은 어떤 경로로 전파되었는지, 세상의 온갖 것들 중 인간의 삶을 바꾸어놓은 의식주에 얽힌 문화를 조명하면서 그에 부합하는 250여 개의 도판을 제공해 읽는 재미와 보는 재미를 더했다.

김대웅 지음 | 인문 · 교양 | 552쪽 | 28,000원

그리스·로마 시대 명언들을 이 한 권에 다 모았다

알아두면 잘난 척하기 딱 좋은 **라틴어 격언집**

그리스·로마 시대 명언들을 이 한 권에 다 모았다
그리스·로마 시대의 격언은 당대 집단지성의 핵심이자 시대를 초월한 지혜다. 그 격언들은 때로는 비수와 같은 날카로움으로, 때로는 미소를 자아내는 풍자로 현재 우리의 삶과 사유에 여전히 유효하다.

이 책은 '암흑의 시대(?)'로 일컬어지는 중세에 베스트셀러였던 에라스뮈스의 《아다지아(Adagia)》를 근간으로 한다. 그리스 · 로마 시대의 철학자, 시인, 극작가, 정치가, 종교인 등의 주옥같은 명언들에 해박한 해설을 덧붙였으며 복잡한 현대사회를 헤쳐나가는 데 지표로 삼을 만한 글들로 가득하다.

데시데리위스 에라스뮈스 원작 | 김대웅·임경민 옮김 | 인문·교양 | 352쪽 | 19,800원

알아두면 잘난 척하기 딱 좋은

악인의 세계사

The World History of The Wicked

A Perfect Book for Humblebrag

Elizabeth Báthory

nomad
노마드